Cinema: Arte & Indústria

Coleção Debates
Dirigida por J. Guinsburg

Equipe de Realização – Organização: Nanci Fernandes e Luiz Adelmo F. Manzano; Notas: Luiz Adelmo F. Manzano e Arthur Autran; Revisão: Cristina Ayumi Futida; Diagramação: Sergio Kon; Produção: Ricardo W. Neves e Sergio Kon.

anatol rosenfeld
CINEMA: ARTE & INDÚSTRIA

PESQUISA E COORDENAÇÃO
NANCI FERNANDES

 PERSPECTIVA

Dados Internacionais de Catalogação na Publicação (CIP)
(Câmara Brasileira do Livro, SP, Brasil)

Rosenfeld, Anatol
Cinema : arte & indústria / Anatol Rosenfeld ;
pesquisa e coordenação Nanci Fernandes. -- São
Paulo : Perspectiva, 2013. -- (Debates ; 288)

ISBN 978-85-273-0315-6

1. Cinema - História 2. Cinema - Linguagem
I. Fernandes, Nanci. II. Título. III. Série.

09-04780   CDD-791.4309

Índices para catálogo sistemático:
1. Cinema : História 791.4309

1ª edição – 2ª reimpressão
[PPD]

Direitos reservados à

EDITORA PERSPECTIVA LTDA.

Av. Brigadeiro Luís Antônio, 3025
01401-000 São Paulo SP Brasil
Telefax: (11) 3885-8388
www.editoraperspectiva.com.br

2019

SUMÁRIO

Nota de Edição – *J. Guinsburg e Nanci Fernandes* 11
Introdução – *Nanci Fernandes e Arthur Autran* 13

Parte I: Cinema e Contexto

1. *Cinema: Arte e Indústria* 33

Parte II: Ensaios Históricos

1. *A Pré-História do Cinema* 51
   Primórdios 51
   A invenção do cinema 57
   Considerações sociológicas 63
   A evolução econômica 66
   Progressos europeus 77
   Evolução da indústria cinematográfica:
   Georges Méliès 79
   O uso do estúdio e a narração de uma história
   por meio do filme 80

Edwin S. Porter 84
Evolução na Europa 91
Pathé e as atualidades 92
Atualidades Pathé 94
Gaumont e o filme de desenho 95
O filme de arte 95
Conclusão 101

2. *O Cinema de 1914 a 1929: Evolução Econômica* ... 109

3. *O Filme Sonoro* 123
Época silenciosa – Por que música? 123
Os primeiros progressos 125
A literatura sobre música para o cinema mudo 126
A derrocada do filme silencioso 128
Os inícios do cinema sonoro 131
Progressos técnicos 134
Por que música no filme sonoro? 140
Recursos musicais inadequados 144
Recursos musicais adequados 150
Forma musical 155
Música como elemento dramático 156

4. *Anexos* 159
O Filme Escandinavo 159
Dinamarca 159
Carl-Theodor Dreyer 163
O cinema sueco 169
O Filme Americano 177
História e tendências por volta da Primeira
Guerra Mundial 177
David Wark Griffith 184

PARTE III: ENSAIOS ESTÉTICOS

1. *Notas sobre a Arte de Cinema* 201
A criação artística 201
A obra de arte 206

2. *O* Close up *em Plano Próximo* 219

3. *Dono do Tempo e do Espaço: Sobre a Psicologia
do Corte* 225

8

4. Ivã *e* Rio Escondido*: Considerações sobre o "Estilo" Cinematográfico* 233

PARTE IV: CINEMA E INOVAÇÕES

1. *A Crise em Hollywood* 243
   Novo "equipamento" 243
   A Terceira Dimensão 244

2. *O que É que Há com o Cinema em Relevo?* 247

3. *A Terceira Dimensão – O Cinema em Relevo* 253
   Terceira dimensão causa caos 253
   Fundamentalmente, há só dois sistemas 255
   Complicar-se-á a vida dos proprietários de cinema .. 256
   A Metro vira pioneira 257
   E o cinema nacional? 258
   Diálogo sobre os méritos estéticos do cinema
       em relevo 259

NOTA DE EDIÇÃO

O presente volume é complemento a *Na Cinelândia Paulistana*, de Anatol Rosenfeld (Coleção Debates nº 282). Portanto, é o décimo segundo livro resultante da pesquisa que vem sendo feita no acervo do autor desde o seu falecimento, em 1973*. Esta pesquisa vem sendo feita ao longo dos anos por iniciativa de um grupo de amigos do autor e foi reunida em arquivo por Nanci Fernandes.

Com o objetivo de tornar acessível ao público leitor o conhecimento da extensa e diversificada contribuição de

---

* Afora *Texto e Contexto I* (1972), *Teatro Épico* (1985), *Estruturas e Problemas da Obra Literária* (1976), *Mistificações Literárias: Os Protocolos dos Sábios de Sião* (1976), a reunião dos ensaios e estudos de A. Rosenfeld resultou na publicação pela Editora Perspectiva dos seguintes livros: *Teatro Moderno* (1977), *O Mito e o Herói no Moderno Teatro Brasileiro* (1982), *O Pensamento Psicológico* (1984), *Texto e Contexto II* (1993), *Prismas do Teatro* (1993), *Letras Germânicas* (1993), *Negro, Macumba e Futebol* (1993), *História da Literatura e do Teatro Alemães* (1993), *Letras e Leituras* (1994), *Thomas Mann* (1994) e *Na Cinelândia Paulistana* (2002), aos quais vem se somar agora *Cinema: Arte & Indústria*.

11

Rosenfeld à nossa cultura – de largo espectro temático e que diz respeito a diferentes domínios da cultura e do conhecimento – esta racolta sobre cinema completa nova incursão no seu acervo crítico, encerrando mais uma etapa do resgate do trabalho intelectual do grande escritor de origem alemã.

J. Guinsburg e Nanci Fernandes

INTRODUÇÃO

O Intelectual

Este livro apresenta a oportunidade de se conhecer a essência do pensamento cinematográfico de Anatol Rosenfeld. São reflexões que abrangem questões históricas e estéticas, bem como aspectos técnicos do cinema; deve-se observar, porém, que tais análises jamais estão desvinculadas do crivo de um posicionamento incomum na época e mesmo na atualidade. Essa postura significa ver e entender a arte cinematográfica como uma somatória de arte + indústria: o radicalismo estetizante divorciado do aspecto complementar que é a inserção do cinema na produção industrial pode levar a sérias situações de crise. Não se fazem filmes no isolamento artístico, do "alto de uma montanha": no cinema, a arte está a serviço da comunicação. O imbricamento desses dois elementos está na base do seu desenvolvimento e de sua evolução – resultando numa estrutura vultosa decorrente da produção em larga escala. Tal é, por exemplo, o fator que marca indubitavelmente a indústria fílmica norte-americana, com todas as decorrências empresariais e econômicas que isso possa acarretar.

Assim sendo, a presente obra integra e desenvolve uma visão já extensamente demonstrada pelo autor em *Na Cinelândia Paulistana*, livro recém publicado em que, através de crônicas e comentários, Anatol Rosenfeld analisa filmes e contextos dos anos 50. Essa obra complementa o presente volume *Cinema: Arte & Indústria*: ambos constituem uma revisão da história do cinema, fato que por si só justifica a relevância de sua publicação. A importância desse posicionamento é, em si, o elemento justificativo de muitos livros publicados, exatamente pelo fato de serem eles tão raros – no nosso caso, com o acréscimo qualitativo de se apresentar em língua portuguesa. Além de repassar a história do cinema, ressalte-se que foi escrito por alguém que domina a linguagem cinematográfica, esmiuça detalhes, por vezes técnicos, além de aliar às reflexões uma sólida bagagem cultural em outras áreas. Isso é tanto mais marcante porquanto abarca relatos contemporâneos à época de sua escritura – sob esse aspecto é exemplar o exame que faz da inovação, nos anos 50, da Terceira Dimensão, algo pouco encontrável, ou mesmo a relação de janela/enquadramento com o tipo de filme. Portanto, estas duas obras configuram uma reflexão ímpar em nosso país em sua área.

A atividade crítica de Anatol Rosenfeld no que se refere ao cinema deve ser encarada primeiramente sob o ponto de vista de seu trabalho intelectual. Sua militância crítica iniciou-se na forma de publicações em jornais em 1945, quando aos poucos ele abandona o trabalho de caixeiro-viajante, que o mantinha desde sua chegada ao Brasil, fugindo do nazismo, em 1936[1]. Paulatinamente, ele vai se apossando e assimilando, tanto a língua quanto a cultura brasileira, nesse período de quase nove anos. Deve ser apontada, dessa forma, a coerência do arremate dessa fase por um trabalho crítico e

---

1. Sobre informações biográficas do autor, ver: J. Guinsburg e Plinio Martins Filho, *Sobre Anatol Rosenfeld*, São Paulo, Com-Arte, 1995; e Nanci Fernandes, "Introdução" in Anatol Rosenfeld, *Na Cinelândia Paulistana*, São Paulo, Perspectiva, 2002, pp. 12-15.

intelectual mais dinâmico. Dessa época de "aculturamento" brasileiro, no seu acervo há trabalhos que mostram não ter ele ficado sem escrever, elaborando crônicas, contos, poesias etc., em português ou alemão; neles, nota-se curiosidade intelectual, permanente abertura mental e, uma evolução crescente com relação ao novo meio que o envolvia, manifesta na escrita e em suas idéias sobre o país e sua cultura. A seguir, a partir de 1945 Rosenfeld trabalhou arduamente para produzir traduções, reflexões e críticas sobre os mais diversos campos da cultura. O trabalho jornalístico passou a ser a sua fonte de sobrevivência como escritor militante – e isso até o fim da vida. Aproximadamente de 1945 a 1947, ele basicamente vendia seus trabalhos para a Press International, agência de Hugo Schlesinger, o qual os revendia para vários periódicos. Este talvez seja um dos fatores que explicam a descontinuidade da crítica cinematográfica de Rosenfeld: continuamente às voltas com múltiplos e variados temas, isso naturalmente deveria refletir-se na pouca repercussão que seus escritos sobre cinema alcançaram na época – e mesmo até os dias de hoje.

O segundo aspecto sob o qual deve ser encarada a crítica cinematográfica do autor é a própria importância que o cinema ocupava na sua vida. A tessitura do pensamento estético-cinematográfico de Anatol Rosenfeld decorre de uma vivência de eventos e experiências importantes na fase áurea da configuração e sedimentação da Sétima Arte. A nova arte mecânica e industrializada, herdeira do teatro porém ultrapassando-o em termos de penetração massificadora, revela-se para ele já na Berlim das décadas de 20 e 30, agregando ao seu desenvolvimento a evolução de novas técnicas e tecnologias supervenientes. Esse fator ilustra à exaustão a curiosidade permanente e o embasamento vivencial a impregnar as suas análises. Isso não impede, por outro lado, que a disponibilidade intelectual e a fundamentação teórica estejam na base e na origem de uma lúcida e isenta apreciação estética das novas mídias emergentes. Tal crítica sempre recusa, com rigor e inteligência, a radicalização que possa encarar a arte cinematográfica meramente enquanto arte – muito embora por vezes muito permissiva às necessidades da indústria do entretenimento –, ou como simples veículo de comunicação, a serviço de outras artes – como por exemplo o teatro ou o balé – ou ainda a serviço do jornalismo, do documentarismo ou então simplesmente como entretenimento.

A Crítica Cinematográfica no Brasil

O movimento que desemboca no florescimento de uma visão crítica sistematizada do cinema inicia-se na metade dos anos 40 e pode ser verificada, tanto no Rio quanto em São Paulo, através do fato de que vários periódicos passaram a manter colunas de crítica cinematográfica: *O Estado de S. Paulo* (B. J. Duarte e Almeida Salles), *Folha da Manhã* (Carlos Ortiz e Noé Gertel), *Folha da Noite* (Rubem Biáfora), *Correio da Manhã* (Moniz Vianna), *A Cena Muda* (Alex Viany), *Diário Carioca* (Décio Vieira Otoni), *A Cigarra* (Luís Alípio de Barros), *Manchete* (Salvyano Cavalcanti de Paiva) etc.

Em 1946, por outro lado, dá-se a criação formal do Clube de Cinema, com críticos já então atuantes, como Almeida Salles, B. J. Duarte, Rubem Biáfora, Araújo Nabuco e Lourival Gomes Machado, entre outros. O Clube de Cinema é oriundo de uma fase inicial que foi interrompida, pela intervenção do DIP (órgão repressor do Estado Novo) em 1943[2]. Mais tarde, o Clube de Cinema se transformará na Filmoteca do Museu

---

2. O Clube de Cinema foi criado informalmente em 1940, graças à iniciativa de Paulo Emílio Salles Gomes e dos demais jovens críticos da revista *Clima*. Como relembra Ruy Coelho: "De fato, não existia uma entidade definida que se chamasse Clube de Cinema. Não tinha estatutos registrados e não poderia tê-los, dado que vivíamos sob o Estado Novo de Getúlio Vargas, e não se cogitou de dar-lhe estrutura formal. Não se sabia quem era membro e quem não era. Cotizávamos as despesas para obtenção de um filme, e em seguida marcávamos data de exibição e convidávamos os interessados [...] O público se compunha de estudantes e professores da Faculdade de Filosofia, aos quais se juntavam intelectuais e artistas gráficos, os mesmos que se encontravam nas exposições de pintura, récitas de música e dança, estréias de teatro. São Paulo era uma cidade provinciana; aliás, o Rio também". Depoimento de Ruy Coelho in Carlos Augusto Calil e Maria Teresa Machado, *Paulo Emílio: Um Intelectual na Linha de Frente* (Coletânea de textos de Paulo Emílio Salles Gomes), São Paulo, EMBRAFILME/Ministério da Cultura/Brasiliense, 1986, pp. 111-116.

de Arte Moderna de São Paulo (1949), embrião da Cinemateca Brasileira fundada em 1956.

Por volta do mesmo período ocorre igualmente a fundação de entidades como a Associação Brasileira de Cronistas Cinematográficos (ABCC, 1946), do Círculo de Estudos Cinematográficos (1948), ambos no Rio de Janeiro, e do Centro de Estudos Cinematográficos (1950), em São Paulo. Aparece também a publicação de dois números da revista *Filme* (1949), editada por Alex Viany e Vinicius de Moraes, cujo nível de aprofundamento era comparável ao de *La Révue du Cinéma* ou ao da *Bianco e Nero*. Finalmente, no campo da publicação dá-se à luz os livros: *Cartilha de Cinema* (1949) e *O Romance do Gato Preto* (1952), ambos de Carlos Ortiz; a tradução de *O Cinema – Sua Arte, sua Técnica, sua Economia* (1951), de Georges Sadoul; *Significação do far west*, de Otávio Faria; *Filme e Realidade* (1953), de Alberto Cavalcanti, e *O Gangster no Cinema* (1953), de Salvyano Cavalcanti de Paiva[3].

Neste passo, dentro do movimento e como contraponto à figura de Anatol Rosenfeld, é interessante chamar a atenção para Paulo Emílio Salles Gomes, uma das personalidades que mais marcou a reflexão cinematográfica desse período[4]. Juntamente com outros jovens egressos da Faculdade de Filosofia da USP ele havia fundado, em 1941, a revista *Clima*, publicação que marcou profundamente o pensamento crítico sociocultural dos anos 40. Paulo Emílio inicia sua atividade sobre cinema nessa publicação e, através dela (1941-1944), trava-se um curioso debate sobre os problemas que então afetavam a reflexão cinematográfica. Anteriormente, não havia

---

3. Para mais informações sobre a cultura cinematográfica no recorte em questão, ver Rudá Andrade, "Cronologia da Cultura Cinematográfica no Brasil" in *Cadernos da Cinemateca*, São Paulo, nº 1, 1962 e Maria Rita Galvão, *Burguesia e Cinema: O Caso da Vera Cruz*, Rio de Janeiro, Civilização Brasileira/EMBRAFILME, 1981, pp. 26-53.

4. Sobre os inícios da reflexão cinematográfica e sua carreira, ver basicamente, *Ensaios de Opinião* – Número Especial sobre "Paulo Emílio", vol. 6, nºs 2-4, Rio de Janeiro, 1978, 1ª Parte, especialmente o "Depoimento de Paulo Emílio Salles Gomes", entrevista a Cláudio Kahns em 30.4.1977, pp. 21-22.

uma visão crítica sistematizada, podendo-se argüir, igualmente, sobre a desimportância ou o generalizado desinteresse das nossas elites culturais pelo cinema, que na verdade não fazia parte das especulações intelectuais dos críticos em geral. Por outro lado, deve-se salientar também uma relativa falta de conhecimento do próprio cinema brasileiro, que não estava no horizonte das especulações intelectuais dos críticos em geral[5].

Das considerações acima pode-se inferir que, a partir de então, passou a haver, na crítica especializada, o objetivo claro de entender e encarar o cinema, no Brasil, não apenas como "a maior diversão", mas igualmente como uma forma refinada de arte[6]. Dessa forma, num período da história do cinema brasileiro em que a crítica cinematográfica voltava-se para discussões mais consistentes – como no exemplo de *Clima* ou no caso do Clube de Cinema –, não causa estranheza que, logo a seguir, Anatol Rosenfeld seja convidado a colaborar com a *Iris* na área cinematográfica. Deve-se apontar, no entanto, que ele não era estreante no setor, pois havia iniciado em 1947 a escrever a seção "Resenha Quinzenal do Cinema Paulistano" na *Crônica Israelita*. A partir de 1950, na *Iris*, o que ocorre é um tratamento mais abrangente expresso nas suas análises cinematográficas.

---

5. Quanto ao desinteresse generalizado pelo cinema brasileiro nesse período, ver "Depoimento de Paulo Emílio" in *Ensaios de Opinião, op. cit.*, pp. 21-22.

6. É interessante salientar que tanto o cinema quanto o teatro passaram por uma renovação exatamente no mesmo período, seja em termos teóricos, seja em termos práticos. Ao lado da figura de Paulo Emílio, no cinema, contrapõe-se a figura de seu amigo e colega da *Clima*, Décio de Almeida Prado: ambos vêm de extratos da média burguesia, ambos se formaram no círculo intelectual da antiga Faculdade de Filosofia da USP. De forma constante e crescente, a partir de 1941, os dois permanecerão no centro, respectivamente, da renovação brasileira nas áreas teatral e de crítica cinematográfica dos anos 40. Com referência a Almeida Prado, ver principalmente: João Roberto Faria *et alli*, *Décio de Almeida Prado: Um Homem de Teatro*, São Paulo, Edusp, 1997, especialmente os "Depoimentos", "Estudos sobre Décio de Almeida Prado" e "Traços Biobibliográficos de Décio de Almeida Prado".

Anatol: Crítico da Iris

Chegados a este ponto, deve-se observar que Anatol Rosenfeld não participou de forma orgânica das manifestações sucintamente expostas atrás. A retomada e a conscientização da crítica cinematográfica em nosso país tornava possível, de qualquer forma, a existência de uma coluna cinematográfica de alto nível na revista *Iris*.

Aqui cabe examinar, sob o aspecto cinematográfico, o caso específico da *Iris*, de São Paulo: dirigida inicialmente a fotógrafos e a cine-amadores, na edição de abril de 1947 (nº 4), através da coluna "Fala o Editor", ela informa que a partir de então introduzirá o cinema profissional nas suas seções. A seguir, em maio de 1949 (nº 28), Carlos Ortiz é apresentado como o responsável por cinema; em junho (nº 29), ele aparece titulado como "Diretor Técnico Responsável".

Na seqüência, em fevereiro de 1950 (nº 35), anuncia-se a publicação, em separado, de uma *Pré-História do Cinema* por Carlos Ortiz[7]. No mesmo número, anuncia-se a venda de exemplares da *Cartilha de Cinema*, do mesmo autor.

Em março de 1950 (nº 36), consta a menção de Carlos Ortiz como Diretor, sendo de se supor que ele tenha ocupado o cargo até agosto de 1951, quando o nome de Herbert Weiser aparece como Diretor-Cinematográfico. O fato é que, a partir do início da colaboração de Anatol Rosenfeld para a *Iris*, o nome de Ortiz não mais figura em nenhuma de suas seções. Os artigos de Rosenfeld na área cinematográfica iniciam-se em outubro de 1950 (nº 43) com a seção "Bibliografia" que resenha o livro *Cinema 1950*, a seção "No Mundo do Cinema" e ainda uma condensação do livro de Charles Chaplin, *O Segredo de Minha Arte*, da Penguin Books, de Londres.

---

7. Não encontramos, em nossas pesquisas, essa publicação escrita por Carlos Ortiz. Ela será anunciada, depois, como devendo ser escrita por Anatol Rosenfeld conforme anúncio na *Iris* nº 48 (março de 1951): "Aguardem a 'Pré-História do Cinema', de Anatol H. Rosenfeld, um dos próximos lançamentos da *Iris*", que também não foi encontrada como publicação autônoma. A "Pré-História do Cinema", que seria escrita posteriormente por Anatol Rosenfeld, foi publicada após a saída do autor da revista, em 1959 (nºs 89 a 93).

Não obstante seu trabalho para a *Iris* a partir de outubro de 1950, deve-se ressaltar, no entanto, que alguns anos antes ele já havia escrito sobre cinema ao traduzir para a Press International, agência de Hugo Schlesinger, o artigo "O Cinema e a Ciência", de Londres, que apareceu na *Folha da Noite* de 22.1.1945.

Para encerrar, é preciso convir que, antes ou durante a guerra, não teria havido condições objetivas para a renovação e a reformulação ocorridas. Basta lembrar, nesse sentido, que a grande discussão teórica com relação a cinema, entre nós, na primeira metade dos anos 40 foi promovida por Vinicius de Moraes nas páginas do diário carioca *A Manhã* e girava em torno da superioridade estética do cinema silencioso sobre o sonoro. Essa discussão, ao lado de outras como a cor no cinema ou as qualidades positivas ou negativas do filme *Fantasia*, de Walt Disney, aqui exibido em 1941, encontra-se estampada na revista *Clima*, a qual abriu espaço para que os problemas cinematográficos candentes fossem discutidos à luz de princípios críticos claros e consistentes[8].

Por outro lado, é preciso ponderar que, dentro de um quadro crítico mais atuante no período em tela, seja no cinema ou nas demais áreas da cultura, deve-se assinalar que Anatol Rosenfeld trabalhava arduamente para produzir traduções, reflexões e críticas sobre os mais diversos campos da cultura a fim de ganhar a sua sobrevivência como escritor militante. Conforme dito antes, ele vendia seus trabalhos para a Press International, que os revendia para os vários periódicos. Portanto, ele se via continuamente às voltas com múltiplos e variados interesses no campo da cultural em geral, o que naturalmente também deveria refletir-se na pouca repercussão de seus escritos sobre cinema, seja naquele momento ou mesmo posteriormente. Tal lacuna, a nosso ver, vem preenchida pelo recém-publicado *Na Cinelândia Paulistana* e pelo presente volume.

---

8. Ver, nesta linha, Carlos Augusto Calil e Maria Teresa Machado, *Paulo Emílio: Um Intelectual na Linha de Frente* (coletânea de textos de Paulo Emílio Salles Gomes), *op. cit.*, especialmente o capítulo "A Revelação do Cinema", em que vários textos de *Clima* são reproduzidos.

O Perfil da Crítica de Anatol Rosenfeld

Afora a acuidade de suas observações analíticas, embasadas em sólida formação em filosofia, literatura, estética e psicologia, os textos de Anatol Rosenfeld dialogam com uma tradição até então pouco presente em nossa cultura cinematográfica, qual seja a dos autores de língua alemã, especialmente os de viés marxista. Dois exemplos de autores pesquisados por Anatol são de extrema importância nesse sentido: o primeiro é o suíço Peter Baechlin, cujo *Der Film als ware* foi publicado em 1945 e traduzido para o francês em 1947, com o título *Histoire Économique du Cinéma*, tendo servido de fonte destacada para os textos aqui coligidos: "A Pré-História do Cinema" (pp. 51-102) e "O Cinema de 1914 a 1929: Evolução Econômica" (pp. 109-119). No caso de Baechlin, trata-se de um trabalho que até hoje serve de referência para muitos estudiosos do cinema, sendo ele na época, aparentemente, desconhecido no Brasil, mesmo por críticos ligados ao Partido Comunista Brasileiro, interessados em questões econômicas, como Alex Vianny ou Carlos Ortiz. O segundo exemplo refere-se ao hoje clássico *Dialética do Esclarecimento* (*Dialektik der Aufklärung*), de Max Horkheimer e Theodor W. Adorno, livro no qual se define, pioneiramente, o conceito de *Kulturindustrie* – indústria cultural. Ao que nos consta, Anatol Rosenfeld, no seu ensaio "Cinema: Arte e Indústria" (pp. 33-47), foi o primeiro autor, no Brasil, a utilizar-se de tal definição, abrindo caminho para uma análise marxista do cinema fora das esferas leninista, lukácsiana ou jdanovista. As considerações brilhantes do autor configuram, a nosso ver, um dos grandes motivos que nos leva a lamentar o fato de Rosenfeld não ter dado prosseguimento à sua atividade na crítica cinematográfica, como também somos levados à constatação de que a sua produção, no campo de cinema, não provocou a devida repercussão, tanto mais que, num momento em que a indústria cultural brasileira começava a se constituir, a vertente analítica da Escola de Frankfurt teria propiciado uma importante colaboração à crítica da cultura[9].

---

9. Para uma análise do desenvolvimento da indústria cultural no Brasil

Para encerrar estas considerações, deve-se trazer à luz o surto renovador pelo qual passavam as artes em geral no Brasil – notadamente em São Paulo, já na época o maior pólo industrial brasileiro. A indústria cultural, estimulada e patrocinada pela burguesia paulista, plantava marcos renovadores em várias áreas: a fotografia, a indústria fonográfica, a renovação e/ou modernização das artes em geral (literatura, artes plásticas, teatro e música), a televisão e, finalmente em 1949 a grande incursão cinematográfica que foi a criação da Vera Cruz.

A reflexão de Anatol Rosenfeld sobre cinema ocorreu num momento capital não somente para a cultura como também para a produção cinematográfica. Esse período foi marcado pelo advento da Vera Cruz e de outras empresas criadas em São Paulo, que em menor escala tentaram seguir seus passos, como a Maristela, a Multifilmes e a Kino Filmes. A curta duração temporal da aventura da Vera Cruz (1949-1954) foi suficiente para a realização de alguns filmes clássicos, como *O Cangaceiro* (1952), de Lima Barreto[10]. Deve-se ainda apontar, nesse panorama, a continuidade da produção das chanchadas no Rio de Janeiro[11], principalmente através da Atlântida. De igual maneira, ocorre o surgimento, na época, daquele que se convencionou denominar de cinema independente – encarnado por diretores como Nelson Pereira dos Santos, Rodolfo Nanni, Alex Vianny, Carlos Ortiz e Roberto Santos[12] –, embrião do Cinema Novo. Outrossim, esse período marca o aparecimento da televisão no Brasil através da estréia da TV Tupi, de São Paulo (1950).

Dentro dessa moldura é que se deve situar o trabalho crítico de Anatol Rosenfeld: o colaborador da *Iris* exerceu com com-

ver Renato Ortiz, *A Moderna Tradição Brasileira*, São Paulo, Brasiliense, 1988.

10. Sobre a Vera Cruz ver Maria Rita Galvão, *Burguesia e Cinema: O Caso Vera Cruz, op. cit.*

11. Sobre a chanchada ver Sérgio Augusto, *Este Mundo é um Pandeiro*, São Paulo, Cia. das Letras, 1989.

12. Sobre o cinema independente ver Maria Rita Galvão, "O Desenvolvimento das Idéias sobre Cinema Independente" in *Cadernos da Cinemateca*, São Paulo, nº 4, 1980.

petência e continuidade a tarefa de levar generosamente ao leitor-padrão da revista – o fotógrafo e o cine-amador – informações e conhecimentos vistos e transmitidos sob o prisma de quem, durante sua formação na Berlim dos anos 20 e 30, muito havia vivenciado, aprendido e apreendido. Sua reflexão, ora apresentada, torna-se de capital importância, uma das chaves para o entendimento de seu trabalho crítico e, no que respeita ao cinema brasileiro, uma lacuna que ora se preenche pela publicação de textos tão precisos e bem dimensionados. Eis aqui a peculiaridade do pensamento crítico de Anatol Rosenfeld, a sugerir um confronto com os demais críticos da época.

Esta dúplice condição – de espectador interessado somada à de orientador e crítico de uma revista especializada – talvez nos ajude a entender a ausência do nome de Rosenfeld dos levantamentos históricos e críticos existentes sobre o período. O que o preocupava fundamentalmente era transmitir a esse leitor-padrão conselhos e informações sobre o processo criador e produtor do filme, partindo de um sólido corpo crítico fundamentado em madura reflexão estético-cinematográfica. Essa reflexão não vinha elaborada a partir da freqüência a cineclubes, círculos cinéfilos ou vida acadêmica – que não a tínhamos na área de cinema. Anatol Rosenfeld lança suas idéias a partir de extenso arcabouço cultural para fornecer ao leitor "um aguçado e moderno instrumental de análise", a fim de colaborar "na elaboração do edifício teórico que o cinema necessita para seu desenvolvimento, analisando e definindo valores sob o crivo esclarecedor de seus conhecimentos filosóficos, estéticos e sociais" – palavras extraídas da única análise lúcida da época, pelo que sabemos, feita por J. Guinsburg[13].

Temas desta Obra

Em "Cinema: Arte e Indústria", Rosenfeld coloca o dilema arte ou comunicação com agudeza: lembra que, embora o

---

13. J. Guinsburg, "Anatol Rosenfeld e a Revista *Iris*", neste volume, pp. 28-30.

"filme (também) pode servir de comunicação a uma pequena jóia poética em forma de desenho, a uma epopéia como *Ivã, o Terrível*, de S. M. Eisenstein, ou aos inúmeros filmes policiais ou *far wests* que povoam as telas do mundo", não podemos nos esquecer de que, "ao passo que os primeiros são arte, estes últimos, mesmo feitos com habilidade, geralmente nem sequer pretendem ser arte". Ele não vacila em chegar ao fulcro da questão: "No caso do cinema [...] o fenômeno marginal é precisamente a arte, pois as empresas cinematográficas não têm, em geral, intenções estéticas", muito embora se deva considerar o filme "como meio de expressão peculiar e inconfundível [...] feito de luz, imagem e movimento (e que) invade o terreno da arte".

Nesta imbricação do cinema enquanto arte e comunicação, expressão artística e indústria de entretenimento, sua análise remete à visão do que se deva entender por História do Cinema (parte II, caps. 1 e 2): o artista criador – na atualidade o cineasta, nos ensaios o diretor – está inserido nos meios de produção e distribuição em massa de uma arte que é controlada e manipulada, econômica e financeiramente, por grandes empresas e capitais internacionais. Esses dois elementos constituem o ponto de partida e o ponto de chegada que devem balizar o entendimento daquilo a que chamamos Sétima Arte.

Ao esboçar, sob este ponto de vista, os parâmetros a partir dos quais vê uma História do Cinema, ele examina os eventos dessa história desde seus primórdios – a pré-história do cinema, que inclui uma visão sociológica e a evolução econômica –, chegando até o pós-guerra dos anos 20. Em seguida, com os percalços da evolução econômica de 1914-1929, ele traça um panorama que é complementado por uma análise da transição do cinema mudo para o sonoro.

É de se notar o amplo espectro de historiadores e ensaístas consultados na preparação dos ensaios de cunho histórico. Além do já citado Peter Baechlin, Max Horkheimer e Theodor Adorno, temos Marcel Lapierre, Lo Duca, Ilya Ehrenbourg, Hans Eissler, Maurice Bardèche e Robert Brasilach, além de possivelmente estar também, nas suas pesquisas, o historiador francês Georges Sadoul.

Em "O Filme Sonoro" (pp. 123-157) é analisada a introdução no filme do som e da música, realçando-se principalmente esta última. Nesse aspecto, ele parte de Hans Eissler ao comentar os vários usos da música, assim como a forma musicalmente mais adequada à obra fílmica. No contexto, ele se utiliza não apenas de adequado conhecimento musical – por exemplo, sobre a maior adequação ao filme da música moderna ou atonal em oposição à tradicional, tonal ou modal; o autor vai além ao se valer de considerações psicológicas para inserir a música como elemento *complementar* à imagem, no cinema, e não como simples adendo à obra cinematográfica. Deve-se frisar, por outro lado, que embora tenha partido de um autor da categoria de Eissler – que trabalhou com Brecht –, Anatol Rosenfeld questiona, em certa medida, alguns pontos das reflexões do grande músico, ressalvando que, "mesmo não reconhecendo a veracidade das teorias de Eissler *in totum*, não se lhes pode negar penetração e profunda intuição".

No capítulo dedicado ao filme escandinavo e ao filme americano (pp. 159-190), Rosenfeld nos brinda com um histórico interessante sobre essas duas trajetórias distintas na evolução da arte cinematográfica. Merece ser destacado o exame que faz da obra de Carl-Theodor Dreyer, particularmente a abordagem estética, no sentido de que sua concepção e estilo peculiares colocam o grande diretor dinamarquês num lugar ímpar na história do cinema. Igual realce é dado a Griffith, também contemplado com uma análise mais detida no segundo ensaio do capítulo.

No que tange à criação artística em "Notas sobre a Arte do Cinema" (pp. 201-212), ele utiliza abalizadas e extensas considerações estéticas ao examinar tanto o papel do artista-cineasta quanto a obra de arte cinematográfica em si. Distinguindo claramente os conceitos estéticos daqueles de outras áreas – como os da sociologia, da psicologia ou da ciência –, Anatol Rosenfeld situa esteticamente o momento, o espaço e a destinação da obra de arte. Ao propor princípios críticos para se efetuar uma análise estética, ele nos sugere "estabelecer como ideal da arte a comunicação intensa do espiritual – da 'idéia' – por meio sensorial, isto é, do fenômeno individual fixado em determinada obra de arte", a partir de cuja premissa ele estabelece vários quesitos a guiar uma possível pesquisa estética. Conclui ponderando que "a obra de arte tem de ser [...] um todo organizado, uma unidade em que nenhuma parte, por si só, tenha vida própria para que seja garantida a manifestação intensa da idéia do material sensorial. Deve haver uma adequação entre a idéia e os meios de expressão".

Os ensaios "O *Close up* em Plano Próximo" (pp. 219-224) e "Dono do Tempo e do Espaço: A Psicologia do Corte" (pp. 225-231) apresentam-se como complementares, concentrando-se em questões fundamentais da estética cinematográfica. O primeiro texto, para além de inscrever historicamente o aparecimento do *close up*, destaca as funções desse recurso ao nível da linguagem, utilizando-se de filmes clássicos como *Enoch Arden* (1908), de David W. Griffith, *Sem Novidade no Fronte* (*All Quiet on the Western Front*, 1930), de Lewis Milestone, e *Crepúsculo dos Deuses* (*Sunset Boulevard*, 1950), de Billy Wilder. No segundo texto explica-se de forma sucinta como opera a montagem, isto é, de que forma ela constrói um tempo e um espaço específicos do cinema. Com base na psicologia estrutural, o crítico ainda discute quais motivos levam o espectador a perceber, de forma integrada, elementos cujas origens são, na realidade, díspares.

Em "*Ivã* e *Rio Escondido*: Considerações sobre o Estilo Cinematográfico" (pp. 233-239) é feita uma comparação entre o último filme de Serguei Eisenstein e uma fita do diretor mexicano Emílio Fernández. Com muita propriedade, o autor discute películas cujos estilos possuem semelhanças que podem levar, a partir do exame da adequação ou inadequação do estilo cinematográfico em cada caso, a conclusões muito interessantes: a obra soviética pode ser considerada brilhante, sob o ponto de vista do estilo, ao passo que o filme do diretor mexicano fracassa nesse aspecto, visto que, no primeiro caso, alcançou-se uma imbricação efetiva entre o estilo grandioso e formal da representação e o tema histórico abordado, ao passo que no caso de Emílio Fernández ocorreu um flagrante desequilíbrio entre o estilo formal e arrastado empregado e o tema que, embora coletivo, está inserido numa contemporaneidade prosaica da vida mexicana.

Nos capítulos "A Crise em Hollywood" (pp. 243-251) e "O que É que Há com o Cinema em Relevo?" (pp. 247-251), assim como em parte de "A Terceira Dimensão – O Cinema em Relevo" (pp. 253-264), é discutida a crise hollywoodiana de inícios dos anos 50, motivada principalmente pela concorrência da televisão no mercado norte-americano, bem como pelo fortalecimento das cinematografias européias através de medidas econômicas protecionistas. As soluções aventadas pelos capitães-de-indústria ianques baseavam-se num maior apelo ao sexo e no recurso a novas tecnologias espetaculares, em especial a Terceira Dimensão. Tais soluções visavam dar ao público, por vias diversas, sensações que ele não poderia encontrar fora da produção hollywoodiana, dominante em escala mundial. Se o primeiro artigo destaca-se pelo bom humor – expresso, por exemplo, na utilização da expressão "equipamento" misturando a acepção referente ao equipamento concreto, material, usado na produção cinematográfica, àquele metafórico das *starlets* de Hollywood, atributos corporais usados como chamariz para a enxurrada de filmes superficiais da época –, o segundo atinge um nível de reflexão muito interessante, ao colocar como base para discussão, entre outras, as idéias de Eisenstein sobre o cinema em relevo. A essas alturas, é possível aferir-se, nessas ponderações, o alcance da formação estética de Anatol Rosenfeld, particularmente quando ele diverge das posições do mestre soviético utilizando-se de sólida argumentação.

Por fim, o autor faz um apanhado sobre o cinema em relevo na época, transmitindo esclarecimentos que lhe permitem exercitar seus dotes literários no interessante diálogo fictício entre um ardoroso defensor do cinema em 3-D e um crítico vigoroso em sua oposição à nova tecnologia – que claramente sugere as próprias convicções de Anatol Rosenfeld sobre o assunto.

Critérios de Organização

O presente volume é constituído, em parte, por ensaios publicados ao longo do trabalho de Anatol Rosenfeld na revista *Iris*, de 1951 a 1953[14]. A esses ensaios foram acrescentadas transcrições de textos que, ao que nos consta, até o momento permanecem inéditos. Os ensaios do capítulo "Anexos" ("O Filme Escandinavo" e "O Filme Americano") referem-se a transcrições de manuscritos do autor.

As notas originais foram mantidas, estão assinaldas (N. do A.). As demais notas referem-se a esclarecimentos e/ou observações que pareceram pertinentes aos organizadores.

Adendo

A seguir transcrevemos ensaio que, em 1953, foi escrito sobre a atividade crítica de Anatol Rosenfeld na revista *Iris* – possivelmente, a única manifestação escrita sobre a qualidade e a pertinência do trabalho de Rosenfeld.

Nanci Fernandes e
Arthur Autran

Anatol Rosenfeld e a Revista Iris[15]

A excelente publicação mensal *Iris* (revista de cinema e artes gráficas), tão cheia de interesse para os que se dedicam

---

14. Ensaios publicados na *Iris*:
Parte I: "Cinema: Arte & Indústria" (nºs 49, de abr./1951, e 52, de jul./1951);
Parte III, 2: "O *Close up* em Plano Próximo" (nº 56, de nov./1951);
Parte III, 4: "*Ivã* e *Rio Escondido*" (nº 57, de dez./1951);
Parte III, 1: "Notas sobre a Arte do Cinema" (nºs 62, de maio/1952, e 73-74, de abr.-maio/1953);
Parte III, 3: "Dono do Tempo e do Espaço" (nº 71, de fev./1953);
Parte IV, 3: "A Terceira Dimensão" (nºs 78, de set./1953, e 79, de out./1953).
A Parte II, 1: "A Pré-História do Cinema", compõe-se de artigos veiculados nos nºs 89, 90, 91, 92 e 93, todos de 1959, época em que Anatol Rosenfeld não mais estava vinculado à revista.
15. Ensaio originalmente publicado na revista *Brasil-Israel* nº 39, setembro e outubro de 1953, sob o título "IRIS – Revista de Cinema e de Artes Gráficas".

à fotografia, conta com uma seção cinematográfica de especial valor. Encontramos aí comentários e estudos de um elevado nível intelectual. Verifica-se, desde o início, que são fruto da reflexão ponderada de um espírito maduro, conhecedor dos problemas artísticos da atualidade e perfeitamente capacitado a guiar o leitor pelos complexos meandros da filosofia da arte em geral e, em particular, da que se relaciona com o filme. As referidas seções, assinadas por Anatol H. Rosenfeld (cujos trabalhos no campo da crítica literária, do judaísmo e da sociologia são igualmente dos mais interessantes), formam, em nossa opinião, entre os melhores que a imprensa nacional estampa. Como as que surgem sob a responsabilidade de Benedito Duarte, C. Ortiz, M. Marguliés e outros, as "Notas sobre Cinema e Arte" e os "*Flash Back* do Mês" não se preocupam apenas em julgar determinadas películas e elucidar certos aspectos do processo criador do cinema, mas, valendo-se de um aguçado e moderno instrumental de análise, penetram nos próprios fundamentos do cinema, estudando e definindo os seus valores, procurando configurá-los do ponto de vista filosófico, estético e social e contribuindo, destarte, para erigir o edifício teórico de que necessita o cinema nacional para o seu desenvolvimento.

Neste sentido, basta citar os dois artigos que apareceram nos números 62 e 73-74, na série de "Notas" (ver pp. 201-212). O problema do filme como obra de arte é aí encarado em seus aspectos básicos: É ele um meio de expressão artística? Possui os elementos gerais que caracterizam a obra de arte? E, finalmente, encontra-se na órbita dos valores estéticos objetivos e qual o critério para assim o julgarmos? Para responder positivamente, Rosenfeld não se limita ao estudo do cinema em si. Procura, em primeiro lugar e de uma maneira absolutamente larga e antidogmática, definir a criação artística e a essência desta, caracterizando-a como "expressão adequada de uma intuição". Em seguida, procura verificar se o filme satisfaz tal condição e, na medida em que os grandes criadores do cinema moderno marcam com a sua concepção e personalidade, um estilo e uma expressão inconfundíveis, a conclusão só pode ser afirmativa. E o cinema não só é um meio de comunicação artística, mas a síntese que realiza, enquanto tal, é, em termos estéticos, bem mais autônoma do que a do teatro, onde o texto vale como obra em si, com valores próprios, apenas transitoriamente fundidos no espetáculo.

Por outro lado, se "na arte o fenômeno individual contém o geral", verificamos no cinema a série do processo de individualização e de redução a símbolos, cuja maior ou menor "transparência", ou seja, força reveladora de sua "inefável" mensagem, constitui a medida de sua realização como obra de arte e o critério para a avaliação artística do cinema.

Com isto, evidentemente, não resumimos as idéias do Sr. Rosenfeld e, talvez, tenhamos mesmo as deturpado... No entanto, quisemos dar ao leitor uma idéia dos profundos fundamentos estéticos sobre os quais o Sr. Rosenfeld assenta o seu labor crítico de cinema e que lhe permitem realizar trabalhos da ordem de *Ivã, o Terrível* e *Rio Escondido* (ver pp. 233-239).

J. Guinsburg

Parte I: CINEMA E CONTEXTO

1. CINEMA: ARTE E INDÚSTRIA

Pode-se escrever a "História do Cinema" como se escreve a história de determinada arte, à semelhança da "História da Pintura", por exemplo, ou da "História da Música"? Evidentemente, o cinema pode ser arte, mas abordá-lo exclusivamente sob este prisma seria, sem dúvida, uma limitação extrema. Pois a imagem móvel é, antes de tudo, um meio de comunicação e reprodução, como a impressão tipográfica ou o disco; e como tal, ela pode visar a divulgação de dados variados sem que a preocupação fundamental seja de ordem estética.

Da mesma forma como o jornal ou o rádio, o cinema pode difundir notícias, anúncios, propaganda e lições de divulgação científica; e na maioria dos casos cuidará, como os bons jornais e as boas estações de rádio[1], de uma correta re-

---

1. A mesma referência estender-se-ia às mídias mais modernas, como televisão e Internet. Observamos que o presente texto data de 1951.

33

dação e coordenação fluente das matérias divulgadas sem que, por isso, se possa falar de arte. Por mais duvidoso que seja o emprego de analogias, é óbvio que uma notícia de jornal, embora bem redigida e escrita em linguagem correta, não chega a ser arte, tampouco um jornal cinematográfico bem montado e composto de tomadas de boa qualidade.

Semelhantemente, o livro pode servir de veículo de comunicação à poesia de Rainer Maria Rilke, aos romances de Machado de Assis ou às novelas policiais de Edgar Wallace. As obras de Rilke e Machado de Assis são arte, mas ninguém pensaria em chamar assim as novelas de Edgar Wallace, embora muitas vezes sejam feitas com habilidade e mesmo com "arte". Fazer uma coisa "com arte" não significa criar uma obra de arte.

Assim, também o filme pode servir de veículo de comunicação a uma pequena jóia poética em forma de desenho, a uma epopéia como *Ivã, o Terrível*, de S. M. Eisenstein, ou aos inúmeros filmes policiais ou *far west* que povoam as telas do mundo. Ao passo que os primeiros são arte, estes últimos, mesmo feitos com habilidade, geralmente nem sequer pretendem ser arte. Isso não exclui, evidentemente, que autores como Joseph Conrad ou Edgar Allan Poe tenham criado verdadeiras obras de arte no gênero policial ou de aventuras, e o mesmo se pode dizer de um ou outro filme *far west* ou policial, dirigidos por John Ford, Fritz Lang, Robert Siodmak e outros.

Não vale a pena levar mais longe a analogia, perigosa como toda analogia, entre cinema, imprensa, rádio, literatura e disco. Pois o livro, a imprensa, o disco, nunca passam de mero veículo, mesmo quando difundem obras de arte, ao passo que o filme, como arte, se transforma em meio de expressão – usando como veículo a cinta de celulóide. E como meio de expressão peculiar e inconfundível, o filme, feito de luz, imagem e movimento, invade o terreno da arte. Por isso, o filme, quando simplesmente reproduz uma peça teatral de valor estético, não é uma obra de arte – é apenas veículo de comunicação e reprodução, que fixa, multiplica e divulga uma obra de arte por meios mecânicos. Todavia, quando se apodera da mesma peça, refundindo-a e recriando-a segundo os seus pró-

34

prios meios de expressão, deixa de ser um simples veículo e transforma-se, eventualmente, em arte genuína.

Bastam os exemplos indicados para demonstrar que limitar-se-ia em demasia o campo de estudo ao se abordar o cinema apenas como arte. Tal luxo se pode permitir o historiador da pintura, da escultura, da "bela literatura" ou da música, o qual, de boa consciência, pode eliminar aspectos não essenciais ao seu assunto, suprimindo ou negligenciando fenômenos esteticamente marginais como "música de salão" ou de dança, a maioria das novelas policiais etc.; obras que eventualmente podem interessar, como gênero e moda, os estudiosos da história da cultura de determinadas épocas, sociólogos e psicólogos – não, porém, o historiador da arte.

No caso do cinema, bem ao contrário, o fenômeno marginal é precisamente a arte, pois as empresas cinematográficas não têm, em geral, intenções estéticas. Um dos momentos essenciais de toda arte é o fato de que através dela um artista se expressa, de que ela lhe serve de expressão. Ora, a Paramount não dirá a um diretor: "Mr. Ford, tome aí um milhão de dólares e vá expressar-se!" Sem dúvida, as empresas cinematográficas recorrem também a recursos estéticos. Fazem-no a modo dos comerciantes que acondicionam as suas mercadorias, antes de entregá-las ao freguês, em embrulhos bem feitos, amarrados com fitinhas cor-de-rosa ou azul-celeste. Não chegam, portanto, a se oporem a uma moderada dose de elementos estéticos, mas tais aspectos se subordinam a outros interesses, geralmente alheios à arte.

Por isso, uma história do cinema deve tomar em consideração que o seu objeto é, essencialmente, uma Indústria de Entretenimento, que também faz uso de meios estéticos para obter determinados efeitos e para satisfazer um grande mercado de consumidores, sem visar, todavia, na maioria dos casos, à criação de obras de arte. Seria, portanto, absurdo e infantil condenar os industriais do cinema por criarem raramente uma obra de arte. Uma produção cinematográfica aproveitável de filmes de ficção é impossível sem organização industrial e sem o investimento de consideráveis capitais. E uma organização industrial, na nossa sociedade, não parece poder submeter-se a princípios rigorosamente estéticos. Pois como disse Chiarini[2]:

> A criação artística tem leis muito distintas das industriais; ao passo que a arte é individualidade, personalidade, diferenciação, a indústria é uniformidade, estandardização, tipificação; a razão artística tende a diferenciar um filme do outro; a industrial, ao contrário, tende a uniformizá-los.

Não se compreende, por isso, como o mesmo Chiarini, embora reconhecendo que o comércio deve explorar a obra de arte, exija que ele não influa na sua criação. Pode-se aplicar semelhante concepção a uma empresa editora que, antes de investir o seu capital, seleciona as obras que pretende publicar e explorar. Ela geralmente não investe capital na criação da obra, somente na multiplicação, propaganda e distribuição de obras já criadas e selecionadas segundo princípios mais ou menos comerciais. Conseguintemente, a intervenção comercial não se estende, neste caso, até a criação artística, embora o autor, conhecendo os princípios de seleção dos editores, muitas vezes sofra uma influência consciente ou inconsciente por saber ou sentir que só determinadas obras podem contar com aceitação. Já no caso da indústria cinematográfica, a situação parece ser radicalmente diversa. Aqui não só a exploração, mas a própria criação requer capitais consideráveis e, por isso, a empresa, ao encomendar a confecção de um filme, forçosamente tende a impor desde o início os princípios que lhe parecem certos.

Falando do rádio, do cinema e da televisão, René Clair exclamou certa vez com amargura:

> Estas forças enormes – deve-se deixá-las à disposição de qualquer um que possua capitais suficientes para apoderar-se delas? Nestas matérias, a liberdade ligada à iniciativa privada é uma caricatura da liberdade; ela tem

---

2. Luigi Chiarini, cineasta italiano do período da Segunda Guerra Mundial, considerado o primeiro professor de cinema na Itália, um dos apóstolos do Neo-Realismo, juntamente com Umberto Barbaro. Propôs as idéias do Neo-Realismo numa revista chamada *Cinema* e como palestrante no Centro Sperimentale di Cinematografia. Também crítico de cinema, foi diretor do Festival de Veneza durante os anos 60. Dentre seus filmes, destaca-se *Via delle Cinque Lune*, de 1942.

como efeito impor a ditadura absoluta de algum grupo financeiro sobre um domínio que não é somente material. É possível que o sistema econômico e político, que nos governa atualmente, não nos permita entrever outras soluções: neste caso, é o sistema que já não corresponde às necessidades da nossa época, devendo, portanto, ser modificado (René Clair, *O Cinema e o Estado*)[3].

Exigir a modificação de todo o sistema social e econômico do mundo ocidental, apenas porque nele os cineastas não encontram plena liberdade artística, isso parece talvez um tanto extremo. Haveria mais liberdade se o Estado, mesmo sem interesses comerciais, impusesse as suas diretrizes? Certamente, não. Com uma diferença, porém: para um artista é mais fácil identificar-se com os ideais e interesses ideológicos proclamados por um Estado – possivelmente representante legítimo da sociedade – do que com os interesses industriais de um truste qualquer, que nada representa além dos seus interesses particulares.

Como se vê, o dilema do artista-criador parece ser gravíssimo (mesmo não se levando em conta o fato de que nos principais centros da indústria cinematográfica a crescente especialização e divisão de trabalho limita cada vez mais as funções do diretor). Um extraordinário diretor como S. M. Eisenstein viu mutilada uma grande obra realizada no México[4] com capitais norte-americanos, obra que nunca foi editada na íntegra; mas lutou também com dificuldades na União Soviética para editar as últimas partes do seu *Ivã, o Terrível*, embora certamente tenha sido um leal cidadão do seu país. Contudo, analisando o problema mais de perto, verifica-se que a importância da liberdade artística costuma ser, até certo ponto, exagerada. Afinal, tanto na União Soviética como nos Estados Unidos – países de liberdade restrita, quer por motivos doutrinários, quer por causa da censura dos grupos de pressão ou devido aos interesses comerciais – realizaram-se fil-

3. O texto citado não foi encontrado em livro. Supomos tratar-se de ensaio contido em revista.

4. Serguei Eisenstein filmou *Que Viva Mexico!*, entre 1931 e 1932, quando então o projeto foi interrompido pelo seu financiador, o escritor norte-americano Upton Sinclair, devido às pressões exercidas por Stalin. Realizaram-se várias montagens a partir do material dirigido por Eisenstein, porém nenhuma delas com o seu consentimento.

mes que são verdadeiras obras-primas. E os grandes artistas do passado terão sido sempre tão "livres"? Não é a liberdade artística absoluta, em parte, uma ficção? Uma ficção criada pela sociedade burguesa em virtude do fato de que nela o artista não costuma satisfazer a demanda ou encomenda de determinado patrão?

Evidentemente, os grandes artistas que antigamente dependiam com freqüência de certas personalidades – imperadores, nobres, bispos, papas –, satisfazendo uma demanda bem definida como a da Igreja ou da nobreza, em absoluto podem ser considerados inteiramente livres. Em todas as épocas são raros os artistas que trabalham sem compromisso de espécie alguma. E uma catedral gótica, como toda obra arquitetônica, pode ser uma imensa obra de arte embora tivesse sido adaptada, para servir aos fins visados, a inúmeros fatores não-estéticos.

Atualmente, a maioria dos artistas cria a sua obra, em geral, para um mercado anônimo, sem encomenda direta, e por isso tem a ilusão da liberdade. Com isso, a criação artística acompanha o processo de fabricação capitalista, que "produz" para um mercado abstrato, enquanto antigamente o artesão trabalhava para determinado freguês, como ainda hoje fazem certos artesãos que confeccionam sob medida (nos Estados Unidos, porém, o alfaiate, por exemplo, está quase extinto; o americano dificilmente encomenda um terno sob medida). Todavia, também o mercado anônimo é um patrão ou uma "igreja", e muitos bons artistas aceitam-lhe as exigências sem que tenham consciência disso. Mesmo a maioria dos artistas de vanguarda, os modernistas, radicais, cubistas, surrealistas, abstracionistas, os gênios desconhecidos que passam a sua vida "pesquisando", todos eles sofreram ou sofrem a imposição de certos meios e climas sociais e satisfazem um mercado de "igrejinhas" e seitas, de círculos de esnobes às vezes de gosto refinado, que não desejam ser confundidos com as "massas" escravizadas pela religião oficial do academicismo. Todos eles se submetem a determinada procura, a uma "encomenda" indireta, mais ou menos anônima, e assim mesmo criaram, ou criam, obras notáveis – tanto os acadêmicos como os avançados.

A arte é expressão; mas ela é, também, comunicação. Uma expressão restrita ao próprio artista deixa de ser expressão e o artista deixa de ser artista para tornar-se um "alienado", à margem da sociedade. Haja vista a tremenda autocondenação do compositor "alienado" na última obra de Thomas Mann (*Dr. Fausto*, uma condenação de si mesmo, mas também da sociedade em que tais monstros tendem a desenvolver-se. Pouco depois, o artista socialmente alienado torna-se também um alienado mental). Os artistas revolucionários procuram novos meios de expressão, mas os grandes artistas sabem ao mesmo tempo comunicar-se. É da própria essência da arte o realizar uma síntese maravilhosa de auto-expressão individual e de comunicação social. Em todas as épocas clássicas o artista aceitou o compromisso entre a encomenda social e o sonho individual: sua obra representava a encruzilhada entre o seu caminho solitário e o caminho coletivo dos outros, tornando-se ponto de encontro e festa de confraternização. E a própria autonomia da arte consiste em aceitar a imposição da encomenda, impondo a ela, simultaneamente, a sua magia.

O artista de poucos recursos, que nunca acerta ou nunca aceita a demanda de nenhum mercado ou de nenhum patrão, tem hoje como sempre o pleno direito de vender sabonete ou de morrer de fome; e esse privilégio é também direito inalienável do cineasta que não aceita compromissos com a empresa. Com uma diferença: o poeta pode expressar-se, guardar os seus poemas na gaveta e aguardar, por assim dizer, o veredicto da posteridade. O cine-diretor, porém, geralmente só se pode expressar se, desde o início, comprometer-se a trabalhar para os contemporâneos – e para o máximo número de contemporâneos, pois a empresa não pode esperar a ovação da posteridade ou satisfazer-se com o aplauso de "igrejinhas".

O diretor – se o considerarmos em tese o criador da obra cinematográfica – está, portanto, até certo ponto, na situação daqueles artistas de tempos idos que trabalhavam para um patrão qualquer, executando encomendas definidas; situação que, conforme facilmente se verifica, não exclui a criação de verdadeiras obras de arte. É preciso salientar, porém, que isso só é verdade "até certo ponto". Vejamos bem até onde.

39

Nas épocas de florescência artística, como foi exposto, o artista não se encontrava, geralmente, "livre" diante de um mercado abstrato e anônimo, mas contava com a encomenda concreta do patrão. Virgílio, Michelangelo, Mozart criaram algumas das suas maiores obras sob encomenda de personalidades altamente colocadas. O mesmo vale para inúmeros outros artistas de gênio. Esses patrões, porém, geralmente não eram quaisquer indivíduos enriquecidos, mas representavam muitas vezes a sociedade, eram expoentes dela. Os papas, a burocracia egípcia, a hierarquia indiana eram, no fundo, só intermediários duma concepção de mundo representativa para a sociedade (ou pelo menos para a classe dominante). Era para esta que, em última análise, o artista criava. E como essa concepção de mundo costumava ser também a do artista, havia a possibilidade de criações sinceras e espontâneas, mesmo faltando-lhe a liberdade absoluta. Naturalmente, esboçavam-se conflitos entre o patrão e o artista ansioso da sua autonomia estética. Conhecem-se as violentas divergências entre o papa e Michelangelo, entre Rembrandt e Bang Cocq. Tais conflitos, porém, não eram fundamentais, não iam até as concepções essenciais.

Hoje são raros os artistas avançados que podem contar com encomendas nesse sentido concreto. Quando as há, como no caso de Diego Rivera, encarregado de realizar as pinturas murais do Rockfeller Building, surgem com freqüência antagonismos irreconciliáveis que vão até as concepções fundamentais, decorrendo daí conflitos insolúveis. Os célebres frescos mexicanos, encomendados pelo governo, o painel "Tiradentes" encomendado por uma escola, são exceções felizes. Em ambos os casos, tratava-se de grandes temas nacionais e os artistas, ao criarem estas obras, sentiam-se ligados à sociedade para a qual criavam.

Mas a maioria dos grandes artistas contemporâneos, sem contacto com a sociedade através da encomenda concreta de verdadeiros expoentes dela, sente-se inteiramente livre, livre como um passarinho, e vive sem comunicação artística, trabalhando para um mercado de alguns esnobes ou intelectuais refinados que não representam nada senão a si mesmos.

40

Visto sob esse prisma, o cineasta se encontra na situação privilegiada de contar com a encomenda concreta e direta das empresas. Serão elas, todavia, expoentes legítimas da sociedade, representam elas em qualquer sentido essencial o nosso tempo e o nosso mundo? Há casos em que realmente encomendam ao diretor identificando-se com os anseios profundos da sociedade e em que se esforçam por representá-la; casos que justificam as palavras de Fritz Lang de que "a responsabilidade mais alta do criador fílmico é refletir a sua época". Mas nesse caso fazem-no logo em série para obter lucros compensadores. O fato é que não se tem fé na dignidade de representantes que só investem para recuperar o capital com juros. Industriais da Diversão, até da guerra, fizeram um entretenimento em série em que os heróis morrem com suave música sincronizada. Seria, portanto, audácia afirmar que as empresas podem ser comparadas com Péricles, os papas ou os patrões de tempos passados, pois, além de só raramente representarem a sua época, fazem-no, quando o fazem, para explorar uma mercadoria, ao passo que para os patrões antigos a obra de arte valia também como coisa em si, ainda que tivesse uma função de propaganda. Audácia, particularmente, quando se sabe que boa parte dos diretores e cenaristas (roteiristas) têm concepções essencialmente diversas das dos seus patrões, de modo a não poderem identificar-se sinceramente com eles.

De qualquer maneira, porém, o diretor tem ao menos a possibilidade de comunicação em ampla escala e muitas vezes depende dele o que faz de sua incumbência. Algumas empresas concedem aos seus diretores até certa liberdade limitada, e às vezes timbram em produzir, por motivos de prestígio, uma verdadeira obra de arte ou filmes de valor educacional. E mesmo não se falando de cineastas independentes, como Charles Chaplin, ou realizadores que não se submetem, como Robert Flaherty, o fato é que os grandes diretores conseguiram, de quando em vez, mostrar-se à altura da sua tarefa.

Outro ponto que parece dificultar a sobrevivência da arte cinematográfica nos grandes centros de produção – e é fácil verificar que a análise aqui realizada se refere principalmente a Hollywood – é o fato de que o eventual artista trabalha não

41

só para uma indústria – que poderia estar interessada em produzir mercadorias de qualidade – mas para uma indústria "de entretenimento". Não exclui o entretenimento, a arte? Entretenimento – termo desbotado e desvalorizado! Que tem a ver a arte com chás dançantes, jogos de baralho ou jogos de futebol? No entanto, considerando-se o entretenimento como conteúdo importante do nosso tempo livre e das nossas horas de lazer – essenciais à economia da nossa vida psíquica e ao verdadeiro sentido da cultura – verifica-se que entretenimento e arte de modo algum se excluem. Só uma parcela do entretenimento é arte, mas toda arte é – para aqueles que a amam – entretenimento e prazer. Não dizia Cervantes que toda grande obra de arte entretém e diverte serenamente o espírito? E Gil Vicente, grande artista, escreveu autos da visitação para "alegrar a rainha no seu leito de parturiente" ou para "desenfado" da rainha-mãe ou del Rey Nosso Senhor.

Evidentemente, a arte é muito mais do que só entretenimento; ela é uma experiência espiritual de intensidade incomparável, enriquecimento da nossa vida emocional, do nosso intelecto, do nosso coração, da nossa sensibilidade. Mas precisamente por isso é também prazer – uma delícia que entra, por assim dizer, como elemento exterior na apreciação e experiência da arte. Não podemos apreciar as obras que não nos interessam, isto é, não nos entretêm, porém os produtos que somente nos entretêm não chegam a ser obras de arte.

É através da superfície do entretenimento que a arte nos conduz imperceptivelmente aos mistérios mais profundos da vida. O fato, portanto, de que o cinema é uma indústria de entretenimento não exclui a produção de arte. Que a maioria dos filmes se mantêm na superfície do entretenimento mais vil e barato decorre, portanto, dos fatores acima expostos e do desdém com que certas empresas avaliam o nível espiritual das massas.

É fácil provar esse desprezo por meio de citações publicadas pelo *Motion Picture Herald*, órgão da indústria cinematográfica dos Estados Unidos. Em relação a esse tema, vale mencionar opiniões como as que se seguem, publicadas naquele órgão:

As mesmas fontes do Gallup (*instituto de pesquisas destinado a avaliar o gosto e a opinião públicos*) relataram há poucas semanas que o melhor freguês do cinema é o adolescente de 19 anos... – ...não seria lucrativa para a indústria cinematográfica a tentativa de dirigir-se aos instintos genuinamente maduros *do público*... – A grande massa não estuda os filmes e nem lhes dedica pensamentos. Apenas os olha...

As grandes empresas não supõem que as massas sejam capazes de entreter-se com obras mais profundas, e como a maioria do público compõe-se realmente de adolescentes (ao menos espiritualmente adolescentes), estabelece-se um círculo vicioso: fabrica-se um produto para adolescentes que rende o suficiente no mercado dos adolescentes – já viciados nesse gênero – e o respectivo público, por sua vez, exige cada vez mais desse produto. Depois se alega que os padrões da produção originaram-se desde o início na procura por consumidores: por isso a sua aceitação verificar-se-ia sem resistência. Esquece-se um vasto público latente de adultos que procura um entretenimento mais substancial e que paulatinamente se desinteressa pelo cinema. Assim estabelece-se uma seleção às avessas, e mesmo os industriais que desejam, por desencargo de consciência, fazer "boas obras", já se tornaram escravos de um público por eles mesmos criado; não podem mais retroceder, pois as poucas obras artísticas, que de vez em quando arriscam, são quase sempre fracassos comerciais, visto que vastas camadas espiritualmente adultas já não acreditam em cinema de valor estético.

Nenhum outro caso como o de Robert Flaherty, um dos mais puros e vigorosos criadores no terreno da Sétima Arte, esclarece melhor essa atitude de desprezo em face das massas, atitude tomada por parte de uma seção importante da intrincada organização do cinema: os distribuidores. Há uns 25 anos, Robert Flaherty realizara o seu famoso filme *Nanook, o Esquimó*, financiado por uma empresa francesa de peles. O cineasta correu, nos Estados Unidos, de um distribuidor ao outro para difundir a sua obra; sem êxito, porém. Finalmente, conseguiu colocá-la por meio de uma distribuidora francesa (Pathé Frères) que, por sua vez, lutou com as maiores dificuldades para colocá-la num cinema lançador de Nova York. Estreado o filme, o resultado foi um fracasso discreto. Sem dúvida, devido à seleção às avessas já mencionada e particularmente eficiente nos Estados Unidos. Somente depois do tremendo êxito que o filme alcançou em Londres, Paris, Roma, Berlim, a "repercussão voltou aos Estados Unidos" e, então "o filme foi realmente aceito na América" ("Robert Flaherty Talking", *The Cinema 1950*, Pelikan).

Evidentemente, o bom resultado na Europa, onde a seleção às avessas não se fizera ainda sentir, atraiu nos Estados Unidos o amplo público mentalmente adulto que não costuma freqüentar o cinema. Desde então, a indústria de Hollywood conseguiu infelizmente impor os seus padrões negativos em larga escala também na Europa.

Todo este vasto complexo de problemas ligado ao cinema por se tratar principalmente de uma indústria – e de uma indústria de entretenimento – tinha de ser ligeiramente esboçado para evidenciar, de um lado, a situação precária do cinema como arte e, de outro lado, as vantagens fundamentais do cineasta, bem como a possibilidade, embora restrita, de se criarem, em tese, obras de arte sob encomenda. Aqueles que afirmam ser impossível a criação de arte nas circunstâncias atuais da organização cinematográfica não têm razão. Verdade porém é que, na medida em que a organização industrial se concentra em poucos lugares e poucas mãos; que a distribuição se torna privilégio de monopólios e o processo de produção vem tomando cada vez mais o rumo de uma rigorosa divisão de trabalho; e que o diretor se torna mero elemento técnico – a arte se torna de modo crescente espécime rara que somente cresce "apesar" de tudo: apesar de e em luta contra inúmeras circunstâncias desfavoráveis, e que só por verdadeiro milagre sobrevive numa ou outra obra, graças a um cochilo das empresas. E ao se afirmar isso é preciso acentuar mais uma vez que seria injusto medir e julgar uma indústria com os critérios da Arte, esse *enfant terrible* dos chefes das empresas que, afinal, não têm nenhum compromisso com as musas, mas apenas obrigações para com os bancos.

Esboçados assim, embora grosseiramente, alguns dos problemas ligados ao tema deste livro, parece evidente que uma História do Cinema deveria abordar de modo muito mais amplo do que uma História da Pintura, da Música ou da Literatura, aspectos econômicos, técnicos e sociais; o efeito da censura; o fenômeno do estrelismo ou "divismo"; as pesquisas realizadas por encomenda das empresas cinematográficas pelos institutos dedicados às pesquisas de opinião pública para verificarem, antes do planejamento de uma "série" de filmes, as possibilidades do mercado, isto é, as supostas preferências das massas; e os demais fenômenos culturais que condicionam o cinema e que por ele são influenciados. Todos esses aspectos decorrendo do fato de o cinema ser uma *Kulturindustrie*[5], uma indústria que, à semelhança do rádio, manipula em ampla escala valores culturais, deveriam ser ao menos bosquejados.

Mas tomando em consideração tais fatores, não deve ser esquecido numa História do Cinema – que não pretende ser uma obra sociológica – que o cinema pode ser também uma arte. Apesar de todas as precauções, a arte consegue, de vez em quando, passar a perna nos seus donos e patrões, escapando da gaiola de ouro e levantando o seu majestoso vôo. Não faltam, além disso, os produtores independentes e os idealistas de vanguarda que se dedicam ao "cinema puro".

Embora em quantidade e influência o cinema-entretenimento seja de muito maior alcance do que o cinema-arte – devido ao impacto constante sobre as multidões –, será dado o destaque principal a este último – pois é só ele que pode fornecer critérios e juízos de valor para seleção de obras dignas de figurar numa História do Cinema. O entretenimento pode ser julgado segundo a sua intensidade e segundo a sua qualidade. Se julgássemos o cinema apenas pelo seu valor de mero entretenimento em intensidade de passatempo, teríamos de equipará-lo a qualquer outro divertimento não-artístico, tais como o jogo de baralho, chás dançantes ou jogos de futebol (tomados como espetáculos), diversões que em intensi-

---

5. Os teóricos da Escola de Frankfurt, Max Horkheimer e Theodor W. Adorno, no livro *Dialetik der Aufklaerung* (em português, *Dialética do Esclarecimento*, Rio de Janeiro, Jorge Zahar, 1985), foram os primeiros a definir sociologicamente o conceito de *Kulturindustrie* (indústria cultural), desenvolvendo toda uma reflexão crítica de viés marxista em torno dos meios de comunicação de massa. AR utiliza dois conceitos no mesmo sentido dos pensadores mencionados.

dade muitas vezes superam o cinema. Portanto, somente a qualidade do entretenimento – o valor estético, educativo, informativo etc. – pode proporcionar-nos critérios específicos de seleção. Conseguintemente, embora estudando uma indústria de entretenimento, é a arte, isto é, os momentos qualitativamente mais altos desse entretenimento, que interessam numa História do Cinema, em virtude da sua importância intrínseca. É ela que dá ao cinema a sua dignidade específica.

Seria, portanto, crasso erro escrever uma História do Cinema – a não ser em monografia especializada – como se escreve uma História da Imprensa, em que se trata de um mero meio de comunicação e em que interessam particularmente aspectos de distribuição, circulação, organização e administração, bem como a política das empresas, a sua propaganda, os estratagemas empregados para aumentar a tiragem e modernizar o feitio dos periódicos etc. Uma História do Cinema, ao contrário, terá de ocupar-se, em primeiro lugar, com as obras individuais que representam marcos na sua evolução e que o transformaram, de mero meio de comunicação e reprodução, em meio genuíno e autônomo de expressão; obras que atingiram um nível tão alto de comunicação e expressão humanas que deixam entrever a possibilidade de criações não diremos imperecíveis, mas ao menos de certa duração: obras que também interessarão à posteridade, não só como curiosidades, mas como arte definitiva que comoverá, inspirará, deliciará e entreterá ainda gerações futuras, ampliando o seu conhecimento do mundo e da alma humana:

Até agora, os filmes que circulam nos cinemas encontram-se quase inteiramente nas mãos de alguns poucos homens, cujo interesse primordial é o de fazer por meio deles dinheiro. Eles chamam o filme "produto". Não é com muita freqüência que estão interessados em qualquer propósito construtivo no terreno cinematográfico. Contudo, a sua platéia se eleva a milhões e milhões de pessoas – realmente a cerca da metade da população mundial.

Sem dúvida, qualquer coisa de maior pode nascer de um meio tão maravilhoso – forma de expressão que toda alma no mundo pode compreender. Ver é crer – diz o provérbio. De todos os meios de expressão o mais convincente é esta linguagem do olho – denominador comum de todos nós ("Robert Flaherty Talking", *The Cinema 1950*, Pelikan Book).

Infelizmente, não se sabe atualmente como a esperança de Robert Flaherty possa ser transformada em realidade. A gravitação específica da indústria, na sua atual forma de organização e exploração, tende a esmagar, em grau crescente, os últimos vestígios da Sétima Arte, precisamente numa época em que, após meio século de desenvolvimento, ela adquiriu a plena consciência dos seus meios de expressão e das suas imensas possibilidades.

Que Viva Mexico, de Eisenstein, 1931-1932. Episódio "Fiesta".

Parte II: ENSAIOS HISTÓRICOS

1. A PRÉ-HISTÓRIA DO CINEMA

Primórdios

De início, a produção de filmes é obra de técnicos com interesses preponderantemente comerciais. Um ou outro entre os ancestrais do cinema é cientista, interessado em criar um novo instrumento de pesquisa científica, e há mesmo, entre os inspiradores mais remotos, de quando em vez, um artista, desejoso de ganhar dinheiro por meio de espetáculos de valor estético. Mas os técnicos e industriais levam a palma, fato inevitável que decorre da importância do elemento técnico e econômico na cinematografia; técnica aqui entendida não como o conjunto de recursos estéticos para criar uma obra de arte, mas como instrumento material e mecânico para produzir determinado aparelhamento.

A importância fundamental da técnica na produção cinematográfica exige um rápido esboço dos desenvolvimentos históricos neste terreno, um estudo superficial das tentativas de decompor, reconstituir, reproduzir e projetar o movimento

51

para um público. O historiador da pintura não precisa contar a história dos pincéis, telas e as diversas descobertas químicas que permitiram a produção de tintas e materiais adequados. Trata-se de momentos indispensáveis, mas completamente subordinados. Os elementos técnicos do cinema, porém, na sua estreita interdependência com os fatores econômicos envolvidos, revestem-se de tamanha importância que não é possível suprimi-los. A fácil reprodução e multiplicação da obra fílmica, graças a uma técnica aperfeiçoada, a possibilidade daí decorrente de abrir e satisfazer, a preços relativamente baratos, imensos mercados, são fatores que não só constituem a própria essência do cinema como indústria, como também ao mesmo tempo influíram profundamente na orientação artística dos produtores.

Reproduzir o movimento pela imagem é uma das aspirações mais antigas da humanidade. Mesmo retrocedendo a épocas remotíssimas, já encontramos o homem obcecado pela idéia de solucionar este problema. Expressão desse esforço permanente são, por exemplo, os frescos de animais na caverna de Altamira. O mesmo desejo se manifesta nas múltiplas tentativas posteriores de reproduzir o movimento, por meio do desenho de sucessivas fases, de um gesto ou da deslocação do corpo humano no espaço. Percebe-se claramente esse anseio ao se contemplar certos desenhos egípcios nos muros de templos e na parede de túmulos ou os numerosos frisos reproduzindo lutas de deuses nos templos da Antiguidade. É sempre a decomposição analítica de um movimento, como se fosse possível recriá-lo pela síntese das suas várias fases. É que o fenômeno do movimento sempre preocupou profundamente o espírito humano. Ele é uma das manifestações mais características da vida animal e humana.

Entende-se, pois, a eterna aspiração humana de reproduzir o movimento. Recriando-o pelo desenho, recria-se a própria vida, vence-se a morte trágica, reino da imobilidade.

Vários momentos bem diversos concorreram para que o cinema moderno pudesse surgir. Antiquíssima é a arte de projetar sombras sobre muros ou telas, em teatros especialmente destinados a esse fim. São conhecidas, particularmente, as sombras indianas, chinesas ou javanesas, estas últimas chamadas *Wayang Kulit*. Tratava-se de espetáculos executados por meio de numerosos bonecos, espécie de marionetes, cujas sombras eram projetadas sobre uma tela transparente. Tais "sombras chinesas" foram também introduzidas na Europa, particularmente na Itália e na Alemanha, alcançando por volta de 1800 grandes êxitos na França graças à habilidade de Séraphin-Domingue François, que primeiramente em Versalhes e depois em Paris apresentou esses "espetáculos de um gênero novo", projetando sombras de silhuetas artisticamente recortadas.

De acordo com Thiery, viam-se no pequeno teatro de Séraphin jogos de arabescos de um novo gênero e quadros, em que se desenrolam cenas novas e divertidas. As sombras chinesas produzidas por diversas combinações de luzes e sombras representam ao natural todas as atitudes dos homens, executando danças... Animais de toda espécie passam em revista, executando os movimentos que lhes são próprios sem que se notassem fios ou cordas para sustentá-los ou dirigi-los.

Freqüentado primeiramente por adultos da "boa sociedade", o teatrinho de Séraphin, instalado na Galérie de Valois, dedicava-se também à apresentação de peças interpretadas por marionetes. Aos poucos, a idade do público baixou, bem como o nível social dos adultos que continuavam a freqüentar as "sombras". Tratava-se na maioria de governantas, que acompanhavam as crianças, ou de mulheres à cata de encontros casuais ou combinados. É que um dos elementos, que contribuem para a sedução do cinema atual, dava também encanto ao teatro de Séraphin: a escuridão da sala durante a apresentação das sombras chinesas. Tanto assim que o inocente espetáculo, mesmo depois de ter perdido a sua atração inicial sobre o mundo elegante, continuava freqüentado – segundo uma brochura publicada em 1818 – por damas "que amavam mais os corpos do que as sombras". E enquanto "as crianças riam bem alto, as governantas se divertiam bem baixinho". Marcel Lapierre, de cuja obra *Les Cent Visages du Cinéma* são extraídas estas citações, acrescenta: "Os austeros moralistas não deixarão de declarar que é particularmente por esse motivo que o teatro de Séraphin pode ser considerado como ancestral do cinema".

53

Mais tarde, conquistou celebridade o teatro do Chat-Noir, em Montmartre, com suas "rèpresentações de sombras francesas", às vezes de grande beleza poética ou cheias de verve mordaz ao caricaturarem figuras contemporâneas de destaque. Contando com numerosos desenhistas, compositores e autores, os espetáculos do Chat-Noir tornaram-se até assunto da "grande crítica", que se refere ao encanto e à delicadeza das "sombras deslizantes" e dos "poemas silenciosos". Um desses comentaristas, ao falar da peça A Epopéia, de autoria de Caran d'Ache, não hesita em chamá-la a "única epopéia que temos na nossa literatura".

As silhuetas projetadas sobre uma tela branca de um metro de largura eram recortadas em zinco e devem ter proporcionado realmente um espetáculo de grande beleza para despertar o entusiasmo de um público tão crítico como o parisiense. As projeções do Chat-Noir atingiram, durante certo tempo (por volta de 1880-1890), fama continental, e a companhia empreendeu grandes *tournées* através de vários países estrangeiros. Uma evidente continuidade histórica liga esses espetáculos de sombras (que só depois da Primeira Guerra Mundial encerraram as suas atividades) às sombras cinematográficas. Esse fato encontra expressão curiosa no pseudônimo de um dos mais queridos cômicos do cinema soviético atual – Caran d'Ache, nome do autor da epopéia mencionada, cujo *sujet* eram as façanhas de Napoleão.

Como se vê, a projeção de sombras movimentadas sobre uma tela é uma arte antiga que, até o início do nosso século, já em plena era cinematográfica, contava com o aplauso do público. Todavia, faltavam a esses espetáculos elementos importantes para que se pudesse compará-los ao cinema. Tratava-se de sombras, isto é, essencialmente de silhuetas, reproduzindo portanto perfis e contornos; tratava-se da projeção de sombras de figuras semelhantes às marionetes, ou seja, de objetos reais que tinham de ser manipulados e que se moviam realmente. Faltava-lhes, portanto, toda a gama de expressividade fisionômica. Particularmente porém, é preciso destacar que se projetavam as sombras de objetos reais – e não as das suas reproduções. Enquanto nas telas dos cinemas se reproduzem reproduções, nas telas dos teatrinhos menciona-

54

dos se reproduziam as sombras de objetos verdadeiros. Tratava-se de movimentos reais de objetos verdadeiros e não da ilusão de movimentos mecanicamente fixados e reproduzidos.

Também a reprodução de reproduções – e não de objetos – é bastante antiga. Mas a esses espetáculos faltava o movimento que animava as sombras chinesas ou francesas. A projeção de reproduções tornou-se possível graças à invenção da "câmera escura" por Baptista della Porta[1] (1540-1615) e, subseqüentemente, por meio da "lanterna mágica", cujo inventor foi o alemão Athanasius Kircher. É em 1760 que o dinamarquês Wangenstein apresenta pela primeira vez, em Roma, a lanterna de projeção (supõe-se, porém, que aparelhos semelhantes já eram conhecidos na Antiguidade). Della Porta definiu a sua câmera escura como uma caixa fechada "com uma pequena abertura, munida de lente, pela qual penetram, cruzando-se, os raios refletidos pelos objetos exteriores, cuja imagem se inscreve sobre uma tela colocada a certa distância".

É graças a essa caixa, transformada em laterna mágica, que se conseguiu reproduzir numa tela desenhos ou pinturas executados sobre uma chapa transparente (diapositivo). Infelizmente, enquanto as sombras chinesas se movimentavam, sem serem projeções de reproduções, as imagens da lanterna mágica eram projeções de reproduções, mas não se movimentavam. É verdade, o belga Etienne Gaspar Robert, chamado Robertson, conseguiu criar a ilusão do movimento por meio do seu "fantascópio" (1797) – um conjunto de lentes deslocáveis, o qual, aproximando-se ou afastando-se do anteparo, produzia a ilusão de que a própria imagem, logo maior, logo menor, aproximava-se ou afastava-se do público. Mas estas famosas fantasmagorias de Robertson, que durante certo tempo representavam o *dernier cri*, a última moda de Paris, obviamente imitavam um "movimento" assás pobre, suficiente para arrepiar a delicada epiderme das damas parisienses à aproximação deslizante de um hediondo espectro ou de um

---

1. Físico napolitano, em alguns livros também citado como Giambatista Della Porta.

esqueleto de esgar atroz, insuficiente porém para reproduzir o gesto humano e o comportamento dos seres vivos.

Outra descoberta, desta vez de ordem fisiológica, veio concorrer para a invenção do cinema atual: a chamada "persistência retínica" da imagem – "defeito" do nosso órgão visual que torna possível a ilusão do movimento pela apresentação, em seqüência rapidíssima, de um número suficiente de fragmentos em que o movimento pode ser decomposto.

A persistência da imagem na retina é um fenômeno provavelmente conhecido desde a Antiguidade. Faziam-se, segundo fontes árabes, durante a Idade Média, experiências de um "pião mágico" de cores variadas, com o fito de se verificar o espaço de tempo durante o qual as imagens persistem "no fundo do olho". Verificou-se, já então, que um objeto, ao desaparecer com grande rapidez do nosso campo visual, deixa gravada a sua reprodução em nossa retina, como hoje se sabe, durante cerca de um décimo de segundo. Isto é, o objeto, embora já desaparecido do nosso campo visual, continua sendo ainda "visto" durante a fração de um segundo. Toda criança sabe que, particularmente num ambiente mal iluminado, uma fonte de luz, movimentada com rapidez, deixa atrás de si um risco luminoso, porque a imagem inicial e todas as subseqüentes persistem ainda na retina, quando a fonte já atravessou determinada distância. Fazendo, ao invés, um movimento circular, com grande velocidade, o "rabo" luminoso ainda persiste quando a fonte, depois de ter percorrido toda a circunferência do círculo, voltou ao ponto de partida. Assim, os pontos luminosos, que constituem a trajetória da luz, parecem fundir-se em uma curva circular contínua, ininterrupta. A teoria definitiva foi formulada pelo inglês Peter Mark, em 1824, na sua obra *Persistência da Visão em Relação a Objetos em Movimento*[2].

---

2. Conforme aponta Jacques Aumont em *A Imagem* (5ª ed., Campinas, Papirus, 2001, pp. 49-52), a "persistência retiniana" não tem nenhuma relação com a ilusão de movimento no cinema. Efetivamente, tal ilusão deve-se a dois fatores: ao mascaramento visual e ao efeito-phi. O primeiro suprime a "persistência retiniana" deixando-nos ver apenas uma imagem por vez na tela, sem o que haveria grande confusão; o segundo é a denominação do

A Invenção do Cinema

É neste fenômeno de ilusão óptica que se baseia toda a técnica cinematográfica. Por meio de uma cine-câmera, a continuidade de um movimento é decomposta em fases instantâneas, as quais, reproduzidas e fixadas sobre a película sensível, são de novo reconstituídas, apresentando-se como aparente movimento contínuo na tela, graças à persistência de cada instantâneo na retina. Isto é, o nosso olho não percebe que entre dois instantâneos ou fotogramas reina, durante a fração de um segundo, completa escuridão. O primeiro instantâneo ainda persiste enquanto o próximo o substitui. Nos filmes sonoros do cinema atual, 24 fotogramas riscam a tela durante cada segundo – quase meio metro de celulóide. Para que seja garantida uma suave transição entre um instantâneo e o próximo, ligeiramente diverso, a tela mantém-se durante a quadragésima oitava parte de um segundo em completa escuridão. Graças à persistência retínica, o pobre do público tem a ilusão de passar, graças ao seu rico dinheiro, uma sessão inteira diante de uma fita; mas o fato é que durante metade do tempo de uma sessão está sentado em completa escuridão, enquanto a banda sonora naturalmente não sofre solução de continuidade para evitar a impressão de uma epidemia de gagueira, pois o nosso ouvido não conhece a persistência "timpânica".

Partindo do princípio da persistência retínica, um exército de homens habilidosos construiu grande número de aparelhos, por meio dos quais, mesmo antes da invenção da fotografia, se reconstituíam diversos movimentos, cujas fases eram reproduzidas sobre qualquer objeto capaz de executar uma rotação rápida. Assim, o Dr. Paris construiu, por volta de 1825, o seu "taumatrópio", um pião milagroso que, girando com velocidade suficiente, dava a impressão de reproduzir um pássaro em pleno vôo. Antoine Plateau de Gand[3] inventou, alguns anos mais tarde, o seu "fanaquitoscópio", minuciosa-

conjunto de fenômenos responsáveis pela percepção de movimento aparente, ou seja, de movimento que realmente não existe.
3. Ou Joseph Antoine-Plateau (1801-1883).

mente descrito por Charles Baudelaire. Via-se, aí, o movimento de uma bailarina ou de um malabarista. Um ano depois, Horner[4] exibiu o seu "zootrópio", aparelho de forma cilíndrica que girava em torno de um eixo vertical. O cilindro era perfurado e continha certo número de imagens representando as fases sucessivas de um movimento. Tais aparelhos surgiram em toda parte do mundo nos meados do século XIX. Tratava-se então de projetar essas imagens movimentadas; esse trabalho foi realizado por alguns austríacos e pelo inglês Bryant, que construiu um fanatoscópio de projeção. O mais importante entre esses ancestrais do cinema é Émile Reynaud, fotógrafo de Paris, que no entanto não teve a idéia de projetar fotografias por meio do seu praxinoscópio, mas sim desenhos. Esse aparelho era um "zootrópio" muito aperfeiçoado, o qual funcionava por meio de um complicado dispositivo de espelhos e que já contava com duas bobinas que, ao girarem, transmitiam as imagens, desenhadas sobre uma película, aos espelhos, os quais por sua vez as projetavam, mediante uma lanterna, sobre uma tela. O inventor batizou o aparelho com o nome de "teatro óptico" – e temos aqui já um desenho animado bastante perfeito, maravilha que foi exibida em Paris na exposição de 1889.

Reynaud é uma figura trágica, como as há com freqüência entre os inventores. Fotógrafo de profissão, apresentou ao público as suas *Pantomimas Luminosas*, feitas de longas séries de desenhos artísticos, em 1892 – numa época, portanto, em que Etienne-Jules Marey e Thomas Edison já haviam construído os seus cronofotógrafos e quinetógrafos destinados a registrar fotograficamente o movimento! Em 1918, o primeiro produtor de fitas de desenho de real valor artístico morreu pobre e esquecido num hospital, enquanto a sua esposa vendia entradas na bilheteria de um cinema de bairro.

Todos os elementos para criar o moderno cinema estavam reunidos nas últimas décadas do século passado: conhecia-se a projeção de sombras sobre telas; a câmera escura e a lanterna mágica, projetando reproduções, já não eram novidade; a

---

4. William George Horner, matemático inglês (1786-1837).

58

persistência retínica tinha sido aproveitada para produzir desenhos animados; e unindo todos esses conhecimentos, conseguiam-se projetar esses desenhos animados. Numa das primeiras obras históricas sobre o "cinema", Henry Vaux Hopwood (*Living Picture*, 1899) descreve minuciosamente as tentativas anteriores à cine-câmera, visando produzir a ilusão do movimento. Pululavam então os taumatrópios, estéreo-taumatrópios, zootrópios, anortoscópios, estroboscópios, corentoscópios, praxinoscópios, fantasmascópios, mutoscópios, taquiscópios, vivascópios e muitos outros. A coisa estava no ar. Faltava só a aplicação da fotografia, que então já contava com meio século de desenvolvimento, para que todas essas experiências e tentativas dispersas e relativamente infecundas, cristalizando-se, produzissem a maravilha do cinema.

Mesmo a película flexível já existia, introduzida por George Eastman (1884), feita de celulóide em 1887, sendo que essa película já fora aproveitada por Reynaud, que pintava os seus desenhos diretamente sobre o filme: o fotógrafo não se esquecera sequer de inventar a perfuração da fita a fim de garantir-lhe um desenrolar suave e regular.

Edison e os Irmãos Lumière (especificamente Louis), que são considerados os inventores reais da cinematografia, contribuíram com pouco de essencialmente novo, de modo que não vale a pena tomar partido em favor do francês ou do norte-americano para verificar a que nação se deve a realização do sonho milenar. O fato real é que Edison, por várias razões, principalmente comerciais, nunca chegou a projetar publicamente fotografias animadas. Esse feito – o de terem estado entre os primeiros a projetarem publicamente filmes com razoável perfeição técnica – deve ser atribuído aos Lumière. Por outro lado, foi Edison quem construiu a primeira cine-câmera mais ou menos aperfeiçoada. Porém mesmo nesse terreno, contavam-se então com numerosos pioneiros, que lançavam mão de todos os recursos da fotografia para decompor o movimento nas suas várias fases. Vale mencionar, neste nexo, o inglês Du Mont, que em 1861 patenteou "um aparelho fotográfico próprio para reproduzir as fases sucessivas do movimento", bem como as famosas tentativas que o fotógrafo E. J. Muybridge empreendeu para fixar cavalos em

59

pleno galope por meio de uma série de câmeras, cada qual colocada a pouca distância da outra e funcionando automaticamente à passagem do cavalo. Isso deu-se em 1872 e 1877. Em 1874, o astrônomo Janssen[5] inventou o "revólver astronômico" – aparelho fotográfico munido de uma espécie de disco que, girando a modo de um magazine de revólver, com breves interrupções para cada "tiro", era capaz de decompor o movimento: cada parada do disco correspondia a uma tomada. O fisiólogo Etienne-Jules Marey aperfeiçoou esse aparelho, construindo o seu "fuzil fotográfico", que já era uma espécie de metralhadora, pois obtinha doze imagens por segundo. Não satisfeito com os discos sólidos, aproveitou a invenção do filme para construir, em 1890, o seu cronomatógrafo, já munido de um obturador que cobria a objetiva entre duas tomadas. Alguns anos antes, o fotógrafo inglês William Friese-Greene não só filmara, como até projetara sobre uma tela, cenas de rua com cavalos, pessoas e cães andando e correndo, segundo detalhada notícia publicada a 15 de novembro de 1889 no *Optical Magic Lantern Journal*, ou seja, seis anos antes da data que é geralmente considerada a hora-zero do cinema.

Edison, que evidentemente poderia ter obtido resultados semelhantes, patenteou em 1891 o seu quinetógrafo aperfeiçoado, carregado de filmes peliculares, e em 1892 ou 1893 produziu o seu quinetoscópio, espécie de caixa, diante da qual uma só pessoa podia observar, através de uma lente, cenas animadas. Edison, todavia, não estava interessado em projetar os seus pequenos filmes para um público porque pensava então em fazer melhores negócios vendendo os seus quinetoscópios, ao invés de organizar espetáculos coletivos. De fato, conseguiu inundar a Europa com os seus aparelhos, que durante muito tempo ainda povoaram os parques de diversões, galerias, passagens e outros logradouros públicos. Além do mais, o interesse de Edison ultrapassava de longe a simples projeção de fitas mudas. Pouco antes ele inventara o fonógrafo, e todo o seu

5. Pierre Jules César Janssen.

trabalho na criação da imagem móvel representava a tentativa de acrescentar ao som a imagem correspondente. Por mais estranho que pareça: ao passo que mais tarde se procurou acrescentar o som à imagem muda, o "mago", desde o início, tenta "visualizar" o som cego, animando-o por meio da imagem. O filme, portanto, afigurava-se-lhe apenas como complemento do som. Na sua propriedade em New Jersey, num gabinete escuro que chama "Black Maria", Edison projeta fotografias do quinetoscópio, reproduzindo ao mesmo tempo as conversas dos personagens e os gritos dos animais que se movimentam na tela. Mas tudo isso se reduz a meras experiências e nada se sabe de êxitos definitivos que tivessem coroado os esforços do grande inventor.

Enquanto Edison, porém, por tais e outros motivos, deixava de projetar os seus filmes mudos, outros homens tomavam-lhe a dianteira, exibindo publicamente pequenas fitas, mesmo antes dos Irmãos Lumière. O inglês Friese-Greene já foi mencionado. Em Nova York, Jean Acmé-Le Roy repete semelhante proeza, usando imagens do cinetoscópio de Edison. Exibe, a 5 de fevereiro de 1894, cerca de cinco anos depois de Friese-Greene e bem um ano antes dos Lumière, cintas tais como *A Execução de Maria da Escócia* e *Banho do Bebê*. A 22 de fevereiro já se lança à aventura de apresentar um variado programa, anunciado da seguinte maneira:

Proximamente!
Opera-House
Aniversário natalício de Washington
Terça-feira, 22 de fevereiro de 1895
A Companhia Novelty apresenta
O maravilhoso cinematógrafo de
Le Roy mostrando
os esplêndidos e surpreendentes
quadros com movimento de vida
Uma vez vistos, nunca serão
esquecidos!
Geo Wood, o menestrel comediante
e cantor
Nova York, a metrópole
Cem vistas da cidade maravilhosa
Mlle Bina, Rainha das Videntes

e outras atrações
interessantes e divertidas
Preços: 5 c., 25 c. e 35 c.

A 20 de março do mesmo ano, Woodville Latham projeta na própria Broadway um filme reproduzindo uma luta de box entre Young Griffo e Battling Barnett, a primeira reportagem cinematográfica. (Três anos mais tarde, Enoch Rector iria apresentar uma reportagem-gigante, de cerca de 3 mil metros de celulóide, da famosa luta de Corbett-Fitzsimmons, luta que cerca de cinqüenta anos mais tarde se tornou o clímax de um filme em que Errol Flynn interpreta o pugilista Corbett).

Em Londres, Robert Paul[6] consegue êxitos semelhantes, e pelo mesmo tempo, usando todos os aperfeiçoamentos, o celulóide perfurado e as últimas conquistas técnicas, os Irmãos Lumière fazem numerosas demonstrações com o seu projetor. Finalmente, a 28 de dezembro de 1895, na histórica exibição pública do Grand Café de Paris, no Boulevard des Capucines, apresentam um programa de "documentários" e é esse o dia que geralmente é considerado a data do nascimento do cinema. (O moderno projetor, no entanto, baseia-se no modelo de Thomas Armat, que foi publicamente exibido em Atlanta, Estados Unidos, em setembro do mesmo ano).

Os "documentários" ou "atualidades" exibidos, daqui em diante, pelos Irmãos Lumière em muitas sessões diárias, são tais como *Uma Saída das Usinas Lumière*, *Briga de Bebês*, *O Trem*, *O Regimento*, *O Marechal Ferrant* etc., pequenas cintas de alguns minutos de projeção.

Diante de um público estupefato, reunido no subsolo do Grand Café, passam figuras de homens se movendo, bondes puxados por cavalos, bebês se agitando, soldados marchando com gesticulação epilética. A sensação foi tremenda e o lucro promissor. Nascera o cinema.

Entre os artistas anônimos, que desenharam os frescos na caverna de Altamira reproduzindo movimentos de animais,

---

6. É possível que se trate de William Paul (1869-1943), primeiro produtor inglês, que faria filmes de alguma importância até 1903.

e os Irmãos Lumière, que projetavam uma vida saltitante e héctica numa tela de Paris, decorreram cerca de 20 mil anos. Um sonho multimilenar, a reprodução do movimento se transformara em realidade.

Considerações Sociológicas

A invenção da fotografia correspondeu a uma profunda aspiração da burguesia ascendente, de índole individualista. Ávida de prestígio e de auto-representação, desejosa de manifestar a sua importância recém-conquistada, necessitava com urgência de um instrumento barato para documentar, por meio do retrato, a sua sólida posição na hierarquia social e a dignidade do "Terceiro Estado". Não podendo recorrer a grandes pintores, como a aristocracia, devido aos seus recursos inicialmente limitados e à aversão de dissipar dinheiro para obras de arte, recorria à silhueta, ao medalhão e à técnica do *fisionotrace* – mecanismo que reproduzia o perfil – para roubar à aristocracia o privilégio do retrato. A fotografia veio preencher, portanto, uma lacuna; pode-se dizer mesmo, com certo exagero, que a ascensão de uma nova classe, imbuída do culto da personalidade e ao mesmo tempo de atitudes democráticas, tornou necessária a invenção dum aparelho capaz de transformar, no mínimo espaço de tempo, o máximo número de cidadãos em personalidades dignificadas pelo retrato.

O cinema, por sua vez, não teria eventualmente ultrapassado o estágio de mera curiosidade e de instrumento científico para reproduzir o movimento se a sua invenção não tivesse coincidido com o desenvolvimento de um grande proletariado demasiadamente pobre para freqüentar o teatro e os espetáculos não mecanizados. Na época da invenção da cinematografia já havia um proletariado com horário de trabalho bastante reduzido para sentir a necessidade de divertir-se nas horas vagas. Cinqüenta anos antes, passada a primeira sensação, o cinema talvez não tivesse encontrado mercados para os seus espetáculos, no começo muito inferiores aos do teatro. As camadas populares, então quase sem folga, não teriam tido tempo para apreciá-los com freqüência e a burguesia daquela época, de caráter individualista, dificilmente teria garantido um consumo intenso para o espetáculo padronizado do cinema.

Os próprios inventores não acreditavam nas possibilidades comerciais da sua invenção. Edison esperava fazer bons negócios, vendendo o seu quinetoscópio; mas de início não tinha fé na projeção, isto é, no cinema ou no consumo simultâneo e coletivo das suas cenas animadas; o alemão Oskar Messter supunha que o futuro da cine-câmara residisse exclusivamente nas suas possibilidades científicas; e os Irmãos Lumière (e o pai) pensavam tratar-se de um belo meio para ganhar dinheiro durante certo tempo, um ou dois anos talvez, mas não reconheceram a mina de ouro que tinham descoberto. Quando Meliès, o primeiro grande técnico de espetáculos que iria produzir filmes, quer comprar de Antoine Lumière a invenção, este recusa e lhe responde ao pé da letra: "Agradeça-me, rapaz. Esta invenção não está à venda; para você, seria a ruína. Ela pode ser explorada durante certo tempo, como curiosidade científica; fora disso, ela não tem nenhum futuro comercial".

Os inventores não se deram conta do fato de que o progresso técnico, ao possibilitar a reprodução do movimento, criara também um novo público e um mercado para o novo produto; não reconheceram que havia, particularmente nas metrópoles com as suas imensas aglomerações populares, um público potencial de imaginação estandardizada, de fracas aspirações individualistas, que representava um mercado ideal para o consumo em massa de um espetáculo produzido em massa.

Sob o prisma econômico e social, o cinema é um filho do capitalismo; foi este que ofereceu as condições necessárias para garantir o desenvolvimento cinematográfico nos seus aspectos materiais e, conseguintemente, também artísticos; mas o mesmo sistema que tornou possível o filme como arte, impôs-lhe, simultaneamente, os seus métodos de produção; e ao fabricá-lo apenas como mercadoria ou valor de troca, ameaça estrangular uma arte por ele mesmo criada.

Poucos entre os inventores mostraram suficiente visão para explorar o seu invento. Desde o início tornou-se necessária a intervenção do comércio e da indústria para reconhecer-lhe as possibilidades. Assim, o cinema via-se logo envolvido na gravitação de um sistema que, ao mesmo tempo, ampliava-lhe e mutilava-lhe as potências. "A técnica do cinema, as formas de sua exploração, bem como o conteúdo intelectual das suas produções, são o reflexo do grande capitalismo; desde os seus inícios, foi explorado comercialmente, mesmo contra a vontade dos seus inventores" (Peter Baechlin, *Histoire Économique du Cinéma*, 1947, Suíça)[7].

O sistema que criara as grandes aglomerações populares e, ao progredir, lhes dera algumas horas diárias de ócio, produziu também o espetáculo barato, pleno de maravilhosos poderes, para distrair essas mesmas massas e para organizar-lhes convenientemente as horas de lazer; à atividade manual padronizada e controlada tinha de associar-se uma atividade espiritual igualmente padronizada e controlada. O cinema mostrou ser um meio eficiente para a infiltração da Grande Empresa na própria alma do povo, já que não havia mais a opor-se-lhe um palco popular à maneira do teatro ateniense, romano, medieval, ibérico ou elisabethano, teatro acessível aos bolsos da grande massa; e levando-se em conta ainda que os circos não poderiam oferecer a ubiqüidade e o controle, também, intelectual do cinema. (Max Horkheimner e T. W. Adorno, *Dialetik der Aufklaerung*, ensaio in "Kulturindustrie", Amsterdam, 1947)[8].

Sem reconhecer o real alcance social do filme, um redator anônimo do periódico *Dimanche Illustré* escreveu, muito cedo, com considerável penetração:

Pela variedade do espetáculo, pela extrema modicidade do preço, pelo mínimo esforço intelectual[9] que ele exige do público, o cinema substituiu para uma imensa massa popular o teatro, da mesma forma como o jornal matou para muita gente o livro. À grande criança que o povo continua a ser, o cinema oferece um álbum de imagens a folhear, evoca para ele fatos históricos de uma forma eloqüentíssima, inicia-o na vida de ambientes elegantes e

7. Supomos tratar-se da edição francesa: Histoire Économique du Cinéma, Paris, La Nouvelle Édition, 1947 (tradução a partir do alemão).

8. Ver nota 5, p. 45.

9. Uma boa obra cinematográfica pode ser entendida como toda obra de arte, em várias camadas de profundidade. Para penetrar-lhe as sugestões recônditas, exige-se naturalmente também esforço intelectual e um alto grau de sensibilidade estética; no entanto, os aspectos exteriores duma história inte-

mundanos onde não penetra e mostra-lhe a verdade luminosa e fremente das paisagens exóticas que sua imaginação não saberia conceber.

O que aqui ficou dito naturalmente só se cristaliza e manifesta no decurso de uma evolução de meio século, evolução cujas implicações ulteriores serão assunto de considerações especiais. Todavia, quase desde os inícios, por mais insignificante que fosse, o filme tende a tornar-se, de modo inelutável, um produto comercial manipulado nos pontos-chave por comerciantes, dentro de um processo de fabricação em cujo moinho as personalidades criadoras só com tremendas dificuldades conseguem sobreviver. Muito cedo iria patentear-se que o cinema-arte em nossa sociedade dificilmente pode viver com a intervenção comercial e dificilmente pode sobreviver sem ela.

A Evolução Econômica

O fator que transformou a imagem móvel em mercadoria valiosa foi a invenção do aparelho projetor, base do consumo coletivo e simultâneo. O quinetoscópio de Edison, diante do qual uma única pessoa podia apreciar cenas animadas, nunca teria ultrapassado os limites duma exploração medíocre. Até cerca de 1920 encontravam-se esses aparelhos em galerias, parques de diversões e outros lugares mais ou menos públicos, atraindo adolescentes e gente do interior que, depois de terem introduzido uma moeda na abertura prevista, moviam a manivela ao lado e observavam através da lente uma bailarina pouco vestida ou qualquer cena grotesca.

A projeção possibilitaria o espetáculo para um público. De início, porém, o valor comercial das fitas era determinado apenas pela novidade sensacional da invenção que reproduzia o movimento. O simples fato de se ver na tela um cão atravessando uma rua ou um bebê tomando o lanche bastava para

---

ressante, narrada por meio de imagens, convidam, sem dúvida à preguiça intelectual e à suposição de que tudo está contido nesta superfície fascinante. (N. do A.)

atrair espectadores. As primeiras sessões se dirigiam a uma elite especialmente convidada. O novo invento era conversa obrigatória nos salões e nenhuma pessoa "chique" poderia deixar de ver o milagre. Ao começar a exploração comercial esses círculos já estavam saturados e deixaram a curiosidade para a massa popular. Levaram os filhos uma ou duas vezes para ver a curiosidade e naturalmente também o cunhado do interior ou a tia rica que vinham passar uns dias na Capital. Depois esqueceram a sensação.

Acresce que o trágico incêndio que irrompeu em 1897 durante uma sessão cinematográfica num *Bazar de la Charité*, em Paris, e que custou a vida de cerca de 120 pessoas da fina flor da sociedade, deu ao novo espetáculo a aura de tão perigosa aventura que até os bancos hesitavam em financiar esse arriscado negócio.

Havia no começo poucos filmes, poucos aparelhos, poucos técnicos; a perfuração da cinta ainda não estava estandardizada e tal fato dificultava a aquisição de filmes adaptados a determinado projetor. Dado o diminuto repertório de filmes, afigurava-se rendosa somente a exploração ambulante, pois a exibição em salas fixas, em face de uma procura ainda pouco desenvolvida, exigia grande variedade de programas. Essa freqüente variação, porém, não era possível, primeiro tendo em vista a produção quase inexistente, e depois porque os primeiros exibidores tinham de comprar os filmes. Tornando-se ambulante, o explorador podia exibir um pequeno estoque de fitas até gastá-las, obtendo com numerosas sessões diárias, de quinze a vinte minutos cada uma, lucros razoáveis, não obstante os ínfimos preços de entrada e as pequenas salas de quarenta a cem cadeiras. Evidentemente, o exibidor ambulante procurava os lugares mais receptivos, instalando o seu projetor em feiras, parques de diversões, quermesses ou apresentando a sua mercadoria em festas de beneficência e onde quer que houvesse afluência popular.

Assim, o cinema se desenvolveu entre barracas de feira, ao lado da mulher-peixe e da dama sem ventre, entre circos de cavalinhos, rodas gigantes, jogos de azar e tiros ao alvo. Cada sessão se iniciava depois das perorações preparatórias e excessos retóricos dos camelôs e chamarizes que atraíam

67

com as suas palhaçadas e com a sua voz estridente o zé-povinho, incapaz de resistir ao convite: "Venham ver, meus senhores, venham ver, minhas senhoras, venham ver o mais maravilhoso espetáculo de todos os tempos!"

Geralmente, o "diretor" acompanhava a projeção dos filmes com os seus comentários, explicando ao público, ao se ver um cachorro, que se tratava de um cão, e ao se ver um trem, que se tratava de um "comboio ferroviário". Não se projetavam ainda textos e o comentário era indispensável. Um piano mecânico cobria o ruído desagradável do projetor primitivo, ainda não isolado num compartimento especial. Este período pioneiro estendeu-se, na Europa, de 1896 até mais ou menos 1906-1907, embora já em 1900 se contassem dois cinemas fixos na Alemanha e um na América do Norte (Los Angeles), ao passo que os nova-iorquinos só em 1905 podiam gabar-se de possuir um cinema que não fosse ambulante.

Nos Estados Unidos, os teatros de *vaudeville* foram os primeiros a exibirem os pequenos filmes produzidos por Edison, pela Vitagraph e pela Biograph. Não que morressem de amores por esse novo espetáculo ou tivessem muita fé nele. Foi para furar uma greve dos seus artistas que os diretores desses *vaudevilles* lançaram mão do meio mecânico. Dominada a greve, os donos – talvez por recearem uma concorrência que realmente iria destruir o *vaudeville* – procuravam vender a maioria das fitinhas adquiridas; só alguns entre eles continuavam a projetar uma ou duas películas no fim do seu programa. Foram os proprietários dos chamados "Penny Arcades" que lhes compraram a sobra de fitas e muitas vezes também os projetores. Os Penny Arcades eram pequenos recintos em que se encontravam instalados numerosos quinetoscópios de Edison com variado sortimento de cenas animadas.

O êxito comercial dos filmes projetados nestes recintos a um preço ínfimo foi sensacional e superou de longe a renda dos quinetoscópios. Logo surgiram numerosos *showmen* ambulantes que obtiveram bons lucros com a nova invenção, exibindo o "*Vaudeville* de Imagens Móveis" para um público popular. George C. Hale, um hábil empresário, teve a fantástica idéia de projetar panoramas de viagens numa pequena sala montada à maneira de um carro ferroviário. Um porteiro vestido com uniforme de chefe de estação apitava o início da sessão, sugerindo atmosfera de viagem; na tela viam-se, de quando em vez, os trilhos engolidos pela velocidade e nas "curvas" a "sala-vagão" imitava os solavancos de um trem real. Com estes "Hale's Tours" o inspirado empresário ganhou dois milhões de dólares em dois anos e muitos colegas enriqueceram com esse "cinema atmosférico" na primeira década deste século.

O novo divertimento infiltrou-se logo, como número de programa, nos *music-halls*, teatros de variedade, e invadiu, à semelhança da nossa televisão atual, os botequins e cafés. Organizaram-se grandes cine-teatros ambulantes, com muitas centenas de cadeiras, que eliminaram os exibidores de pouco capital com a apresentação de programas mais variados e mais recentes. A maioria dos exibidores continuava comprando os filmes dos poucos produtores, mas alguns entre eles se tornaram independentes e passaram a produzir os seus próprios filmes. O mais importante pioneiro entre estes foi, na França, George Meliès. Por meio de patentes, algumas firmas de capital considerável, geralmente fabricantes de fonógrafos, artigos ópticos, fotográficos etc., garantiram-se uma espécie de monopólio: Pathé Frères e Gaumont, na França, Edison, a Biograph e a Vitagraph nos Estados Unidos, Karl Messter, na Alemanha[10].

As produtoras principais esperavam poder dominar o mercado ao monopolizar a fabricação dos projetores e a produção de filmes, monopolizando também as cine-câmaras.

---

10. Charles Pathé, filho do dono de uma salsicharia, levou uma vida aventureira na Argentina. Depois da sua volta à Europa meteu-se a explorar o fonógrafo de Edison, exibindo-o nas feiras. Mais tarde se transforma em negociante de imitações dos quinetoscópios e como não consegue adquirir as cenas animadas – vendidas somente aos proprietários de aparelhos legítimos –, não hesita em contratipá-las. Explora os conhecimentos dum foto-técnico de nome Henri Joli e quando pensa saber o suficiente, manda-o embora. Finalmente associa-se com dois dos seus irmãos e funda a firma Pathé Frères para iniciar a produção de filmes. Audacioso, brutal e sem escrúpulos, é um dos primeiros negociantes que prevê o futuro do cinema: "O cinema será o teatro, o jornal e a escola de amanhã", diz em 1901. O fundador da firma Gaumont

Particularmente nos Estados Unidos desenvolveu-se uma luta violenta em torno das patentes, destacando-se Edison pela sua ferocidade. Durante os anos de 1897 a 1906 julgaram-se nos tribunais americanos mais de quinhentos processos ligados às várias patentes que iam surgindo. Irrompe uma verdadeira guerra de *gangsters* e os *cameramen* têm de realizar o seu trabalho protegidos por guarda-costas. Durante a filmagem da luta Jeffries-Sharkey, em 1899, há cenas de pugilismo fora e dentro do ringue, pois o "cinegrafista" da Biograph, que tem a exclusividade da reportagem, é surpreendido pela presença de um colega da Vitagraph.

Entrementes, surgem também nos Estados Unidos os primeiros cine-teatros fixos, particularmente com o estabelecimento dos primeiros Nickel-Odeons – salas especialmente construídas para a projeção de filmes, mais amplas do que as anteriores e muito mais confortáveis. Essa forma de exploração aumenta a procura de filmes, pois os teatros fixos dependem da freqüente troca dos programas. Em tal situação, a compra de filmes ao preço de dez a 25 cents por pé de cinta tornou-se extremamente dispendiosa. Semelhante fenômeno surge igualmente na França, onde G. Meliès vende os seus filmes a 1.50 francos por metro e ao preço duplo por metro de filme colorido[11]. A maior procura provocou o encarecimento das fitas, tendência ainda acentuada pelo fato de que já não se filmavam somente cenas naturais, paisagens, atualidades; iniciam-se a narração de histórias, a apresentação de

é Léon Gaumont, dono de uma pequena fábrica de lâmpadas incandescentes, depois empregado de uma empresa fotográfica. Com o apoio de vários capitalistas, entre outros Gustave Eiffel (o da torre), funda a empresa Léon Gaumont e Cia., dedicada à exploração da fotografia e das suas aplicações cinematográficas.

Oskar Eduard Messter, pioneiro do filme alemão, tornou-se em 1892 chefe da firma paterna, uma fábrica de aparelhos ópticos, médicos e elétricos. É o primeiro produtor de filmes alemães, inventou um dispositivo para sincronizar discos na vitrola e o projetor cinematográfico e introduziu na Alemanha os primeiros jornais filmados. (N. do A.)

11. A cor, aplicada à mão, aparece muito cedo. Em 1900 lê-se num jornal nova-iorquino: "A Vitagraph surpreendeu os seus admiradores exibindo filmes coloridos, de maravilhosa autenticidade". (N. do A.)

cenas dramáticas ou cômicas – o que importa em maiores gastos devido às despesas para atores, decorações, estúdios etc. Tendo de pagar preços mais altos e apresentar programas constantemente renovados, os proprietários dos estabelecimentos exibidores viram-se forçados a vender, por sua vez, as cópias ou a realizarem trocas com os colegas. Fundam-se associações entre grupos de teatros, de cidade para cidade, com o fito de facilitar o intercâmbio de películas, barateando assim o custo dos programas.

Evidentemente, os produtores não vêem com bons olhos esta manobra dos "varejistas". Reconhecem que tais medidas reduzirão o consumo de filmes, além de lhes tirar o controle do mercado. A troca local e caótica ameaça de graves riscos os manufatureiros, que já não podem planificar a sua produção. Assim, apóiam ou criam agências de distribuição em escala nacional ou regional, fato que ocorre em 1902 nos Estados Unidos, em 1904-1905 na França e em 1907 na Alemanha. Nasce o comércio do filme, surge o intermediário ou atacadista que estabelece a ligação entre os fabricantes, concentrados em poucos lugares, e os varejistas, dispersos em centenas de cidades e vilas.

O distribuidor adquire inicialmente a mercadoria, assumindo todos os riscos, e aluga-a ao exibidor. Tal solução melhora as condições econômicas do ramo, permitindo uma rápida troca dos programas, por parte dos exibidores, e um controle razoável do mercado, por parte dos fabricantes, além de lhes garantir, pela variação dos programas, uma ampliação da saída. Na França agem muito cedo algumas empresas que alugam projetores, filmes e mesmo operadores, cobrando de cinqüenta a cem francos por dia. George Petit é o primeiro a dirigir uma circular a todos os exibidores, oferecendo-lhes o seu estoque de películas com direito de revender-lhes a mercadoria dentro de determinado prazo. O seu preço de arrendamento é de 0,25 francos por metro, o que representava uma grande vantagem para o varejista que, ao comprar uma fita, gastava mais de um franco por metro. A ruína de um dos maiores cineastas da jovem indústria, G. Meliès, deve ser atribuída, em parte, ao fato de que não entendeu esta evolução, continuando a vender os seus filmes.

Ao sistema inicial de venda da cópia ao varejista – isto é, uma cessão de propriedade – sucede a concessão temporária do direito de exibição (Peter Baechlin, *Histoire Économique du Cinéma, op. cit.*).

Essa evolução acelera o progresso comercial e o crescimento da indústria, favorecendo a instalação de novos cinemas. Somente em Pittsburgh, grande centro industrial e operário, surgem em 1906 cem novos cinemas e, em 1908, o seu número atinge nos Estados Unidos a casa de 10 mil.

Mas a maioria das salas é demasiadamente pequena para permitir uma exploração econômica. A fim de manterem os ínfimos preços de entrada, os exibidores têm de aumentar o número das sessões e variar constantemente o programa. A crescente procura só pode ser satisfeita pelos produtores por meio de uma fabricação rápida de fitas curtas e de péssima qualidade, fator que se impõe principalmente nos Estados Unidos. Nascem novas fábricas, e tanto na França como na América (e logo também na Itália) lançam-se anualmente centenas de fitas no mercado. Distinguem-se pela sua superioridade os filmes franceses, que representam uma grave ameaça para os fabricantes americanos, incapazes de manter o nível de um Meliès, por exemplo, ou dos filmes da Pathé ou Gaumont. A tremenda competição nos Estados Unidos, a crescente procura de filmes recentíssimos num país de vida teatral quase inexistente (pelo menos no interior) cria uma situação caótica. Os distribuidores, colocados em posição-chave e auferindo lucros fabulosos, aumentam como micróbios. Em 1907 há cerca de cem distribuidores nos Estados Unidos.

A competição desenfreada entre os atacadistas força a queda dos preços e os produtores sentem-se novamente ameaçados, já que recebem só uma única vez o preço de venda. Se vários distribuidores oferecem cópias do mesmo filme na mesma zona, cada qual tem de fazer ofertas mais baratas para sobreviver e todo o negócio fica desequilibrado. Para eliminar a competição entre as agências atacadistas os produtores modificam o sistema e introduzem o monopólio – conseqüência direta da livre competição.

O monopólio é denominado com o eufemismo "exclusividade", por meio da qual determinada distribuidora recebe o direito exclusivo de arrendar determinado filme durante determinado tempo em determinada zona. Essa reforma é introduzida aos poucos e satisfaz todo mundo – menos os exibidores. Os produtores obtêm preços mais altos por menos cópias, reconquistando além disso o mercado; os distribuidores, eliminada a competição, enfrentam menos riscos; só os exibidores têm de pagar preços mais altos sem ganhar nada em compensação. Ao mesmo tempo introduz-se outra inovação: o fabricante não vende mais a cópia ao atacadista, apenas lhe concede o direito de exploração.

Nesse meio tempo, Pathé e Gaumont fundam a sua primeira rede de distribuição. O primeiro chega a estabelecer, antes de 1914, sucursais na Alemanha, Suíça, Holanda, Itália, Suécia, Turquia, no Brasil, em Portugal e nos Estados Unidos. A preponderância qualitativa e mesmo quantitativa da indústria francesa durante essa época – ao menos até 1912, quando surge dominadora a Itália – é tremenda. Nenhum país europeu consegue reunir, no ramo cinematográfico, capital suficiente para competir com a França, que inunda particularmente a Alemanha e a Inglaterra com os seus produtos. Na Alemanha funda-se, em 1906-1907, uma companhia cinematográfica – Produktions-Aktien-Gesellschaft-Union (PAGU) –, que de início só explora a exibição. Em 1911 passa também à distribuição e só em 1913 inicia a própria produção, que até então apenas existia em escala ínfima no país germânico. Nessa época já existem também várias empresas inglesas, tais como Hepworth, British e Colonial Cinematograph e as London Film Companies. Empresas de grande importância como a Nordisk Kompagni (dinamarquesa) e Cines (italiana) só conseguem resistir à supremacia francesa por meio da compra de salas e da criação de amplos circuitos que lhes garantem um mercado seguro.

Nos Estados Unidos inventou-se um processo mais simples para competir com a indústria francesa, que já produzia filmes de setecentos e mais metros, enquanto os produtores americanos não passavam de uma média de duzentos a trezentos metros. Não existindo ainda o *copyright* cinematográfico, Edison, acompanhado de outros magnatas, contratipou filmes de Méliès, Pathé e Gaumont, lançando os seus produ-

73

tos em centenas de cópias no mercado americano. Edison, que tão tenazmente defendeu o fruto do próprio trabalho através de dezenas de processos que entravaram o progresso da Sétima Arte no seu país, não respeitava, no entanto, o trabalho dos outros. Pathé, que não era nenhum santo, já fizera aliás a mesma coisa, quando no início da sua carreira contratipara as pequenas cenas animadas que Edison fizera para o quinetoscópio. Conhecedor do assunto, portanto, Pathé manda pintar em todas as suas decorações cênicas a marca da sua casa – o galo gaulês, transformando os seus filmes em verdadeiros galinheiros; mesmo os mais vetustos "castelos feudais" não escapam à fúria galinácea, ostentando nos muros "enegrecidos pelo tempo" o vigoroso animalzinho. Semelhante procedimento foi também adotado por Gaumont. *A Viagem à Lua* (1902), filme de Méliès, foi copiado centenas de vezes pelos concorrentes americanos e o grande pioneiro francês descreveu resignado as conseqüências desse roubo intelectual:

Eu tinha gasto 30 mil francos para a produção do filme. O resultado foi que a minha venda parou de repente, quando não chegara ainda a recuperar 10 mil francos do capital empregado. Perdi, portanto, 20 mil francos... Todavia, *continua*, fiquei grato a Edison, a Lubin de Filadélfia e a Carl Laemmle, que foram meus contrafatores, pois obriguei-os a respeitar os meus trabalhos, abrindo uma sucursal em Nova York, em 1904. Daqui em diante já não puderam apropriar-se dos benefícios do meu labor.

(Nisto Méliès se enganou redondamente; nunca conseguiu competir com os métodos comerciais dos seus colegas americanos).

Entretanto, os maiores expoentes americanos da indústria cinematográfica nascente procuraram um meio seguro para sufocar não só a importação francesa (e italiana), mas também a concorrência nacional. A luta, já mencionada, tomava formas cada vez mais violentas, havia acordos e dissenções, roubos de patentes e conluios, empregavam-se pistolões, assassinos alugados, ladrões que pilhavam filmes e segredos, sendo que a corrupção se infiltrava na própria seção de patentes em Washington; estabeleciam-se associações que logo se dissolviam e em todas as manobras intervinha a poderosa firma de Edison, resolvida a impor o monopólio absoluto. Verificando que não era possível aniquilar os concorrentes mais fortes (particularmente a Biograph e Kleine, que se rebelavam contra as imposições do magnata), ele organiza com os seus próprios adversários, em 1909, um potente truste – o Motion Pictures Patents Company (MPPC), que reúne todas as patentes para exploração comum. Essa associação é chamada simplesmente "O Truste" e impõe uma taxa especial tanto aos outros produtores, não incluídos no Truste, como aos distribuidores e exibidores – "imposto" com que ganha milhões de dólares.

Pertecencem a esse truste: Edison, Biograph, Vitagraph, Essenay, Selig, Lubin, Kalem, os importadores franceses Pathé e Méliès, o distribuidor Kleine.

Cada um dos membros da concentração recebe uma "licença de produção". Espera-se assim não só inibir a concorrência de firmas estrangeiras mas também a dos "independentes" nacionais que não fazem parte da MPPC. O Truste obtém ao mesmo tempo o monopólio do filme virgem da Companhia Eastman-Kodak, produto que doravante só deveria ser fornecido aos membros da concentração[12]. Quanto aos exibidores, teriam de pagar uma taxa semanal de dois dólares para a utilização dos projetores do Truste, únicos cujo uso é permitido pela ditadura cinematográfica. Sobre o exibidor destemido, que ousasse apresentar filmes de qualquer produtora independente, pairava a ameaça de apreensão do aparelho projetor e do boicote completo.

Todavia, nem todos os produtores e exibidores se submeteram à tirania do Truste. Entre os proprietários dos Nickel-Odeon havia algumas figuras marcantes que não estavam de acordo e uma firma produtora de importância resiste, seguida de algumas firmas menores (Centaur Film, mais tarde Nestor Film). Os produtores fundam a Independent Film Productive Association, cujo fim é "tomar todas as medidas ofensivas para

---

12. A própria patente de Eastman é duvidosa; ele teve de pagar uma indenização de três milhões de dólares a um pastor protestante que patenteara anteriormente a mesma invenção. Os três milhões representavam só uma ínfima fração dos lucros obtidos por Eastman. (N. do A.)

manter um mercado aberto e para combater o monopólio". Entrementes, o Truste entra em ofensiva contra os distribuidores desobedientes, comprando-os ou "coordenando-os". Mas também neste grupo resistem alguns: por exemplo, Carl Laemmle começa a produzir filmes e "rouba" ao Truste a atriz Florence Lawrence, uma das primeiras estrelas que, com Paul Panzer, forma o primeiro "par ideal" da tela.

O programa do Truste é a obtenção do máximo lucro por meio da eliminação de qualquer concorrência. Só fabrica filmes de duzentos a trezentos metros. Organiza uma produção rigorosamente estandardizada, segundo os melhores princípios da manufatura em série. Mantém em nível muito baixo os direitos dos autores, escraviza os exibidores e prefere trabalhar com atores anônimos, abstendo-se, quando possível, de publicar-lhes os nomes no início do filme a fim de evitar os ordenados elevados de atores famosos.

A arma dos independentes é o aperfeiçoamento da mercadoria e uma produção mais pessoal e variada. O seu exemplo são os franceses e italianos que já produzem filmes de considerável metragem e de qualidade melhor. (Contudo, desenvolve-se um estilo cinematográfico tipicamente americano, que supera logo a teatralidade do estilo europeu). Além disso, tomando uma medida de conseqüências ambíguas, imitam o sistema italiano do estrelismo, de certo modo um tardio rebento do virtuose das salas de concerto e da *prima donna* das óperas. Portanto, publicam os nomes dos atores e procuram torná-los famosos. Em 1910, Carl Laemmle lança a primeira estrela em grande estilo e de fama universal: Mary Pickford. Tais recursos, essencialmente comerciais mas habilmente empregados, valorizam os filmes dos independentes e prejudicam o Truste, cujo domínio absoluto se estende até 1912. Depois o seu poder declina; a sua situação jurídica é instável e a sua produção sofre cada vez mais os efeitos da superorganização do sistema. Evidencia-se que a concentração horizontal e vertical – unificação que vai desde a fabricação de cine-câmeras, projetores e filmes virgens até a distribuição e exibição, trustização cujo fim absoluto é a eficiência econômica – é um método demasiadamente "avançado" e, portanto, contraproducente. O consumidor ainda reage e pre-

76

fere o artigo dos independentes: até então não criara o hábito de aceitar tudo, ainda tinha a faculdade de escolher. Seu gosto também não estava condicionado, sendo que a "coordenação" não chegava ainda até os reflexos, instintos e sonhos do público. O Truste fracassa porque, tendo patenteado todos os aparelhos, pensava poder patentear também o gosto do consumidor. Para tal empresa, contudo, não soara ainda a hora. A vitória dos independentes resulta do fato de que sabiam fornecer um artigo mais ao gosto do público. "O Truste tem de ceder às empresas que, em virtude de um contacto estreito com o público, procuraram satisfazer-lhe os desejos" (Peter Baechlin, *Histoire Économique du Cinéma, op. cit.*). Os independentes estavam mais aptos a fabricar o divertimento que as massas procuravam por farejarem melhor o gosto popular e por terem maior flexibilidade em adaptar-se a ele.

O princípio da super-eficiência econômica redunda, portanto, no terreno da indústria de divertimento, em deficiência econômica. Até os fabricantes de automóveis saem todo ano com um novo modelo. Mesmo antes de ser legalmente extinta, em 1917, de conformidade com a Lei Anti-Truste, de Sherman – numa época em que essa lei ainda era aplicada por estadistas como "Teddy" Roosevelt e Wilson – a MPPC já se tornara uma sombra sem poder e expressão, ultrapassada por homens como Carl Laemmle, William Fox, Marcus Loew, Adolf Zukor, os irmãos Harry, Sam e Albert Warner: toda uma geração de aventureiros e *jobbers* e excelentes comerciantes que, fugindo da glacial zona de influência do Truste no leste americano, se transferiram para o oeste, para o *far west,* para o suave clima da Califórnia, onde num lugarejo chamado Hollywood iriam fundar uma nova ditadura.

Progressos Europeus

Enquanto Méliès revolucionava o cinema de Lumière e lentamente entrava em declínio, desenvolvia-se também em outros países a vida cinematográfica. Na Inglaterra pequenas firmas realizaram filmezinhos ao ar livre, imprimindo certa dramaticidade às suas cenas. Homens como William

Paul, Williamson, Collins, G. A. Smith começaram a usar a câmera com mais desenvoltura: surgem fitas curtas do tipo "pastelão" em que um cômico sofre tremendas perseguições, escorregando, caindo, transformado em alvo de tomates, ovos, tortas de creme e uma variedade incrível de produtos alimentícios. O grande Hepworth realiza filmes de perseguição, com notável instinto pelo corte, por intermédio do qual fragmenta a fita em pequenas cenas; é um dos primeiros a movimentar a câmera e a usá-la em um nível abaixo da altura dos olhos.

Na Itália já existe certa tradição cinematográfica. Filoeto Alberini patenteara em 1895 o "cinetógrafo" e Italo Pacchioni cedo exibe na Itália uma *Chegada de Trem*, uma *Jaula dos Loucos*, uma *Batalha de Neve* e o *Falso Estropiado*. Em 1904, Arturo Ambrosio constrói em Turim o primeiro estúdio e Albertini e Santori fundam em 1907 a importante empresa Cines, de onde sairia logo *O Saque de Roma*. É aí, na Itália, que se publicam muito cedo revistas cinematográficas como *La Lanterna* (Nápoles), *La Rivista Fono-Cinematografica*, *Café Chantant* (1908) e outras.

As empresas Ambrosio, Italia e a Cines tornam-se perigosas concorrentes da indústria francesa, particularmente depois que a Cines – a marca do Lobo – começa a produzir filmes de longa metragem no sentido moderno, de 1.500 a 3 mil metros, obras que obtêm estrondosos êxitos graças à filmagem de argumentos históricos. (*Quo Vadis*, *In hoc signo vinces*, *Cabiria*, *Queda de Cartago*, filmes com personagens como Nero, Lucrécia Bórgia etc., nos quais triunfa o gosto italiano pelo espetacular, pela eloqüência, pela pompa de ricos costumes e decorações monumentais). O êxito do filme italiano é ainda intensificado pelo "divismo"[13], por estrelas famosas como Francesca Bertini, Lyda Borelli, Menichelli e outras.

---

13. Denomina-se divismo o fenômeno do domínio das grandes estrelas na produção italiana em meados dos anos 10, em que atraíam numeroso público aos cinemas, prenunciando o star system. Dentre as principais divas, podem-se citar Pina Menichelli, Lyda Borelli, Letizia Quaranta, Maria Jacobini e Francesca Bertini, entre outras.

Evolução da Indústria Cinematográfica: Georges Méliès

Tendo recebido uma resposta negativa (conforme visto anteriormente na p. 64) à sua oferta feita a Lumière, Georges Méliès mandou construir um projetor, instalando-o no seu teatro a fim de exibir as pequenas cenas animadas de Edison. Logo em seguida começa a filmar os seus primeiros filmezinhos, um "jardineiro malogrado", uma "chegada de trem", um "jogo de baralho" e coisa que o valha. Com sete sessões e cerca de 1.500 espectadores, diariamente, a um preço de entrada de cinqüenta cêntimos, o ilusionista percebe que o cinema não é ilusão e que é preciso ser prestidigitador para multiplicar o dinheiro no caixa.

Além de fantasia e sangue de teatro, Georges Méliès tinha também sorte. Foi um feliz acaso que lhe ensinou o primeiro truque fílmico, veio de ouro que em seguida começou a explorar. Em 1907 relatou esse momento importante de sua carreira e da história do cinema:

> Querem saber como me veio a idéia de aplicar o truque ao cinematógrafo? Foi coisa muito simples. Certo dia, quando eu fotografava prosaicamente a praça de L'Opéra, meu aparelho enguiçou. Era um aparelho rudimentar em que o filme rasgava constantemente ou se recusava a avançar. Custou um minuto para arranjar a cinta e para pôr em marcha o mecanismo. Durante este minuto – como é óbvio – os transeuntes, ônibus, carros, tudo mudava de lugar. Projetando a película, emendada no ponto em que se verificara a ruptura, vi de repente um ônibus "Madelaine-Bastille" transformar-se num carro mortuário, enquanto os homens se transmutavam em mulheres.

Eis o que se chama o truque por substituição!

Perito no assunto de mágicas, Méliès notou que neste terreno, mesmo com toda a flexibilidade dos seus dedos, era um miserável amador em comparação às possibilidades simplesmente inesgotáveis do cinema. Elaborou em seguida, sobre um fundo preto, uma enorme variedade de outros truques, tais como as fusões, superimpressões, câmera lenta, reversão de tomadas e muitos outros, por meio dos quais era facílimo fazer aparecer e desaparecer pessoas, fazer voar feiticeiras, tornar as pessoas transparentes ou invisíveis, cortarlhes a cabeça ou outras partes do corpo, desintegrar ou re-

79

compor a carcaça humana, desdobrá-la e fazê-la voltar, em majestoso vôo, ao trampolim de que se lançara na água.

Com todos estes processos, misturados uns aos outros e utilizados com competência, é possível realizar, hoje em dia, as coisas mais impossíveis e inverossímeis. Seja como for, é o truque aplicado com inteligência que permite tornar visíveis o sobrenatural, o imaginário e até mesmo o impossível, realizando quadros verdadeiramente artísticos, delícia para aqueles que sabem compreender como todos os ramos concorrem para a sua execução.

Como pioneiro na esfera da fantasmagoria, Méliès descobriu a segunda face do cinema que desde então, acrescentada ao seu aspecto realista e documentário, deveria tornar-se uma das características fundamentais da Sétima Arte. Dando ao cinema uma outra dimensão, além da dimensão terrestre, Méliès imprimiu-lhe a sua duplicidade característica, motivo de intermináveis discussões: o seu aspecto "esquizofrênico", isto é, fragmentado e ambíguo, o seu vacilar entre o realismo documentário e a fuga fantasmal para outros mundos. Como nenhum outro meio de comunicação, o cinema é capaz de reproduzir fielmente a realidade e, ao mesmo tempo, ultrapassá-la e transcendê-la, introduzindo o espectador num reino mágico, inteiramente dominado pelo jogo da imaginação. Foi Méliés o primeiro a descobrir esta "segunda" face do cinema ao aplicar os truques para criar um mundo fantástico com todas as aparências da realidade.

A importância de Méliès, como primeiro criador no terreno da jovem indústria, encontrou expressão através de duas outras inovações além da já mencionada.

O Uso do Estúdio e a Narração de uma História por Meio do Filme

Em 1896, um velho cantor, de nome Paulus, pede a Méliès que o eternize numa fita em três das suas interpretações mais marcantes. Evidentemente, não era possível realizar a cena em plena rua ou num jardim ou parque, à luz do dia, únicos ambientes que até então serviam de palco às tomadas cinematográficas, tanto assim que os casaizinhos de namorados, quan-

80

do surpreendidos pela polícia, costumavam dizer que estavam "filmando". Tampouco serviria um estúdio fotográfico comum. Méliès encontrou logo a solução. Fez as tomadas no laboratório do Teatro Robert-Houdin, depois de cuidar de uma boa iluminação artificial. O êxito inspirou-lhe a idéia de libertar-se, em definitivo, dos caprichos do sol e do tempo pela construção de um estúdio. À idéia seguiu-se logo a execução. Construiu uma barraca de 17 x 6 metros na sua propriedade de Montreuil-sous-Bois, gastando cerca de 70 mil francos. Concomitantemente, elaborava o plano de narrar histórias interpretadas por atores num ambiente artificialmente modificado por meio de decorações e iluminado por lâmpadas (1896). Era, com efeito, o primeiro estúdio cinematográfico do mundo e a primeira fábrica de filmes de "enredo" – fato que transformou o cinema em espetáculo e diversão das massas. O nome do seu empreendimento é Manufacture des Films pour Cinématographe (Géo-Méliès), a marca é Star-Film.

Até então o filme vivera em contato com a natureza e a realidade; tanto assim que os produtores costumavam acentuar o fato de que se tratava de uma correta reprodução de ocorrências reais ou de cenas teatrais ou de *vaudeville* realmente executadas, como por exemplo no caso de um filme americano que pretendia ser o registro da Paixão de Cristo, apresentada em Garmisch-Patenkirchen, embora se tratasse de uma imitação barata feita no telhado duma casa. Méliès revolucionou o cinema recém-nascido ao anunciar com grande destaque que filmava *scènes artificielement arrangées* – cenas artificialmente arranjadas.

Homem de muitas habilidades, Méliès foi o próprio produtor, diretor, cenarista e ator da maioria dos seus filmes; sua mulher Stéphanie e a filha Georgette servem-lhe de "estrelas", e como os atores dos palcos parisienses de início consideravam-se demasiadamente finos e importantes para trabalhar a serviço dessa ridícula invenção chamada cinema, recorre a acrobatas, dançarinas e cantores dos *music-halls,* gente que não receava perder o prestígio.

Por volta de 1900 começam a entrar os primeiros filmes de Méliès na América do Norte. O êxito é enorme e os colegas estadunidenses apressam-se em contratipar-lhe os produtos, lançando-os no mercado em dezenas de cópias. Nada de semelhante surgira ainda naquelas plagas; todos aqueles truques de dupla exposição, fusões, câmara lenta, *stop motion*, tomadas invertidas, *fades* das mais diversas espécies arrancavam aos cinegrafistas do Novo Mundo suspiros de inveja e ambição. Logo se meteram também a fazer "cenas artificialmente arranjadas", mas quando veio de Paris a fita Cinderela, ficaram boquiabertos. Aquilo já era uma maravilha de planejamento, seleção, uma verdadeira empresa criadora, por meio da qual contava-se uma história do início ao fim. Não se tratava de uma cena apenas, como era de praxe, mas de muitas cenas diversas, uma ligada à outra pela lógica da narração. Havia efeitos teatrais, atores profissionais, costumes, decorações! E havia uma continuidade progressiva na apresentação do conto maravilhoso!

A *Viagem à Lua* consagrou o francês, aos olhos dos americanos, como a personalidade nº 1 do cinema. Este filme de 260 metros, numa época em que passar de cinqüenta metros era uma ousadia, compunha-se de trinta cenas "verdadeiramente monumentais" e contava – embora só de longe – a novela de Júlio Verne, façanha que criou um tremendo complexo de inferioridade nos cinegrafistas de Edison, ainda ocupados com pobres reportagens e tristes reproduções de cenas cômicas ou de cenas de *vaudeville*. Nos seus filmes Méliès criava um mundo fantástico, de espaços cósmicos, ambientes feéricos, visões submarinas, ou então obras burlescas em que se manifesta um gosto pela caricatura e pela ironia. Diante de filmes como *Viagens de Gulliver* – em que apresenta um novo truque: personagens fotografados em diversos planos, o que lhe permitiu apresentar Gulliver gigante em meio a anões –, diante de uma obra como *A Viagem pelo Impossível* (de cerca de quatrocentos metros, vinte minutos de exibição), os industriais americanos iniciam uma guerra sem quartel contra o cineasta francês.

Méliès envia em 1905 o seu irmão Gaston a Nova York para representá-lo comercialmente e para enfrentar Edison. Mas o grande técnico de espetáculos, o hábil prestidigitador e o mago da imagem móvel, o decorador, iluminador, autor e ator não é um grande comerciante. Ao invés de arrendar os seus filmes a um preço barato, continua vendendo-os a preços

82

caros; não sabe adaptar-se aos novos métodos de distribuição. E, o que é pior, a sua arte não cresce com a rápida evolução da linguagem cinematográfica.

Enquanto na América, Edwin S. Porter começa a desenvolver os princípios da montagem cinematográfica – isto é, da verdadeira linguagem do cinema –, Méliès continua, em essência, um típico francês, profundamente impregnado da tradição teatral. É verdade que em um dos seus filmes já aplica o primeiro plano, mas não entende o significado revolucionário da "descoberta" (já anteriormente descoberta e posteriormente muitas vezes reclamada), pois está imbuído, até os ossos, da concepção estática do palco. E Méliès cobre-se de ridículo quando tenta imitar os primeiros filmes *far west* dos Estados Unidos; a estrela, marca dos seus filmes, enrubesce quando enfrenta os "peles vermelhas" nascidos às margens do Sena. *Os Índios de Méliès* tornam-se objeto de riso por parte dos produtores americanos que, aproveitando as facilidades do estúdio, não esquecem, no entanto, a vantagem do sol e da paisagem ao ar livre. Méliès continua fechado no seu estúdio, cercado de máscaras fantásticas, enquanto a objetiva, enriquecida pela luz artifical e pela decoração do ateliê, sai de novo para respirar o ar puro da natureza real.

Méliès é um exemplo típico do Moloch cinema que devora os seus inspiradores e servidores com uma voracidade sem par. De 1896 a 1914 produziu cerca de 4 mil filmes (a maioria naturalmente de pequena metragem), mas nos últimos anos, há muito superado, debate-se com tremendas dificuldades financeiras. Perde por expropriação o seu Teatro Robert-Houdin, sacrificado aos planos urbanísticos, e ao mesmo tempo tem de vender a sua propriedade de Montreuil, onde se encontra o seu estúdio. Com o início da guerra, desaparece, some; não se fala mais do homem que criara o espetáculo cinematográfico. Somente em 1928 redescobriu-se o homem na Estação de Montparnasse, onde vendia chocolate, brinquedos e balas. Alguns amigos amparam o velhinho que criou a *Viagem à Lua* e que não sabe mais orientar-se na Terra. Na exposição de 1937 exibiu ainda alguns de seus filmes de 1900, transformados em curiosidades e peças históricas de grande valor. Um ano mais tarde veio a falecer, na idade de 77 anos.

83

Georges Méliès foi uma figura decisiva na evolução cinematográfica e um dos pioneiros sob muitos aspectos: pioneiro por ser um dos primeiros produtores a auferir grandes lucros – cerca de 250 mil francos por ano –; pioneiro como vítima da máquina impiedosa duma grande indústria em rápido progresso; pioneiro como criador da primeira *Joana D'Arc*; pioneiro como primeiro alvo da censura – seu filme *O Caso Dreyfuss* foi interditado e a polícia cortou-lhe uma cena em que Méliès cortara a cabeça de um criminoso por intermédio da guilhotina. Pioneiro principalmente por ter transformado a curiosidade sensacional de Lumière e Edison em espetáculo fascinante e meio de contar uma história com os recursos da imagem móvel.

Edwin S. Porter

A influência dos truques de Méliès foi extraordinária. Todos os produtores, com maior ou menor habilidade, procuram imitar as ilusões do grande ilusionista. Particularmente no terreno cômico os truques são explorados ao máximo; nadadores que pulam inversamente para o trampolim, gente que corre para trás, objetos redondos que, vencendo as leis da gravitação, rolam para cima, pessoas esquartejadas, atropeladas, em picadinho – toda essa comicidade ao mesmo tempo brutal, grotesca e ingênua arranca tremendas gargalhadas das platéias do mundo. Evidentemente, tudo isso já é puro cinema – cinema que se tornará arte na obra de Mack Sennett e Charlie Chaplin. Mas é cinema que, de início, mantém-se na superficialidade do truque desenfreado; longe de ser apenas recurso para determinados fins estéticos, transforma-se em fim e último sentido da produção. Com razão escreveu, a respeito, Jean Terquin em 1914: "Os truques tornam-se hoje em dia tão comuns que logo se conhecerá todos eles; então, empregar-se-á o cinema, talvez, para fins mais elevados e úteis".

Depois de Méliès, Edwin S. Porter é um dos mais importantes desbravadores do cinema primitivo, superando-o pelo seu instinto cinematográfico. Pode-se mesmo dizer que, com ele, o cinema sai da sua primeira fase, de modo que Porter coloca-se como marco entre Méliès e D. W. Griffith, com o qual se inicia a primeira grande fase do "verdadeiro" cinema. (Evidentemente, não se deve esquecer Urban Gad, que muitos colocam ao lado de Griffith, no que se refere à sua importância).

Em que realização particular reside a importância de Porter? Méliès, embora descobrisse um elemento essencial da narração, a continuidade, era um típico francês, sobrecarregado da tradição teatral. Porter, americano e originalmente simples mecânico, sofreu pouca influência neste sentido. Como americano, não se via a braços com uma tradição teatral de muitos séculos, e como mecânico não suspirava sob o peso de uma grande cultura; estes fatores, em si negativos, transformaram-se em valores positivos quando se tratava de fazer uso, despreocupadamente, das possibilidades do novo espetáculo e de descobrir-lhe os próprios meios de expressão, que não podiam ser emprestados do teatro ou do romance. Esta despreocupação com o peso da tradição fez com que Porter tivesse a necessária ingenuidade e inocência para pensar em termos de um novo mundo, de um novo meio de comunicação, no que se refere ao cinema. Livre de inibições, foi o primeiro a utilizar propositadamente um dos recursos essenciais da linguagem cinematográfica: o corte. Estabeleceu o corte como base da narração fílmica.

Porter trabalhava desde 1896 na Casa Edison e, em 1900, foi promovido a cinegrafista. Fazia para o seu célebre patrão ninharias, séries da espécie do *Happy Hooligan*, jardineiros malogrados, reportagens sem grande valor e sem grande originalidade. Foi a obra de Méliès que lhe acendeu a "centelha". Viu que o filme servia para narrar uma verdadeira história; viu que havia diversas cenas nos filmes do francês, uma seguindo a outra e todas juntando-se para contar a *story*. Mas as histórias que Méliès contava eram pouco reais, eram sofisticadas, cheias de ironia e sátira, sumamente fantásticas, movendo-se no mundo da Lua, e de resto eram muito teatrais. Como bom americano e mecânico, Porter queria fazer uma coisa mais real, contar uma história que poderia acontecer, sim, mas que continuava a acontecer.

85

Evidentemente, não era fácil fazer uma coisa dessas. Edison precisava de produção, portanto não admitiria grandes pesquisas e elaborações, não gastaria muito dinheiro. Era necessário alimentar os famintos exibidores. Nesta emergência, Porter teve duas fantásticas idéias. No depósito da firma havia uma porção de fitinhas sobre o recém fundado Corpo de Bombeiros de Nova York – cenas sensacionais que agradavam o público, a grande criança, sempre empolgado por um incêndio que acabava com quarteirões inteiros. Se aproveitasse esses filmezinhos, não seria uma sensação? A outra idéia foi ajuntar os pedacinhos, cortá-los adredemente e compô-los. Duas grandes idéias, mas no fundo uma só. Tratava-se, portanto, de juntar cenas já fotografadas num filme que não seria apenas uma reportagem atual, mas que deveria contar uma história com foros de realidade. Nada de fantástico. Olhando bem o material à disposição, não seria muito difícil inventar um argumento. U'a mãe e seu filhinho, presos numa casa em chamas, serão salvos – no último momento – graças à intervenção de um dos corajosos bombeiros.

Cortando, segundo as necessidades, os filmes guardados e fazendo mais algumas tomadas de "cenas artificialmente arranjadas", unindo finalmente todos os pedacinhos de modo a dar à narração continuidade e fluência, Porter esperava poder contar a história por meio de imagens, imprimindo aos acontecimentos a dramaticidade que a sensacional *story* exigia. Em seguida, Porter elaborou um verdadeiro roteiro, com planificação de todos os detalhes. A narração deveria desenvolver-se em oito cenas. A primeira mostrando um bombeiro que estava sonhando com u'a mãe e uma criança ameaçadas pelas chamas – sonho muito natural para um bombeiro. A segunda cena iria mostrar uma vista próxima – um verdadeiro *close up!* – de um aparelho de alarme nova-iorquino e um homem fazendo funcionar o dispositivo. A terceira cena transportaria o espectador para o dormitório dos bombeiros; "vê-se" a campainha de alarme funcionando, os homens despertam e lançam-se pelas varas de descida abaixo. A quarta cena apresenta uma garagem, com os cavalos fogosos, os carros e todo o aparelhamento "moderníssimo" do "melhor Corpo de Bombeiros do mundo". A quinta cena reproduz a tremenda

86

corrida pelas ruas. Na cena seguinte vemos a chegada diante da casa em chamas. Há em seguida um *fade*[14] para o interior da casa, mostrando-se um dormitório e, em meio à fumaça, cercadas de chamas, u'a mulher e uma criança. Aparece na porta o nosso bombeiro sonhador, limpa a janela e manda subir a escada; em seguida desce com a mulher. Mais um *fade* para a rua; a mãe desperta do desmaio e chama, desesperada, pela criança. O bombeiro sobe de novo, a toda pressa, e desaparece no quarto. Desta vez a câmera não se transfere para o interior da casa. Há uma espera cheia de tensão; vêem-se apenas a casa e a janela do quarto, onde o bombeiro desapareceu. Finalmente, o herói reaparece com a criança e desce para o *happy end.*

Temos um total de sete cenas nesse filme. 1ª: O bombeiro sonhando. 2ª: Tomada próxima do engenho de alarme e do seu funcionamento. 3ª: Dormitório dos bombeiros. 4ª: Garagem com carros e cavalos. 5ª: Saída da Casa dos Bombeiros. 6ª: Corrida pelas ruas. 7ª: Chegada diante da casa em chamas. Há, portanto, uma verdadeira narração cinematográfica com cenas curtas, cortadas e montadas segundo as necessidades de continuidade. Na última cena há várias tomadas, de modo a tratar-se de uma seqüência fílmica que transcende o termo "cena" emprestado da linguagem teatral. Notamos a criação de "suspense" pela inserção da câmera como narradora, pois ela imediatamente se introduz no quarto em chamas, logo "espera" fora para aguardar ansiosamente o resultado da ação heróica do bombeiro. Na segunda cena é apresentado em plano próximo um objeto – o aparelho de alarme –, coisa impossível no teatro; note-se o destaque dado a um objeto pela intervenção da câmera, que lhe realça o tremendo significado pela aproximação. No teatro o espectador conserva-se sempre à mesma distância das pessoas e dos objetos no palco. Os personagens têm certa possibilidade de aproximar-se do público, deslocando-se pelo próprio movimento para o proscênio. As coisas inanimadas, porém, man-

---

14. *Fade*: efeito pelo qual a imagem se desvanece até escurecer completamente (*fade-out*), ou, ao contrário, a partir do escuro ela se torna gradualmente nítida (*fade in*).

têm-se sempre remotas e não têm grande significado visual. No cinema, porém, devido à mobilidade da câmera como narradora, estabelecem-se relações intensas entre o espectador e os objetos inanimados. Como na novela, por intervenção do autor, assim também no cinema, por intervenção da câmera, o leitor ou espectador encontra-se de repente face a face com o objeto, e o tamanho material deste último traduz-se em magnitude expressiva e espiritual. É assim que o objeto mudo começa a falar, como mais tarde começam a falar mãos, olhos, sapatos, utensílios apanhados em *close up*.

O fato de que a última cena consiste de três *shots*[15] ligados por *fades* é de extraordinária importância. Até então, a câmera mantinha-se impassível diante de toda uma cena, apenas apresentada de um só ângulo, como no teatro, onde o espectador vê-se diante de um quadro estático e imóvel durante todo um ato, havendo apenas movimentação de personagens. Agora, em virtude da manipulação da câmera – que já não é impassível – o espectador é transportado durante uma cena para dentro de um quarto e é de novo colocado na rua, de modo a haver uma participação mais intensa graças à narração da câmera que já não reproduz apenas uma cena teatral, mas expressa um acontecimento por meio dos recursos que lhe são próprios. Em suma, Porter percebeu a importância do corte embora não chegasse a movimentar a câmera durante a própria tomada. Descobriu, porém, o movimento através do corte.

Tudo isso naturalmente foi realizado de u'a maneira infantil e rudimentar. Porter, homem de pouca cultura, não compreendeu o alcance do seu trabalho. Mas a repercussão do filme foi intensa, embora o êxito comercial não tenha podido corresponder à importância da descoberta, pois não existiam ainda os Nickel Odeons[16] que, no futuro, possibilitariam a exploração comercial da produção.

Seja como for, Porter pegara fogo; estava resolvido a continuar a narrar histórias e a apresentar "cenas artificialmente

---

15. *Shot*: o mesmo que plano cinematográfico.

16. Os Nickel Odeons eram conhecidos nos Estados Unidos por serem armazéns improvisados para a exibição de programas de filmes, ao custo de um níquel (cinco centavos) o programa.

arranjadas". Andava planejando um filme sobre os assaltos aos trens, muito freqüentes naquela época, e assunto constante do noticiário da imprensa. Mas Edison necessitava de quantidade e não de qualidade e impôs a Porter um ritmo de trabalho que não se coadunava com pesquisas e descobertas. Somente em 1903 Porter conseguiu, finalmente, realizar o seu sonhado *Assalto do Expresso* (*The Great Train Robbery*), que se tornou um clássico do filme primitivo, transformando o diretor em figura imortal da história do cinema. Nessa obra é narrado, em essência, o assalto a um trem, a fuga dos bandidos e a sua captura na cena final. Nota-se um progresso no corte e na montagem das tomadas, bem como um aproveitamento mais consciente dos recursos descobertos anteriormente.

O êxito dessa obra foi extraordinário, confirmando o seguro instinto cinematográfico de Porter, que conseguiu comunicar a sua história com intensidade, criando tensão e interesse por meio de uma movimentação mais rápida obtida graças aos recursos da montagem, de tomadas mais curtas e cortadas com certa habilidade. Anuncia-se nessa obra clássica, de pouca extensão aliás, um verdadeiro estilo americano, vigoroso, ágil e realista, quase não contaminado pelos padrões do teatro.

A maioria dos Nickel Odeons inaugurou, durante anos, a sua atividade com esse filme. Com efeito, atraindo verdadeiras multidões às salas recém abertas, esse filme garantiu a sobrevivência da indústria cinematográfica norte-americana, então já em franco declínio. Edison, muito satisfeito com o resultado, impôs a Porter nos próximos anos uma produção acelerada de centenas de filmes semelhantes, rigorosamente estandardizados. Apesar desse regime comercial, Porter conseguiu realizar alguns filmes notáveis pelo seu conteúdo social e pela introdução de novos e autênticos recursos cinematográficos: a montagem de contraste e a montagem paralela. A primeira ele aplicou particularmente em *Ex-Convicto* – um dos primeiros, e possivelmente o primeiro filme que abordou o problema da reintegração dos ex-presidiários. Em várias cenas dessa fita Porter fez contrastar ambientes ricos e extremamente pobres, acusando assim vigorosamente a injustiça social. No espirituoso filme *A Cleptomaníaca* abordou o velho tema de duas ladras – uma pobre, outra rica: a pobre é ladra mesmo, a rica é apenas cleptomaníaca, doente. No filme, ambas são presas em flagrante. A rica é quase imediatamente solta, a pobre continua presa. A narração obtém um legítimo cunho cinematográfico através da montagem paralela dos destinos das duas mulheres. 1º: A rica rouba umas bugigangas em uma loja e é arrestada. 2º: A pobre rouba um pão e é igualmente arrestada. 3º: Ambas se encontram na mesma delegacia; à rica é oferecida uma cadeira, um advogado obtém a sua libertação. 4º: Um comentário. Vê-se a figura cega da Justiça, na mão uma balança que contém num prato um saco cheio de ouro, no outro um pão. A balança inclina-se em favor do ouro. Em seguida a venda é retirada dos olhos da Justiça revelando-se que ela é caolha; o único olho fixa, brilhando, o ouro. (Semelhante filme não passaria hoje pela censura).

Entre os inúmeros filmes realizados por Porter em ritmo acelerado, sob a constante vigilância de Edison, merece ainda destaque *Liberto no Ninho da Águia* (*Rescued from the Eagle's Nest*), filme cheio de truques espetaculares, no qual uma águia, sobrevoando montanhas, carrega um menino nas garras. Nesse filme é explorado com habilidade um dos mais queridos temas do cinema: o chamado *last minute rescue* – o socorro no último minuto, quando tudo parece perdido.

Não é preciso mencionar que toda a obra de Porter é ainda extremamente ingênua e primitiva, apesar das fecundas inovações que iriam tornar-se regras gramaticais da linguagem cinematográfica. A câmera de Porter é mantida quase sempre à altura dos olhos, não conhece angulações e movimentação própria. Em geral, cada cena consiste de uma tomada (com as exceções acima mencionadas). A ação se desenvolve, geralmente, na moldura rígida de um palco fixo, do qual apenas o fundo serve de cena, ao passo que os planos médios e próximos geralmente são ignorados. Na maioria dos seus filmes toda a ação se desenvolve inteiramente no fundo, com os atores de perfil e a tensão geralmente sendo atingida pela rápida movimentação do elemento humano, não pela variação das tomadas e pelo ritmo dos cortes. As grandes descobertas de Porter perdem-se na massa de filmes estereotipados que a férrea mão de Edison lhe impôs e parecem quase acasos inconscientes. Porter não parece ter tido uma noção clara do potencial revolucionário das suas inovações.

Em 1911, o primeiro grande cineasta americano deixou Edison, fundando a Rex-Film e tornando-se um dos líderes dos Independentes. Associa-se com Adolf Zukor e a sua Famous Player Company (mais tarde Paramount). Como diretor dessa companhia dirige John Barrymore e Mary Pickford (um filme por semana) e realiza, em 1912, *O Prisioneiro de Zenda* (que é a primeira versão deste tema). Em 1915, depois de uma fusão, da qual sai a firma Famous Players-Lasky, retira-se, prestigiado mas intimamente esgotado e já sem grande importância, da indústria cinematográfica. Nessa mesma época toda a sua obra é ultrapassada por um dos maiores homens do cinema, David Wark Griffith, que desde 1905 trabalhava no seu *staff* e que aparecera como ator no filme *Liberto do Ninho da Águia*.

Evolução na Europa

Na Alemanha, Oskar Messter realiza pequenos filmes como *A Dança dos Apaches* (*Apachentanz*, 1906), *Canção de Ninar* (*Wiegendlied*, 1908), *Porcelana de Meissen* (*Meissner Porzelan*, 1907). Um dos primeiros filmes alemães de certa importância será *O Estudante de Praga* (*Der Student von Prag*, 1912), de Paul Wegener (roteiro de Heinrich Galeen), filme em que já se nota certa predileção por *sujets* irreais, misteriosos, impregnados de *Maerchenstil* alemão, o estilo dos contos de fadas.

Na Dinamarca, funda-se em 1906 a Nordisk-Film, que com a sua ampla produção iria dominar o mercado alemão até 1917, quando surge a UFA, financiada por bancos e expoentes do exército alemão. A incrível expansão da indústria cinematográfica dinamarquesa, país de cerca de 3 milhões de habitantes, deve-se a Ole Olsen, fundador da companhia mencionada. O êxito da marca do urso polar (que é apenas uma entre muitas outras marcas dinamarquesas) é tamanho que o galo da Pathé e o lobo da Cines estremecem em pleno coração do jardim zoológico da cinematografia. O filme *Abismo* (1910), do grande diretor Urban Gad[17], com Asta Nielsen como estrela, provocou verdadeiras revoluções nas capitais do mundo, graças a um estilo cinematográfico adiantado e graças à extraordinária interpretação da protagonista. Nomes como os dos astros Valdemar Psilander e Junnar Tolnase tornaram-se famosos dentro de pouco tempo.

Na Suécia, os primeiros filmes foram realizados desde 1909. Em 1912, foi fundada a Svenska Biografteatern (Carlos Magnusson), em cujos estúdios, a partir de 1912, iriam trabalhar dois grandes cineastas: Sjöström e Stiller[18].

Pathé e as Atualidades

Todas estas evoluções ligeiramente esboçadas, particularmente as da Cines e da Nordisk Film Compagnie, iriam atingir o seu apogeu pouco antes da Primeira Guerra Mundial, ameaçando pelo impacto conjugado o predomínio do filme francês. Essa preponderância a França a conquistara não só pelo espírito inventivo de Méliès, mas pela produção regular e constante de duas companhias: Pathé Frères e Gaumont (e mais tarde pela firma Éclair).

17. Por ocasião do falecimento de Urban Gad, em 1948, apareceu a seguinte notícia no Penguin Film Review: "Urban Gad faleceu em fevereiro de 1948. O papel que desempenhou na primitiva história da arte fílmica da Europa pode ser comparado com o de D. W. Griffith na América. O filme que lhe granjeou fama internacional foi Abismos (Abgruende, em alemão), com o qual, em 1910, criou novos padrões de realização cinematográfica. Urban Gad era um dinamarquês que se dedicara ao teatro antes de dirigir filmes. A protagonista de Abismos foi Asta Nielsen, sua esposa, não menos importante na arte da interpretação fílmica do que o marido na arte da direção cinematográfica. Urban Gad escreveu um livro que o transformou no maior teórico do filme naquela época. Esta obra, cujo título é O Filme: Seus Meios e Fins, foi publicado primeiramente em dinamarquês (1919), depois em alemão (Berlim, 1921). Sua última função foi a de diretor do Grande Teatro de Copenhague, transformado por ele no palco mais importante da Dinamarca". (N. do A.)

18. Ver a seguir, no cap. 4: "Anexos", ensaio de AR com explanação mais detalhada sobre o cinema escandinavo.

Na empresa Pathé destacou-se o diretor Ferdinand Zecca, dedicado particularmente ao gênero cômico. Zecca afirmou ter descoberto o primeiro plano (o que é duvidoso, pois Méliès e outros parecem tê-lo aplicado anteriormente, embora sem reconhecer a importância desse recurso; o primeiro a ter noção perfeita do significado do *close up* foi D. W. Griffith); como afirmou também ter introduzido as legendas ou subtítulos:

> Quando entrei no cinema, *escreveu*, não havia ainda subtítulos. Em cada sala funcionava um sujeito que comentava as cenas do filme. Fui eu quem introduzi o emprego das explicações impressas na película, e isso não sem dificuldades. De início, os distribuidores nos escreviam revelando que queriam comprar imagens, não letreiros. Logo que o costume pegou, tivemos de compor subtítulos em várias línguas: alemão, inglês, russo, italiano.

Zecca realizou, mesmo antes de Porter, narrações de conteúdo dramático e social, sem revelar, porém, o senso cinematográfico do americano. Merecem menção: *A História de um Crime*, em que é narrado um assassínio, a perseguição, o arresto e a execução do criminoso, e *As Vítimas do Álcool*, filme de tendência social. Atribui-se a Zecca, a quem não faltava a profunda convicção do próprio valor, as seguintes palavras: "Estou prestes a refazer Shakespeare. Aquele animal deixou inaproveitadas coisas tremendas". Palavras que por si sós seriam suficientes para imortalizar qualquer mortal.

Um dos grandes êxitos da Pathé foi o cômico Max Linder (Gabriel Leuriel), um ator de variedades que em 1909 é contratado pela marca do galo. Muito "chique", de cartola e bigodinho, torna-se logo famoso com filmes como *O Primeiro Charuto*, *O Duelo de Max*, *Max Toreador*, *Max Pratica todos os Esportes*, *O Rei do Circo*, *O Matrimônio de Max* etc. Ganhando inicialmente vinte francos por fita, assina em 1910 um contrato que lhe garante 150 mil francos por ano. Max Linder, um dos maiores nomes do cinema antes da Primeira Guerra Mundial, foi indubitavelmente um precursor direto de Chaplin, que aprendeu muito com seu infeliz colega. Linder suicidou-se depois da Primeira Guerra Mundial.

Atualidades Pathé

Sabemos que entre os primeiros filmes rodados contam-se na maioria reportagens de quaisquer acontecimentos de relevo, como inaugurações, enterros de reis ou grandes políticos, chegadas e partidas de presidentes etc. Essas reportagens costumavam ser apresentadas mesmo depois do progresso das fitas de enredo, mas sem sistema e caoticamente, tanto assim que as atualidades muitas vezes tinham perdido há muito a sua atualidade.

Foi em 1908 que Charles Pathé resolveu organizar essas cenas da vida atual, editando-as num filme periodicamente distribuído. Toda semana apresentar-se-ia, assim, ao público, um panorama dos acontecimentos mais sensacionais. Pathé teve de vencer numerosas dificuldades para transformar essa idéia em realidade; os exibidores não tinham fé na oferta do magnata, a polícia hesitava em equiparar os cinegrafistas aos jornalistas. Mas a polícia logo cede e os exibidores convenceram-se quando tomaram conhecimento do êxito de um cinema parisiense (aberto pelo próprio Pathé), no qual só se exibiam atualidades.

Em 1912, o "Pathé-Journal" fazia a seguinte publicidade: "Este jornal reproduz hora por hora, minuto por minuto, pela imagem fotográfica animada, todas as ocorrências sensacionais do universo. Entrada ininterruptamente, sem intervalo nem espera: 0,25 francos por poltrona". Em 1910 começa a sair o "Gaumont-Journal" e em 1912 o "Éclair-Journal". Já em 1910 há verdadeiros furos e recordes de velocidade. A 20 de setembro, Guilherme II, imperador alemão, chega a Viena às dez horas da manhã. Às três horas da tarde esse acontecimento já pôde ser visto nas telas dos cinemas. Em 1911, por ocasião do coroamento de George V, já competem quatorze jornais de todas as proveniências. Gastam-se 3 mil quilômetros de filmes para as tomadas da cerimônia. Havendo ainda dificuldades em se atravessar o Canal da Mancha por avião, recorrem-se a trens e navios, revelando-se os filmes durante a própria travessia do Canal. À chegada dos trens, os jornais foram entregues diretamente aos cinemas.

94

Gaumont e o Filme de Desenho

São da Casa Gaumont os primeiros diretores aos quais a história reservou um lugarzinho: Alice Guy, que iniciou a produção de filmes de enredo para a sua empresa, e Louis Feuillade, de quem ainda trataremos mais adiante. Merece destaque particular o nome de Émile Cohl (nome real: Courtet), caricaturista que criou os primeiros desenhos móveis com aproveitamento do processo fotográfico, adaptando assim a idéia de Reynaud (ver p. 58) ao uso comercial do cinema.

De início cenógrafo na Casa Gaumont, Émile Cohl, depois diretor de cenas cômicas, teve a idéia de transformar as suas caricaturas em protagonistas de pequenos filmes. Fotografando séries de desenhos, pensava não ser difícil fazer com que os seus bonecos se movimentassem, agissem e agradassem como gente grande a um público ávido de novidades. O primeiro filme assim produzido foi de 36 metros. Chamavase *Fantasmagorias* e foi apresentado a 17 de agosto de 1908. Mais tarde inventou um personagem chamado Fantoche, uma figura simples de poucos traços estilizados, a qual, todavia, em seguida tornou-se mais elaborada e passou por muitas aventuras. Cohl realizou centenas destes filmezinhos que inspiraram os *cartoons* norte-americanos, mas depois da Primeira Guerra Mundial sucumbiu à competição americana. Empobrece e tem de ser mantido pela Beneficença, que lhe paga vinte francos mensais. Cohl, primeiro na arte do filme de desenho, morreu no ano de 1938 em estado de indigência, alguns dias antes de outro pioneiro do filme, a quem a indústria e o progresso reservaram destino igual: George Méliès.

O Filme de Arte

Quando Méliès começava a fazer filmes com "cenas artificialmente arranjadas", defrontava-se com o problema de encontrar elementos que trabalhassem diante da câmera, desempenhando os papéis prescritos pelo cenário. Contava então com o próprio talento e o da sua família, além do concurso de gente do circo, dos *music halls*, acrobatas, palhaços, dançarinas, *girls* e outros profissionais ligados aos espetáculos populares ou às "artes menores". Gente do Teatro, com T maiúsculo, gente do palco tradicional não se humilhava a ponto de participar das maluquices do "pobre irmão" chamado cinema, espetáculo para o proletariado e os espiritualmente menos favorecidos.

Todavia, aos poucos a gente do teatro notava que o cinema, se não era uma grande arte, não deixava de ter rendas razoáveis e ameaçava mesmo tornar-se um concorrente perigoso. Combatê-lo, não era possível. Com demasiado impulso processava-se a sua ascensão. Melhor, portanto, seria tomar conta dele, criar dentro do próprio cinema um campo de atividade para os homens de teatro. Não podendo combater o cinema, disse um encenador, "decidem tirar lucro dele". Além disso, entrava em jogo também o famoso idealismo. Se o verdadeiro teatro tomasse conta do cinema, possivelmente se faria dele uma verdadeira arte. Ao mesmo tempo mostrar-se-ia aos italianos e dinamarqueses que a França ainda era o país nº 1 em matéria de espetáculos artísticos. Eis a idéia dos irmãos Lafitte, fundadores da sociedade que se chamaria Film d'Art. Logo instalavam um estúdio em Neuilly, freqüentado por gente de *haute volée*, grã-finos letrados que sabiam até latim. Os intelectuais vão cuidar da robusta criança que começa a engatinhar, mas que precisa de um ambiente de cultura e *finesse* para adquirir uma educação "bem". Um seleto grupo de literatos e artistas reúne-se no estúdio; Henry Lavedan como diretor literário, Le Bargy como diretor artístico e outros. Até compositores renomados surgem, Fernand Le Borne, por exemplo, e mesmo Camille Saint-Saens, um nome universal. Autores como Jules Lemaître e Edmont Haraucourt. E famosos atores e *vedettes* como Sarah Bernhardt, a encantadora Mistinguette, então ainda jovem, Julie Bartot, Albert Lambert, Firmin Gémier e outros. Fenômeno semelhante iria dar-se mais tarde na Alemanha, onde atores como Paul Wegener, Werner Krauss e Emil Jannings se dedicaram integralmente ao cinema (com mais êxito, contudo, porque tinham mais noção das exigências fílmicas).

96

Depois de um labor agitado, a nova companhia apresenta a 17 de novembro de 1908 o seu primeiro "grande" filme (de 314 metros): *O Assassinato do Duque de Guise*, que além da música de Saint-Saens, tem o mérito de ter reunido, para a sua confecção, expoentes da Academia Francesa e da Comédie Française, coisa realmente extraordinária para o desprezado enteado do teatro.

Os historiadores do cinema costumam julgar com muita mordacidade esse filme e todos os outros que a companhia produziu. Realmente, quem assiste hoje a uma cena do *Duque*, dificilmente conseguirá suprimir um discreto sorriso diante da gesticulação teatral dos atores, diante das frágeis decorações, que tremem aos passos dos figurantes, e diante das evoluções dramáticas dos assassinos (Hollywood encarregou-se de ridicularizar de quando em vez o cinema primitivo, apresentando recortes desses filmes do início do século). A pantomima dos atores, aleijados do seu instrumento principal, a palavra, tende ao extremo; eles batem-se no peito, estendem, desesperados, os braços, como se chorassem o silêncio, cerram os punhos, reviram os olhos, abalam o soalho com os pés e comportam-se de modo sumamente inconveniente. A sua exaltação chega a provocar piedade. O gesto tem de substituir a palavra e o maneirismo teatral procura criar a intensidade que deveria ser transmitida pelo sábio corte e pela agilidade da câmera. Mas as cenas são rígidas, verdadeiros quadros do palco, e os planos tão fixos como se a câmera, estarrecida ante tamanha agitação, tivesse criado raízes no chão do estúdio. Não sem razão escreveu Henry Bordeaux[19]: "Que pena que este cinema não seja teatro!". Pois a idéia fundamental dos homens da Film d'Art – usar o filme como meio de reprodução de peças concebidas em categorias teatrais, fa-

---

19. Henry Bordeaux (1870-1963), advogado, romancista e francês, foi membro da Academia Francesa a partir de 1919 e escreveu obras como *Le pays natal* (1900), *La peur de vivre* (1902), *La petite demoiselle* (1905), *Les yeux qui s'ouvrent* (1908), *La neige sur le pas* (1911), *La résurrection de la chair* (1920) e *La revenante* (1932), dentre outras. A maior parte delas aborda sua região natal, a Savóia, havendo nelas toda uma celebração dos valores familiares e tradicionais.

zendo, portanto, um teatro enlatado –, essa idéia baseava-se num erro completo; ela é errada também hoje, numa época em que o cinema já dispõe da palavra, e se mostrava mais errada numa época em que o cinema era mudo. O teatro, além de ser tridimensional, age principalmente através da palavra que se comunica diretamente entre atores vivos e um público concreto, presente, ao passo que o cinema apresenta reproduções mecânicas e diálogos gravados, inalteráveis em seu ritmo, expressão, intensidade e acento – tudo isso para um público abstrato, "ausente", não havendo nenhuma comunicação direta e viva entre as sombras na tela e o público na sala. O cinema teria, portanto, de descobrir os seus próprios meios de expressão para estabelecer a comunicação intensa que um teatro fotografado não é capaz de proporcionar. O futuro do cinema estava no caminho traçado por E. Porter, não no plano dos homens da Academia Francesa e da Comédie Française. Aos melhores filmes mudos, dum período posterior, não faltava a palavra. A imagem dizia tudo. Somente um teatro mudo, enlatado, justifica a exclamação daquele crítico, diante do mutismo obstinado das silhuetas agitadas: "Pelo amor de Deus, digam qualquer coisa!"

Contudo, situando o filme de arte no seu tempo, deve-se considerar extremas certas opiniões, como por exemplo a de Fernand Léger ("Não esperem coisa alguma desses homens e senhores da Comédie Française"), ou de Bardèche·e Brasilach ("Monumento imorredouro da grandiloqüência e estupidez")[20]. Tratava-se de um "bastardo", segundo a expressão de Lo Duca[21], é evidente, mas de um bastardo que não deixou

---

20. Maurice Bardeche (1909-1998) e Robert Brasilach (1909-1945), escritores que colaboraram com o nazismo na França, sendo o segundo condenado à pena de morte quando do fim da ocupação. Escreveram conjuntamente *Histoire du Cinéma*, cuja primeira edição data de 1935 e foi várias vezes reeditada. Trata-se da primeira história do cinema com uma perspectiva mais ampla.

21. Lo Duca (1910), crítico de cinema nascido na Itália, mas cuja atuação deu-se na França. Além de co-fundador, ao lado de André Bazin e Jacques Doniol-Valcroze, da célebre revista *Cahiers du Cinéma*, escreveu vários livros, tais como *Histoire du cinéma*, *Technique du cinéma* e *L'erotisme au cinéma*.

de ter também a sua utilidade. O filme de arte não só deu ao cinema maior dignidade social e um eco mais amplo na imprensa (e concomitantemente nos bancos), mas canalizou para ele elementos de cultura, *décors* mais adequados (no que se refere à sua precisão histórica) e maior cuidado em narrar uma história com coerência e certa veracidade. Ao mesmo tempo, é preciso observar que a gesticulação dos próprios cine-atores era ainda mais exagerada e estereotipada do que a dos atores do palco. A pantomima destes últimos pecava mais pela sua específica teatralidade do que pelo exagero.

Depois do *Duque*, é rodado *O Retorno de Ulisses*, *O Beijo de Judas* e, mais tarde, já com outra direção, *A Dama das Camélias*, com Sarah Bernhardt, filme que se tornou um grande êxito. Não se deve esquecer também que o filme de arte, embora de pouco valor cinematográfico, e de muita tradição literária e teatral, não só criou um clima favorável ao cinema como também influenciou profundamente cineastas de dons mais especificamente cinematográficos, que sabiam aproveitar os méritos dessa empresa sem seguir-lhe os erros de grandiloqüência e teatralidade.

A tendência do filme de arte foi ainda fortalecida pela fundação de uma sociedade de diretrizes semelhantes, a SCAGL (Sociedade Cinematográfica dos Autores e Homens de Letras)[22], iniciativa realizada por Pierre Decourcelle e Eugène Gugenheim, com o apoio dos banqueiros Saul e Merzbach. Como se vê, as finanças já começavam a cheirar lucros. Essa empresa entra em combinação com autores de fama, pagando-lhes os direitos autorais, e começa a rodar filmes baseados em argumentos fornecidos por obras de autores como Alphonse Daudet, E. Zola, Victor Hugo, Honoré de Balzac, Théophile Gautier, Walter Scott e mesmo Goethe, Schiller, Corneille, Racine e Shakespeare. O primeiro filme é *L'Arlesienne* (Daudet), e seguem-se obras como *Notre Dame de Paris* (Hugo), *Os Miseráveis* (Hugo), *O Rei se Diverte* (Hugo), *Vida de Boheme* (Murger), *Os Mistérios de Paris* (Sue) e

22. SCAGL é a sigla da Société Cinématographique des Auteurs et Gens de Lettre.

muitas outras; o diretor principal é Albert Capellani, que veio da Pathé onde dirigira durante certo tempo Linder. Os artistas são, como no caso do filme de arte, elementos mais famosos, provindos de todos os palcos de Paris.

Os autores, cujas obras fornecem o argumento, recebem um bom honorário, fato que é preciso destacar, pois semelhante sistema, não muito em uso até então, foi adotado mais tarde na América do Norte, sem que se possa dizer que a adaptação de romances, de um modo geral, tenha sido muito mais feliz do que a de peças teatrais, embora se deva reconhecer que a novela corresponde mais ao cinema do que a forma teatral. Tais tendências, destinadas a tornarem o cinema mais "intelectual" e "literário", não deixaram de influenciar, como já foi indicado, os próprios "homens de cinema". Pathé sai com uma "série de arte", Gaumont com uma série de "grandes filmes artísticos", e segue-se uma verdadeira enchente de títulos que parecem ter inspirado os filmes monumentais de Cecil B. De Mille: *Cleópatra, Cagliostro, Semiramis, Moisés, Absalão, Cristóvão Colombo* e semelhantes; e também a Companhia Éclair – uma empresa fundada por Ch. Jourjon e M. Vauval – lança-se à aventura da "grande arte", rodando *Eugène Grandet* (Balzac), *Barberina* (Musset) e outros. Surgem, além disso, inúmeros filmes em torno da vida de Napoleão. Ao mesmo tempo, começam a entrar filmes italianos como *Jerusalém Libertada* (Tasso), *Brutus*, uma outra *Cleópatra, Quo Vadis, Os Últimos Dias de Pompéia, Romeu e Julieta, A Divina Comédia, A Odisséia* etc. Dos Estados Unidos vêm os primeiros filmes *far west,* além de "obras monumentais" do tipo italiano, devendo-se mencionar *Vida de Moisés, Michel Strogoff* e *A Bastilha* (que já tem 944 metros).

Uma reação sadia a toda essa corrente de filmes demasiadamente literários (excluídos naturalmente os *westerns*, aos quais não se pode fazer essa crítica) e de pouco valor cinematográfico é a de Louis Feuillade, da Casa Gaumont, que se esforça por criar um gênero mais realista e mais integrado na vida contemporânea. O que ele pretende é representar, à maneira de Zola, a "vida e as coisas como elas são e não como deveriam ser". Seguindo a rigor o seu programa, Feuillade realiza filmes como *As Víboras*, *A Tara*, *A Força do Dinheiro*, bem como vários estudos da vida da província.

Conclusão

Ao irromper a Primeira Guerra Mundial a França ocupava um lugar predominante no mundo cinematográfico. Mas a Itália e a Dinamarca distinguiram-se, a primeira pela grandiosidade, a segunda pela qualidade dos seus filmes. Dos Estados Unidos começam a sair filmes de aventuras movimentadas e dinâmicas como *As Aventuras de Buffalo Bill* e toda uma série do mesmo estilo *far west* e de *cowboys* (dos quais muitos tornaram-se famosos), tipo de filme imitado também na França. O filme policial e de crimes tornou-se grande moda e é particularmente explorado pela Empresa Éclair. O cinema, invenção nova, não esquece de interessar-se por novas incursões em outros terrenos: o avião, por exemplo. Já anteriormente Zecca, da Pathé, havia sido inspirado pelas ousadas tentativas de Santos Dumont, realizando um filmezinho: *A Máquina Volante*. Agora Feuillade e outros voltam a explorar esse tema, rodando filmes em que o avião desempenha papel de relevo. Quanto aos filmes de detetives, começam a surgir às centenas. Sherlock Holmes, o bandido Zigomar (Éclair), Arsène Lupin, entusiasmam as platéias; os americanos inventam o detetive Tom Dickson, os italianos um tal de Tigris, os alemães Stuart Webbs (diretor Joe May) e a Dinamarca lança no mercado um senhor extremamente misterioso que se chama simplesmente "X".

Em suma, o cinema ia conquistando um lugar sólido no mundo dos divertimentos. Começa a aperfeiçoar lentamente a sua técnica e a sua gramática. De início o cinema engatinha e balbucia. Agora começa a andar e, embora mudo, aprende a falar com nexo e faz as primeiras tentativas de "expressar-se". Não se trata ainda de uma arte autônoma – apenas de um entretenimento popular ou de um meio de reprodução de idéias literárias ou teatrais. Mas aqui e acolá, na França, na Inglaterra, na Itália, na Dinamarca, descobrem-se paulatinamente os próprios meios de expressão do cinema. Já se experimentam os efeitos do corte, os planos próximos, a movimentação da câmera.

A guerra é um golpe tremendo para o cinema europeu. De um salto, a América conquista a supremacia industrial, ao mesmo tempo em que galgou um lugar decisivo na evolução estética do filme, graças ao gênio do primeiro cineasta completo e consciente: David Wark Griffith.

Mae West (1893-1980), uma das grandes atrizes do cinema norte-americano.

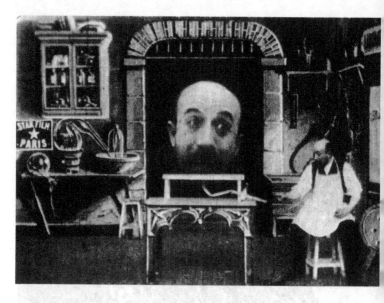

Méliès em *L'homme à la tête de Caoutchouc*, 1902.

Taumatrópio e zooscópio.

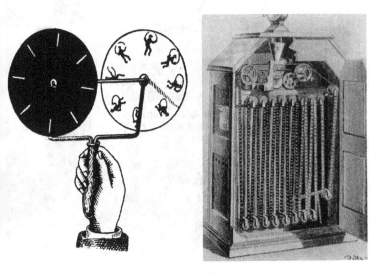

Fanaquitoscópio e quinetoscópio de Edison.

Os estúdios Black Maria.

Interior dos Estúdios Edison: observe-se os vários *sets* de filmagem (cerca de 1912).

Chaplin em *O Pastor de Almas*, 1923.

2. O CINEMA DE 1914 A 1929:
EVOLUÇÃO ECONÔMICA

A guerra transformou a França em campo de batalha, decorrendo daí conseqüências sumamente prejudiciais para a sua indústria cinematográfica. Até 1916, a sua produção decaiu a menos da metade comparada à anterior à guerra, ao passo que a importação, principalmente americana, subiu de modo considerável. Foram os Estados Unidos quem mais lucraram com a guerra, em todos os terrenos econômicos e, naturalmente, no da indústria cinematográfica.

Diante do esgotamento europeu, os Estados Unidos transformaram-se em potência de primeiríssima ordem que, com a abundância dos seus capitais, conquistaram as posições-chave em todo o mundo. Firmas americanas compram grande número de cinemas franceses ou associam-se aos seus proprietários; concedem-lhes créditos com a condição de que eles lhes adquirissem os filmes. Por meio de manipulações sutis e pressões de toda a ordem, infiltram-se lentamente nos mercados da Europa, ameaçando a existência

109

das indústrias cinematográficas nacionais. Tal êxito é possibilitado principalmente pelo fato de que os Estados Unidos são o único país capaz de manter a sua indústria fílmica pela capacidade de aquisição do próprio mercado. Contando então com cerca de 20 mil cinemas, os produtores americanos iriam consumá-lo, amortizando-lhe o preço de custo no próprio mercado interno. Em conseqüência dessa situação privilegiada, podiam oferecer os seus filmes nos mercados externos a qualquer preço, pois toda renda vinda do exterior era lucro fácil e certo. Nenhum país europeu estava na situação privilegiada de poder competir com o filme americano, pois *dependia* da exportação para recuperar o capital empatado na produção, ao passo que os produtores americanos o recuperavam no próprio país.

Fato curioso é que a Alemanha, a maior derrotada da guerra, tornou-se nesse período o único país europeu capaz de organizar uma indústria cinematográfica de certa envergadura. Ainda durante a maior parte da guerra, a Alemanha encontrava-se sob o franco domínio da empresa dinamarquesa Nordisk Film Kompagni, que aproveitava o vácuo deixado pela França organizando produção, distribuição e exibição no país vizinho, no qual se impunha também pela alta qualidade dos seus filmes. Uma reação por parte da Alemanha somente tornou-se possível quando o mundo bancário, induzido pelos êxitos americanos, começou a interessar-se pela nova indústria. Em 1917 foi fundada, com um capital de 25 milhões de marcos, a Universum Film Aktiengesellschaft (UFA), com o apoio de bancos, do Estado e do próprio Exército, instituições que reconheceram a importância do filme como instrumento de propaganda. A seguinte declaração dos fundadores torna bem clara esta atitude:

> Felizmente se constata que se difunde cada vez mais a opinião de que o filme não tem só fins de distração, mas que ele deve corresponder também às necessidades nacionais no terreno da educação e da economia. Eis por que se tornou necessário dar à indústria cinematográfica alemã bases mais sólidas, particularmente do ponto de vista comercial e financeiro, a fim de que, concluída a paz, ela possa entrar na luta com as firmas estrangeiras, cuja influência até hoje tem sido preponderante, servindo-se de armas ao menos iguais, tanto no que se refere ao capital como no tocante à organização.

A grande organização da UFA logo se estendeu em todos os sentidos, vertical e horizontalmente. Incorporavam-se empresas de produção, distribuição e exibição e penetrava-se na própria fabricação de filmes virgens. A ascensão da indústria alemã, acelerada pelo truste EMELKA (Muenchener Lichtspielkinst A.G.), Terra Film A.G. e DECLA-Bioscop (logo fusionada com a UFA), resultou em pesado golpe para a indústria dinamarquesa, golpe de que esta nunca mais se refez. Essa ascensão – que no futuro vai provar não ter bases econômicas sólidas – é favorecida pela fantástica inflação do marco, que permite a exportação do produto alemão a preços sem concorrência, enquanto torna o mercado alemão desinteressante para os produtores estrangeiros. Foi, portanto, a inflação que transformou o dinheiro alemão em papel sem valor, que estimulou o surto do cinema alemão ao intensificar a exportação e ao diminuir a importação, enquanto paralelamente criava as facilidades para a produção de filmes de real qualidade.

Com o fim da inflação e com a estabilização do *Renten-Mark*, decaiu de imediato a exportação, seguindo-se uma inundação do mercado por filmes americanos. As dificuldades financeiras daí decorrentes forçaram a indústria cinematográfica alemã a apelar para o capital americano, que avidamente aproveitou a oportunidade para impor, através da concessão de créditos, as suas condições. Tais processos concretizam-se, por exemplo, no acordo chamado "Parufamet" (contração de Paramount, UFA e Metro), concluído em 1926, por intermédio do qual o grupo americano abre à UFA um crédito de 17 milhões de dólares em troca da obrigação de aceitar determinado número de filmes do grupo americano para distribuição na Alemanha (50% dos programas exibidos pelos cinemas da UFA deveriam ser consagrados à Metro e à Paramount)[1].

---

1. Até hoje é um dos melhores livros dedicados às manipulações econômicas do cinema a obra de Ilya Ehrenburg, *A Fábrica dos Sonhos*. (Há tradução para o português: Ilya Ehrenburg, *Usina de Sonhos*. Rio de Janeiro, Verbum, s.d.). Nesse livro é captada a atmosfera do *big business*, embora se note a constante preocupação polêmica do autor russo, fato que prejudica a sua objetividade. No terreno rigorosamente histórico, recomenda-se a obra

No entanto, a ascensão alemã, não muito sólida e de importância mais estética do que econômica, pouco representa ao lado da fenomenal explosão da indústria cinematográfica americana em conseqüência da guerra; tal aspecto indubitavelmente ganha importância graças também à capacidade comercial e cinematográfica dos antigos Independentes, que estabelecem em Hollywood um verdadeiro império do filme. Aliás, o idealismo liberal e a cooperação dos Independentes, no sentido de "tomar todas as medidas ofensivas para manter um mercado aberto e para combater o monopólio", não é de longa duração. Vencido o Truste – a MPPC –, os antigos Independentes começam a digladiar-se mutuamente, ansiosos pela máxima expansão e dispostos a dominar o mercado de qualquer modo. Luta feroz desenvolve-se em torno do escoamento seguro dos produtos feitos em série, o qual só pode ser garantido por meio da aquisição de empresas de distribuição e de um número cada vez maior de cinemas.

Em breve é deflagrada uma guerra de todos contra todos; os distribuidores, ameaçados como intermediários pela investida dos produtores, compram por sua vez cinemas e tornam-se produtores. E os proprietários de cinemas, ameaçados na sua independência pelos produtores e distribuidores, ingressam por seu turno na distribuição e produção. Seria difícil encontrar melhor ilustração do que a indústria cinematográfica para aquele velho provérbio: *Homo homini lupus* (O homem é como um lobo para o homem).

Não foram propriamente intuitos estéticos, mas causas econômicas – a concorrência – que paulatinamente levaram à produção de filmes de longa metragem. Se "A" fazia um filme de quatrocentos metros, "B" punha todo o mundo em polvorosa com um filme de quinhetos metros e "C" apressava-se em rodar uma fita de 650 metros. Se não chegamos atualmente à produção de filmes de 10 mil metros é somente por causa da capacidade limitada da assistência que não suporta mais do que duas horas de limonada adocicada. Com o surto do filme de longa metragem, começou a funcionar todo

citada de Peter Baechlin, aliás também de tendência marxista, mas no entanto objetiva.

112

um sistema intrincado de leis econômicas que produziram a completa transformação dos hábitos então predominantes no mundo cinematográfico. As despesas subiram enormemente, mas ao mesmo tempo também as rendas, bem como os riscos. Tornou-se necessário aperfeiçoar as instalações dos estúdios, com grande empate de capital. Um filme já não custa de quinhetos a mil, mas de 12 mil a 20 mil dólares. Em 1920, o custo médio de um filme já subira a 60 mil e, em 1929, a 200 mil dólares. Para um cenário já se gastava, então, mais de 10 mil, um diretor ganhava cerca de 35 mil dólares por filme e a estrela abiscoitava por vezes até 100 mil dólares, o que, do ponto de vista do valor intrínseco da colaboração da estrela, é um absurdo, mas perfeitamente normal considerando-se o valor comercial do nome da estrela, valor muito superior ao do diretor, cujo nome não costuma significar nada para o público.

Com o aumento da metragem e a introdução de cenários minuciosamente elaborados progride rapidamente a especialização dos vários departamentos cinematográficos. Agora não é mais uma pessoa que pode realizar um filme de 2 mil metros. Necessitam-se de equipes, de elementos de grande tirocínio em determinado segmento da fabricação fílmica. Há uma diversificação dos serviços, surgem os departamentos comerciais, administrativos, técnicos, de publicidade etc.

Ainda mais incisiva se mostrava a influência do longa metragem no terreno do varejista. Os filmes monumentais, prolongando as sessões, diminuíam o número dos mesmos. Daí a necessidade de salas maiores para manter mais ou menos a mesma quantidade de espectadores. Constroem-se em todo o mundo salas maiores e, somente em 1916, realizaram-se nos Estados Unidos 21 mil transformações, ampliações e novas construções.

Essa sede de ampliações e novas instalações implicou naturalmente também em instalações mais modernas, elegantes e confortáveis. O filme de arte, de que tratamos no capítulo anterior, evidentemente não poderia ser exibido em feiras ou parques de diversões. Ele exigia um ambiente diverso, mais refinado. De outro lado, o aumento de aluguel provocado pelos filmes de longa metragem tornou necessário um aumento do preço da entrada, independentemente da ampliação das salas, que deveria compensar o número inferior de sessões.

Todos esses fatores – filme de arte, salas elegantes, aumento do preço da entrada – fizeram com que o público se modificasse: a burguesia começa a interessar-se, de novo, pelo cinema e, no centro das cidades, surgem "palácios" especialmente construídos para satisfazer uma freguesia tão distinta. Isso por sua vez leva à produção de filmes ainda mais especializados, artísticos e monumentais, fato que provoca um novo movimento em espiral, elevando o preço de custo, de arrecadação, de entrada etc. A conquista da classe média é um dos momentos mais importantes desta fase do cinema; com isso aumentou também o interesse intelectual pelo novo espetáculo, que geralmente se supõe pertencer à classe média.

A gravitação comercial exige, em escala ascendente, o aproveitamento máximo dos estúdios e alta eficiência e velocidade de produção. Só assim é que o capital empatado, baseado na circulação rápida dos filmes, promete amortização segura e satisfatória. Daí o interesse dos produtores pela distribuição, pois é esta que garante o rápido escoamento da mercadoria. A indústria de diversão sempre conta com grandes riscos, pois depende de fatores relativamente irracionais, como gosto da massa, êxito de determinado assunto ou série de filmes etc. Uma marca de sabonete, uma vez aceita no mercado, pode manter um nível de vendas médio se conta com uma propaganda adequada e sabe enfrentar a concorrência. Os fatores irracionais, que naturalmente existem também neste caso, não predominam todavia. Tais fatores incalculáveis não se deixam eliminar, no caso da indústria de diversão. O êxito duma peça de teatro, de uma revista frívola, de um filme, depende de inúmeras imponderabilidades (*imponderabilias*). O risco, portanto, é grande e o capital procura diminuir esses riscos. O nome de uma estrela, uma propaganda bem dirigida, o conhecimento dos gostos atuais da massa (por meio de técnicas que registram a opinião), tudo isso contribui para diminuir o perigo da perda de capital.

A aquisição de circuitos de cinemas garante o escoamento da mercadoria. Essencial, evidentemente, é fazer uma propaganda eficiente e criar gostos e hábitos no público, isto é, diminuir a incerteza da aceitação. Um dos fatores primordiais, que contribuiu para a vitória do cinema sobre o teatro, no sentido econômico, é a circulação constante e regular de filmes acompanhada da propaganda, regularidade que acaba condicionando o gosto e os hábitos do público. Este, finalmente, quer ver exatamente aquilo que o produtor lhe oferece. Importante inovação destinada a diminuir os riscos é o sistema de aluguel *en bloc*, isto é, o arrendamento de uma série de filmes ao exibidor sem que esse os conheça de antemão... Ele adquire, como costumam dizer na Alemanha, *o gato do saco* sem saber qual o aspecto do bicho. Indubitavelmente, há neste sistema certas vantagens, mesmo para o varejista: numa época em que a oferta de grandes filmes é relativamente pequena, fica-lhe garantido o fornecimento regular da mercadoria. Mas as desvantagens para o varejista são maiores: não pode escolher a mercadoria e fica dependendo de determinada empresa, sem poder obter produtos às vezes melhores de outras empresas.

Para os produtores, as vantagens são enormes: não só diminuem os riscos; tendo garantido o escoamento de produtos ainda não fabricados, eles podem manter-se com créditos durante a produção, sem o que, em muitos casos, não seriam capazes de iniciar a realização dos filmes.

O investimento de capitais cada vez maiores para a produção em série de filmes de longa metragem estimulou a "seleção natural" em favor de firmas mais fortes economicamente, embora não sempre interessadas em manter certo nível artístico. As maiores empresas, quer seja partindo da produção, da distribuição ou da exibição, procuraram assegurar-se dos elos da cadeia que lhes faltavam. Assim, impedem a penetração de novos competidores. O capital bancário interessa-se particularmente pela aquisição de circuitos, uma vez que a exibição parece ser o negócio mais seguro... Mas daí esse capital parte, com o tempo, para conquistar os pontos-chave da distribuição e produção. Depois da guerra, os produtores médios, os distribuidores e exibidores independentes têm de ceder, paulatinamente, à pressão dos trustes financeiros, tornam-se dependentes e são absorvidos ou aniquilados. "A concorrência se limita, portanto, a um pequeno número de em-

115

presas, cuja autoridade se estende simultaneamente à produção, distribuição e exploração". (Peter Baechlin, *Histoire Économique du Cinéma, op. cit.*)

Assim, a Famous Players Lasky (Paramount) é financiada pelo Banco Nuhn, Loeb & Cia., a Goldwyn Pictures por Du Pont e a Chase National Bank e Fox depende, naquele período, do Banco Nalsey, Stuart & Cia; à cabeça da Loeb's Inc. encontra-se W. C. Durant, também presidente da General Motors Corp., e Harvey Gibson, presidente do Liberty National Bank.

Pouco após a guerra, as ações de Loew, Pathé e Fox e, em 1925, as da Metro-Goldwyn e da Universal foram negociadas na Bolsa de Nova York. Em vista do custo cada vez mais alto da produção, as empresas cinematográficas têm de recorrer em grau crescente ao capital bancário, fato que faz surgir a função do *producer-supervisor*, o homem que representa os financiadores, mete o bedelho na confecção dos filmes e exige maior estandardização dos produtos a fim de abaixar os custos de produção. É esse fenômeno, essa intervenção de elementos estranhos à criação cinematográfica que explica, em parte, a inundação do mercado por obras feitas em série, das quais uma se assemelha à outra como um ovo ao outro. Por volta de 1927 nota-se a reação do público; alastra-se um grande cansaço entre os *habitués* do cinema, aborrecidos com a má qualidade e a padronização dos filmes. Acresce-se a isso a superprodução causada pela necessidade de produzir a todo o vapor a fim de amortizar os capitais investidos, fato que por sua vez provoca a baixa das tarifas de arrendamento.

A crise que se esboça acelera os movimentos de concentração e a falência das pequenas empresas (muitas vezes as de nível artístico mais alto). Por volta de 1928, sete trustes dominam quase completamente o mercado americano (e com isso o mercado mundial): Fox Film Corp., Warner Brothers, Paramount-Famous Lasky Corp., Universal Pictures Corp., United Artists Corp., First National-Pict., Metro-Goldwyn Meyer Corp. Quase todas essas empresas já perderam, lá pelo fim do cinema mudo, o controle dos seus negócios em favor de bancos ou de corporações industriais importantes, tendência que iria acentuar-se com a introdução do filme sonoro.

116

O mesmo fenômeno de concentração e trustização se constata na Europa, particularmente na Alemanha, onde esse movimento se realiza com o fito de se suprimir a concorrência interna e de resistir à competição externa. A UFA, reorganizada em 1927, torna-se, em grau crescente, um instrumento das altas finanças dos Hugenberg, Thyssen, Wolf e do mundo bancário (Von Strauss – Deutsche Bank – Bodenholmer – Darmstaedter und National Bank etc.), I. G. Farben, que por sua vez dominam a Terra-Film. Estas potências conquistam influência decisiva não só no sentido econômico, mas também na confecção artística pela intervenção direta na organização dos programas.

Mas, pelas razões já expostas, a indústria alemã não consegue eliminar ou enfraquecer a posição do filme americano no mercado europeu e nem mesmo no próprio mercado. O sistema de quotas ou de trocas proporcionais introduzido por alguns países para reduzir o predomínio americano e para estimular a própria indústria dá só resultados precários. Os americanos estabelecem filiais em todas as cidades importantes e, no caso de encontrarem obstáculos no caminho de sua expansão, criam filiais de produção ou associam-se a produtores locais. Em casos extremos ameaçam cortar por inteiro o fornecimento de fitas, medida que significaria a ruína dos exibidores que não podem abastecer-se, na medida do necessário, com a produção nacional ou européia.

No entanto, a concentração e o predomínio dos trustes conseguem apenas acelerar a crise, devido ao baixo nível qualitativo da produção e à enorme oferta quantitativa. É essa situação desesperadora que impõe aos magnatas a introdução de qualquer novidade capaz de captar de novo o público minguante. A Warner Brothers, diante da falência iminente, põe tudo numa cartada. Emprega os últimos capitais e créditos na produção de filmes sonoros. E assim o filme começa a falar e a cantar, não por alegria ou porque tivesse só agora descoberto as suas possibilidades acústicas. Todas as invenções necessárias já tinham sido feitas ao menos uma década antes. Mas ninguém pensava em aproveitá-las, em gastar grandes somas na introdução de novos recursos enquanto os negócios andavam muito bem para o filme mudo. Além disso, o filme

117

falado em determinada língua poderia ser distribuído em países de fala diferente? Não obstante, a aventura da Warner alcançou êxitos incríveis. As outras empresas viram-se forçadas, a contra-gosto, a seguir o exemplo da concorrente. Dessa forma, o filme começa a "cantar" por preocupação e medo, como aquele rapaz medroso que começa a assobiar ao atravessar uma floresta escura. Atualmente, o cinema tem uma nova invenção na gaveta – o filme de relevo, a fita "tridimensional". Mais uma crise e vamos ter o cinema plástico. A simples ameaça da fome transformará as sombras em figuras rechonchudas.

Fritz Lang dirige *Metropolis* (1927), distribuído pela Parufamet.

Fritz Lang dirige *Metropolis* (1927), distribuído pela Parufamet.

Set de *Rosita* (1923): a partir da esquerda Charles Chaplin, Ernst Lubitsch, Mary Pickford e Douglas Fairbanks.

Gloria Swanson e Raoul Walsh em *Sadie Thompson* (1928), baseado em *Chuva*, de Maugham.

3. O FILME SONORO

Época Silenciosa – Por que Música?

Já na época do cinema mudo a música se tornara indispensável para a apresentação duma fita. A explicação do motivo dessa necessidade, num filme mudo, não encontra, talvez, tanta dificuldade como no caso do filme falado. Alega-se, por exemplo, que a música, no início, não veio satisfazer um impulso artístico, mas a simples necessidade de encobrir o ruído do projetor, visto que naquela época "pré-histórica" do cinema não havia ainda paredes entre o aparelho projetor e a sala de espetáculos. Com efeito, esse ruído desagradável perturbava consideravelmente o prazer visual. Por conseguinte, os proprietários de cinema recorreram desde o início a pianistas e logo em seguida a orquestras (também a órgãos especiais), neutralizando o som desagradável por um som mais agradável (Kurt London).

Realmente, o ruído do projetor se afigurava não só desagradável e perturbador, mas acentuava, de modo drástico, o desumano e mecânico do espetáculo, criando assim uma sensação de extremo desconforto e mal-estar. O ruído mecânico do projetor ressaltava o efeito fantasmagórico da imagem de duas dimensões, a agitação de sombras irreais na tela que imitavam a vida de seres humanos, tridimensionais. A agitação de espectros imitando seres vivos numa tela – tal fenômeno não podia deixar de chocar e mesmo de aterrorizar a audiência. Segundo Hanns Eisler, a música, pela magia que lhe é própria, conseguiu exorcizar a angústia dos espectadores, ajudando-os a amortecer o choque que sentiam ao se depararem com sombras em movimento. E essa angústia foi ainda aumentada pelo fato de a assistência, ao observar as máscaras gesticulantes, identificar-se com essas criaturas, sentindo-se ameaçada pela mesma terrível mudez que tornava aquelas sombras tão grotescas e horrorizantes. (O costume naturalmente teria diminuído esse efeito de choque, mesmo sem a presença da música). Portanto, "a música foi introduzida como uma espécie de antídoto contra a imagem", segundo a expressão de Eisler. "A música cinematográfica corresponde ao assobiar de uma criança na escuridão – ao desejo inconsciente de afugentar os fantasmas por meio do som."

Mas a música não só exorcizava a angústia dos espectadores, ela também proporcionava aos espectros a vida que lhes parecia faltar. (É preciso pensar nas primeiras produções, em que os personagens se agitavam como bonecos desajeitados). Ela munia-os da terceira dimensão, dava-lhes fundo e plástica, humanizava-os e transmitia-lhes o sopro divino, a alma de que careciam.

Não admira, portanto, que os proprietários de cinema logo de início recorressem a pianistas ou pequenos conjuntos orquestrais, seja pelos motivos expostos, instintivamente notados, seja para distrair a atenção do público das imperfeições das primeiras películas. Tais pianistas e orquestras, recrutados entre os músicos de cafés, restaurantes e hotéis, costumavam tocar quaisquer peças do tipo "música de salão", sem nenhum nexo com o enredo, a atmosfera, o ritmo, a montagem e o sentido do filme. Uma cena de alta dramaticidade podia ser perfeitamente acompanhada de uma melodia alegre e uma cena hilariante por uma marcha fúnebre – e isso natu-

124

ralmente sem intenção irônica, como mais tarde foi feito, mas por simples coincidência. Nos intervalos acústicos, quando a orquestra se retirava para descansar ou tomar um chope, entrava em função um pianista de certo nome, e tal uso contribuiu para um ligeiro progresso no terreno da música cinematográfica. Pois a orquestra, conjunto pouco flexível e de diminuta capacidade de improvisação, necessariamente tocava peças de antemão escolhidas, sem conhecimento do filme, ao passo que o pianista podia permitir-se variações e improvisações segundo as seqüências das cenas que se desenrolavam na tela e que alguns artistas audazes do teclado muito cedo tentavam acompanhar com improvisações adequadas, orientando-se pelo próprio desenrolar do filme e das cenas projetadas. Com efeito, foram esses solistas que pela primeira vez procuraram "criar atmosfera" através da sua música.

Os Primeiros Progressos

Esse procedimento foi em seguida adotado pelas orquestras, embora de uma maneira um tanto estranha. O dirigente aguardava o início da película e depois de verificar o teor das primeiras cenas, projetadas em completo silêncio, dizia aos seus músicos o título da peça a ser tocada (ou o número combinado), escolhendo naturalmente alguma peça do "estoque" de músicas em poder do conjunto. No decorrer do filme, o dirigente, seguindo o seu desenrolar, costumava interromper várias vezes a execução para escolher outras peças, mais adequadas às cenas, e nesses intervalos o pianista entrava em função, improvisando seqüências mais ou menos adaptadas para preencher o intervalo em conseqüência da transição entre uma e outra peça.

Numa fase já mais adiantada, dava-se ao dirigente uma noção geral do filme, com o objetivo de facilitar-lhe o preparo duma adaptação prévia do seu programa musical ao enredo e ao teor geral da película. Com isso se realizavam as primeiras tentativas de uma real "sincronização" entre a obra visual e o acompanhamento acústico. Os editores de música começavam a interessar-se por este novo campo de atividades, empregando compositores que se especializaram na criação de uma música de fundo estandardizada, capaz de ser convenientemente adaptada às cenas de terror, angústia, espera, transbordamento sentimental, amor, paixão violenta, ciúme, irritação, paisagem serena, paisagem de tempestade etc. Por volta de 1920 já havia um "estoque" completo de músicas de fundo destinadas a acentuar o conteúdo emocional, a dramaticidade ou a comicidade das mais diversas obras cinematográficas. Usavam-se também motivos característicos como identificação de personagens, etiquetando-se assim o herói, a heroína, a figura cômica etc.; esse recurso do *leitmotiv*, hoje perfeitamente antiquado, só raramente é usado nos bons filmes atuais, excetuando-se filmes grotescos como, por exemplo, os de Laurel e Hardy e semelhantes, ou motivos em que se quer realçar o momento humorístico. Já então se recorria de quando em vez à composição de partituras especiais para uma produção de mérito; todavia, como geralmente não havia, por falta de compositores especializados, partituras especiais, costumava-se enviar os filmes com um rol contendo indicações exatas a respeito das peças musicais mais adequadas às diversas cenas da película. Assim, as boas obras cinematográficas geralmente eram distribuídas com compilações musicais cuidadosamente elaboradas, segundo princípios determinados por uma experiência cada vez mais ampla.

A Literatura sobre Música para o Cinema Mudo

Os problemas musicais preocupavam os cineastas quase desde o início, uma vez que logo se reconheceu a importância do acompanhamento musical para o êxito dum filme.

Assim apareceu, em 1908, um artigo (em *Moving Picture World*) sobre uma orquestra de um só homem, com instrumentos colocados ao alcance do pianista, para enriquecer o acompanhamento musical. Mme. Pilar-Morin, estrela do filme silencioso, escreveu já em 1910 um artigo no mesmo periódico, advogando partituras especiais para acompanhar as películas. No mesmo ano apareceu outro artigo nesse periódico destacando a distribuição de um rol musical feito para o filme *Il Trovatore* (1910, França, Pathé), para facilitar ao pianista o trabalho. As obras que aparecem sobre esse assunto pretendem geralmente dar instruções práticas aos dirigentes ou pianistas. A esse gênero pertence, por exemplo, a obra de Eugene A. Ahern, *What and How to Play for Pictures* (*O que e como Tocar para Filmes*, de 1913). Contra o uso do órgão apareceu em 1910 um artigo no periódico acima mencionado, realçando a incongruência estética na aplicação desse instrumento, associado à música sagrada, às necessidades melodramáticas de obras cinematográficas. W. Stephen Bush, num artigo aparecido igualmente no *Moving Picture World* (1911), advoga arranjos musicais especiais para acompanhar filmes, destacando a música de Wagner, com a sua ampla escala de expressão emocional, como especialmente adequada a fins cinematográficos.

Já em 1916, Burr C. Cook, num artigo intitulado "Fitting Music to the Movie Scenes" ("Adequando a Música a Cenas de Filme"), discute a crescente preferência dada a composições especiais, referindo-se particularmente à partitura para *The Birth of a Nation* (*Nascimento duma Nação*, 1915) e às contribuições musicais para obras cinematográficas de compositores como Victor Herbert e Engelbert Humperdinck. Em 1916, o compilador da música para o filme mencionado, Joseph Carl Breil, divulgou as suas experiências e impressões pessoais colhidas em compilações e criações, como as partituras para vários filmes (*Rainha Elisabeth*, 1912, *Cabíria*, 1913, *The Birth of a Nation*, 1915, *Intolerance*, 1916). Deplorando o estado presente, então, da música cinematográfica, prediz que os produtores irão dar preferência, no futuro, a partituras originais. Sugere que o compositor tente "substituir a ausência da palavra" nos filmes por meio da música.

Nos anos subseqüentes sucedem-se em grande número artigos e ensaios pragmáticos em periódicos e jornais especializados, com o fito de dar instruções precisas para "combinar a música com a atmosfera do filme", geralmente com referências concretas a filmes de grande êxito e às suas respectivas compilações musicais. Um tema que muito preocupa os cineastas é o uso do órgão, cujas possibilidades sonoras muito cedo foram aproveitadas para fins cinematográficos. O uso do órgão generalizou-se durante certo período, tornando-se, por ocasião de estréias ou da apresentação de grandes produções cinematográficas, costume o emprego deste instrumento mesmo para apresentar aberturas musicais executadas por célebres virtuosos do instrumento. Transparece aqui a preocupação de associar ao filme mudo o elemento humano, apresentando seres humanos em carne e osso. Assim, por exemplo, o filme de Chaplin, *The Gold Rush* (*Em Busca do Ouro*) foi apresentado em Berlim (1925), no Capitólio, com uma introdução musical executada por um grande organista e uma dança simbolizando a sedução do ouro, executada por uma bailarina afamada pelo nudismo das suas criações coreográficas.

São dignas de nota ainda obras como a de George W. Beynon, *Musical Presentation of Motion Pictures* (*Apresentação Musical de Filmes*, 1921), dando uma sinopse da evolução da música cinematográfica de 1903 a 1921, indicando os princípios básicos da compilação e condução de partituras orquestrais para o filme silencioso; a *Enciclopédia Musical para Filmes*, de Erno Rapes (1925) – um manual de música cinematográfica organizado alfabeticamente segundo atmosfera e clima emocional a serem ilustrados pela música, com sugestões minuciosas no tocante ao tratamento musical de *flash backs*, ruídos, cenas humorísticas etc.; e muitas outras, além de inúmeros artigos publicados nos periódicos especializados.

A Derrocada do Filme Silencioso

Na terceira década o filme silencioso já conquistara um lugar definitivo na indústria de entretenimento. Como arte, desenvolvera ao máximo o poder expressivo da imagem e do movimento rítmico das seqüências. Compositores de grande fama, de real valor, sentiam-se atraídos pela boa remuneração e pelas possibilidades estéticas oferecidas pela Sétima Arte. Mesmo um grande compositor como Richard Strauss dirigiu a sua própria partitura no Tivoli de Londres para a película *Der Rosenkavalier*. Johann Strauss, descendente do rei da valsa, foi a Londres para dirigir a orquestra que acompanhava a projeção duma película baseada na vida do seu célebre ancestral.

No entanto, a arte cinematográfica, intimamente ligada à técnica e às imposições comerciais, não podia manter-se afastada dos progressos técnicos, cuja aplicação se impunha mais por motivos comerciais do que por motivos estéticos. Com efeito, em 1925-1926 o filme mudo já conquistara tal domínio dos seus meios de expressão que os textos explicativos, intercalados, quase se tornaram supérfluos; o filme falado, sobrecarregado de diálogos, não foi, portanto, uma necessidade íntima, mas uma imposição externa da técnica e do fetichismo dos industriais, que não desejavam deixar escapar nenhum aperfeiçoamento técnico por medo da concorrência e na esperança de conquistar um público mais amplo.

Por volta de 1930 veio a derrocada definitiva do filme mudo, com todas as conseqüências trágicas para inúmeros músicos especializados, integrantes dos conjuntos orquestrais dos cinemas. Até hoje existem numerosos cineastas que consideram o filme mudo esteticamente superior ao filme sonoro. Com efeito, o som é, de certa maneira, um elemento estranho e superposto que, manejado de maneira inadequada, pode tornar-se – e freqüentemente se torna – de efeito nocivo do ponto de vista da imagem rítmica, que é a essência da arte cinematográfica. Em inúmeros casos o som destrói a unidade da imagem móvel montada em seqüência rítmica, perturbando gravemente a linguagem visual pela intromissão de elementos que desviam a arte cinematográfica dos rumos traçados pela sua própria essência. A fala dos personagens seduziu os diretores não somente no sentido de entregarem à língua acústica a elucidação dos estados psíquicos dos personagens e dos acontecimentos, ao invés de traduzirem tais momentos em imagens: é oportuno observar que, além disso, a própria imperfeição dos meios técnicos de gravação prejudicava, no início, a mobilidade e a expressividade da câmera, devido ao enorme acréscimo de aparelhamento sonoro. Com efeito, nos primórdios do filme sonoro todo o mecanismo complexo de gravação costumava funcionar simultaneamente com a câmera, dificultando sobremaneira as tomadas visuais.

Do ponto de vista estético, pode-se também levantar dúvidas no que se refere à viabilidade dum *Gesamtkunstwerk*, duma "arte total", aquele anseio romântico de Wagner que na sua ópera queria reunir, por assim dizer, todas as artes, na esperança de somar os "efeitos" estéticos ao somar o maior número de artes, quais sejam: poesia, arte cênica, pictórica, decoração e iluminação e a música. No entanto, o relativo êxito de Wagner é um caso singular. A soma de todas as artes não produz uma obra de arte maior. Cada arte tem os seus próprios meios de expressão e alcança o máximo se, dentro de sua esfera, manipular os próprios meios com a máxima perfeição. A confusão entre as artes é um vício romântico. A literatura não deve "pintar", a poesia não deve pretender imitar a música, a música não deve "descrever" ou "ilustrar" etc. Tampouco pode o cinema pretender tornar-se "arte sintética", como Aldous Huxley sugeriu na sua admirável obra *Admirável Mundo Novo*, em que se assiste a filmes olfativos e "palpáveis", de tal maneira que os espectadores aspiram o perfume e sentem os beijos dos personagens na tela.

A discussão em torno do filme sonoro continua viva até hoje. Ainda recentemente saiu a segunda edição da obra *Histoire du Cinéma* (Robert Brasillach e Maurice Bardèche), em que os dois autores afirmam que o filme sonoro matou a arte cinematográfica. Tal opinião foi também recentemente expressa por Otto Maria Carpeaux, conhecido crítico de arte, que afirma que a técnica, introduzindo a fala e o diálogo no cinema, matou essa nobre arte. O erro fundamental dos técnicos, ao imporem à imagem a palavra e o som, teria sido a intenção de tornar o filme mais realístico. Ora, o filme, segundo a opinião do mencionado crítico, é a arte do sonho e da metáfora visual, tendo como meio de expressão imagem *plus* ritmo. Não há dúvida de que essa opinião, embora em parte correta, peca pelo excesso. O filme sempre contou com tendências realistas e "surrealistas" ou oníricas, e tais tendências continuam vivas também no cinema sonoro, que já produziu belíssimas obras nada realistas, como por exemplo *La Belle et la Bête*, de Cocteau, e muitas outras. De outro lado, é preciso reconhecer que a suposição de certos cineastas de que o som aumenta o "realismo" dos filmes é no mínimo ingênua. Não vale a pena entrar numa discussão do conceito de realismo em arte; certo é que nunca poderá ser objetivo da arte reproduzir a realidade fenomenal, copiando-a, pelo simples fato de que não existe arte sem estilização e sem certas convenções de expressão.

Em favor do cinema sonoro pode-se aduzir que o filme silencioso nunca foi silencioso: sempre usou e abusou da música. Não havia diálogos, mas geralmente havia textos intercalados, para explicar tais e tais acontecimentos, recurso nada superior ao do diálogo. A combinação de música, ruído e língua no filme sonoro aumenta a possibilidade de criar "silêncio", da mesma forma como a cor (quando se souber usá-la) aumentará a possibilidade de criar o efeito da "ausência de cor" para descrever o cinzento das cidades, de bairros pobres ou de dias chuvosos etc. A gravação da música – embora inferior à presença real da orquestra – permite uma sincronização muito superior com a apresentação de músicas originais executadas por orquestras de primeira categoria (isso em casos ideais). Mesmo um artista como Chaplin convenceu-se das vantagens do som, e embora o uso da palavra no seu primeiro filme falado (*O Grande Ditador*) tenha sido um fracasso, deve-se reconhecer a qualidade de seu *Monsieur Verdoux*, cujas cenas finais com aqueles tremendos diálogos na cadeia e no tribunal certamente não teriam sido superiores com textos intercalados.

Os Inícios do Cinema Sonoro

Contudo, o cinema sonoro é um fato e é ocioso discutir o seu maior ou menor valor estético comparado ao do cinema silencioso. Foi nos anos 1925-1926 que, particularmente nos estúdios da Warner Bros., iniciaram-se os experimentos em torno do filme sonoro, conduzidos principalmente por Nathan Levinson, hoje engenheiro-chefe de som na Warner Bros. A empresa montou o primeiro estúdio dos *talkies* na Manhattan Opera House de Nova York.

Surgiram, então, problemas inteiramente novos. As dificuldades de sincronizar som e imagem pareciam intransponíveis, já pelo fato de que a técnica do filme mudo exigia, a fim de evitar a monotonia, uma extrema mobilidade da câmera, com muitas mudanças de ângulos e quadraturas, rápido câmbio de *long shots*[1] e *close ups*, tornando a gravação simultânea e adequada quase impossível. Assim, não é nenhum milagre que a tomada visual e acústica dum artista cantando alguns trechos duma canção tenha chegado a durar vinte horas. Pois no início não se gravava toda a canção, separadamente, mas segundo os preceitos do filme silencioso, aos pedaços, acompanhando sempre as tomadas visuais, cortando a gravação depois de três ou quatro compassos, de acordo com o *cut* visual. O cantor, numa dada posição da câmera, cantava, portanto, um ou dois compassos, o diretor gritava *cut!*, depois a câmera era deslocada e o pobre do cantor prosseguia na sua atuação, cantando mais alguns compassos até o próximo corte, e assim por diante. Mesmo a música de fundo – a música "fora da tela" – era gravada de conformidade com esse sistema desesperadamente desajeitado. O conjunto orquestral, colocado fora do *set*, tocava alguns compassos, enquanto os atores desempenhavam os seus papéis simultaneamente diante da câmera; as deslocações da câmera destinadas a variar os ângulos e quadraturas exigiam da orquestra uma execução em prestações devido aos constantes cortes. Um outro método, logo introduzido, para evitar graves inconveniências de sincronização, era o de fazer funcionar, ao mesmo tempo, certo número de câmeras de ângulos diversos, em posição de *long shot, medium shot*[2], *close up*, tudo funcionando em sincronização com o equipamento de gravação (na-

---

1. Na classificação de língua inglesa, *long shot* especifica a tomada feita a uma distância considerável do objeto. Um *long shot* de uma figura humana é aquela na qual a figura inteira aparece menor que a altura da tela.

2. Na classificação de língua inglesa, *medium shot* especifica a tomada feita com a câmera mais próxima do objeto do que para um *long shot*, mas não tão próximo quanto para um *close up*. Em relação à figura humana, corresponderia a uma tomada da figura humana aproximadamente da cintura para cima.

quela época discos). Em seguida, eram escolhidas as tomadas mais convenientes e mais perfeitas, e montadas de modo a apresentarem uma seqüência de ângulos variados. Assim, todas as câmeras funcionavam durante todo o tempo, gastando enormes quantidades de celulóide. A combinação de vários cortes, sem que fossem destruídos a seqüência e o equilíbrio sonoros, implicou tamanhas dificuldades que logo se passou a recorrer a um novo especialista, o *sound cutter*, o cortador do som, encarregado de observar a perfeita sincronização entre imagem e som.

Outra dificuldade, segundo Levinson, era a sincronização precisa de música e imagem em conseqüência da falta de dirigentes especializados para esse mister. Tornou-se necessário compor músicas originais para cada seqüência, devendo o tempo de execução musical coincidir rigorosamente com o tempo de projeção de cada cena.

Ouçamos as palavras do próprio Nathan Levinson a respeito desse assunto:

> Isso envolveu a composição de partituras especiais. O Dr. William Axt e Mr. Davis Mendoza gastaram horas fiscalizando e controlando o tempo de *Don Juan* (o primeiro filme público a ser sincronizado com partitura e efeitos musicais) a fim de comporem o tema musical. Depois, o Dr. Henry Hadley, dirigindo a Orquestra Filarmônica de Nova York, tinha de estudar a fita e a partitura, ensaiando-a dezenas de vezes com o auxílio dum cronômetro a fim de garantir que a execução musical estivesse sincronizada em todos os detalhes com a imagem.

O inconveniente da gravação nos discos de dezesseis polegadas então empregados era enorme, visto não se usar ainda o método de gravação em fitas ou filmes.

Outro problema era o dos ruídos. Qualquer vibração, qualquer barulho no estúdio, um ataque de tosse, exclamações casuais de técnicos ou diretores não acostumados aos novos métodos arruinavam dezenas de metros de celulóide e quantidades correspondentes de discos. Os pioneiros americanos no seu estúdio na Ópera de Manhattan, por exemplo, foram levados quase ao desespero devido à construção de um trecho do metrô nas proximidades, com o emprego de máquinas pneumáticas. A percussão provocada por esses aparelhos diabólicos era tão forte que os pobres cineastas tinham de trabalhar nas horas mortas da madrugada, durante semanas a fio para, naquele silêncio de ouro, poderem criar o seu filme sonoro.

Foi assim que a Warner produziu o filme mencionado, apresentando-o finalmente a 6 de agosto de 1925. Só depois de terem, após essa ousada experiência, avaliado as possibilidades das novas conquistas técnicas, Levinson e os seus homens da Warner se arriscaram a pensar em mais amplos empreendimentos. Transferiram-se para Hollywood e construíram dois estúdios especialmente adaptados, instalando dois canais para gravação de discos. Tendo preparado o equipamento técnico, meteram mãos à obra para produzir a primeira grande obra sonora, *The Jazz Singer*, com Al Johnson como ator principal e com Alan Crossland como diretor. O filme foi apresentado pela primeira vez em outubro de 1927, e não obstante tratar-se duma produção hoje superada no que se refere à técnica e ao valor artístico, representa, sem dúvida alguma, uma imensa realização, fruto de uma tenacidade e perseverança verdadeiramente heróicas.

Progressos Técnicos

Muito logo, porém, verificou-se que as desvantagens e dificuldades decorrentes da realização simultânea de tomadas visuais e gravação eram demasiadamente grandes. Além dos obstáculos técnicos, sofriam necessariamente a execução artística e o desempenho, no momento em que o artista cantava diante da câmera enquanto a orquestra tocava a uma distância de vinte metros, fora do *set*. Outrossim, a qualidade sonora sofria terrivelmente em conseqüência das péssimas condições acústicas existentes nos estúdios cheios de aparelhos e equipamentos utilizados para as tomadas visuais. Particularmente os grandes espelhos e refletores, os *niggers* (como dizem na Inglaterra), prejudicavam barbaramente o som, provocando reverberações, múltiplos ecos e borrando a nitidez do som.

Gradualmente, os pioneiros da fita sonora passaram à pré-gravação das canções e à pós-gravação da música de fundo (sistema ainda hoje geralmente usado, embora com variações segundo o estúdio).

O cantor ou o ator podem assim concentrar-se totalmente na execução vocal sem a necessidade de, ao mesmo tempo, comportar-se com perfeição diante da câmera, que descobriria, nas tomadas aproximadas, com a crueldade própria à objetiva, certos traços desagradáveis à vista, quais sejam deformações da boca, veias inchadas do pescoço em conseqüência do esforço vocal etc. A gravação, portanto, é freqüentemente feita num estúdio especial, perfeitamente preparado para dar o melhor rendimento acústico. No sistema de "pré-gravação", o disco é preparado, hoje na realidade uma fita de metal ou um filme especial. Depois, durante as tomadas, esse "disco" é tocado a fim de que o artista possa representar visualmente o movimento dos lábios, os movimentos e ações, sincronizando-os precisamente com o "disco". O sistema de "pós-gravação" é de preferência usado para o registro da música de fundo, depois de ter sido realizada a obra da câmera com cuidadosa marcação de tempo. Depois, passando o filme, a orquestra sincroniza a música.

Para o filme *Cordas Mágicas*, por exemplo, as gravações de solo de violino foram feitas por Yehudi Menuhim antes de iniciada a produção da película. Cada cena foi de início calculada com rigor, tendo sido o arranjo musical feito e executado de acordo com tais cálculos. Stewart Granger – o Paganini do filme – submeteu-se ao mesmo tempo a um aprendizado penoso para sincronizar perfeitamente os movimentos dos dedos a fim de dar ao público a impressão de que quem toca é ele, e não o grande virtuose do violino, Yehudi Menuhim.

Com o aperfeiçoamento da técnica chegou-se a usar, particularmente em Hollywood, o sistema dos canais múltiplos de som. Tendo-se de gravar, por exemplo, a voz dum solista, a execução dum quarteto vocal, dum coro e de uma grande orquestra sinfônica – caso freqüente nas revistas musicais – são distribuídos vários microfones por sobre a orquestra, colocando-se para cada seção – voz do solista, quarteto vocal, coro, orquestra, – microfones especiais. Cada seção, separada da outra por paredes transparentes, impermeáveis ao som, é gravada separadamente no seu canal particular. Assim se obtém quatro negativos de um só conjunto musical, fato que facilita enormemente a posterior mistura, equilíbrio e harmonização do conjunto sonoro, obra realizada por engenheiros de som. O mínimo erro cometido numa seção, num sistema de um só canal, tornaria necessária a repetição total. O sistema de múltiplos canais possibilita a repetição parcial. Se um trêmulo de um solista, uma coloratura sai imperfeita, não é preciso reunir de novo dezenas de componentes da orquestra sinfônica, além do coro etc. O solista sozinho pode repetir sua parte até conseguir uma execução perfeita. Desta forma alcança-se uma execução modelar de todas as seções, aumentando ou diminuindo, se necessário, o volume sonoro de cada seção, cortando, misturando e manipulando os ingredientes do coquetel acústico segundo o gosto dos responsáveis. Consegue-se, portanto, um máximo de equilíbrio, de "perspectiva" musical, além de se poder introduzir, posteriormente, com facilidade, qualquer alteração na orquestração ou nos pormenores da execução vocal.

Quanto à sincronização, atingiu-se uma destreza absoluta. O som, como se sabe, é transformado pelo microfone em ondas elétricas, as quais, por sua vez, são transformadas em linhas e "desenhos" registrados no filme, quer sejam linhas verticais (vales e colinas), quer sejam linhas horizontais. Um especialista é perfeitamente capaz de "ler" tais linhas e indicar em qualquer momento, ao ver um trecho desse "padrão", qual a canção gravada e quais as palavras proferidas em dado trecho. Mas tal habilidade não é necessária para a sincronização. Foram desenvolvidas técnicas perfeitas para estabelecer uma exata sincronização entre música, diálogo, ruído, solistas e os movimentos visuais dos artistas.

Em estúdios menores emprega-se eventualmente um sistema de gravação sucessiva de um grande conjunto de orquestra, coro e solistas. Grava-se, por exemplo, primeiramente a orquestra, depois o coro (usando o dirigente fones individuais) e finalmente o solista, ouvindo o artista a gravação da música para sincronizar a sua execução com a do conjunto. Assim se obtêm três negativos com as vantagens daí decorrentes.

136

A grande figura do estúdio acústico é o engenheiro de som, um verdadeiro cozinheiro que mistura e compõe os vários elementos sonoros e do qual depende o equilíbrio e o tempero do produto final. É ele ou os seus ajudantes quem amplia o volume das vozes de estrelas de voz fraca e quem diminui o volume de vozes demasiadamente poderosas, sentado diante dos seus controles que regulam o volume do som. É ele quem conhece a voz de cada ator e quem lhe aplica a "maquilagem" necessária para extrair-lhe o máximo efeito. Os vários elementos da equipe de som estão em constante contato, por telefone ou por meio de sinais luminosos, havendo comunicação constante entre os manipuladores dos microfones fixados em compridos braços de metal[3] para poderem captar, de maneira adequada, a voz ou a execução dos artistas. A captação e o tratamento do som tornaram-se uma verdadeira ciência que tem de solucionar muitos problemas: a combinação do diálogo, música e ruído; a manipulação inteligente da voz nos *long shots* ou *close ups*; a perfeita mistura de diversos sons que o ouvido humano, dirigido pela atenção, seleciona, mas que o microfone "ouve" de modo "democrático", não dando preferência ao que interessa ao público. Assim, por exemplo, o ouvido humano, afetado por uma voz humana e simultaneamente pelo ruído monótono de um ventilador, seleciona e ouve de preferência a voz e é surdo ao ventilador. O microfone, no entanto, igualitário como é, presta a mesma atenção a ambos os sons de modo a transmitir ao disco uma versão "exagerada" do ventilador, que assim tende a prejudicar a audição da voz. Além do mais, certos ruídos impressionam o microfone de modo muito mais intenso do que o ouvido, não havendo perfeita analogia. Todos esses problemas são solucionados pelo engenheiro de som[4]. Além das questões já mencionadas, há a dos ruídos em geral.

3. Vulgarmente conhecido como "girafa", tendo evoluído na década de 30 para o que ficou conhecido até hoje como *boom*, ou vara, à qual se prende o microfone, sendo manipulada pelo microfonista em relação à fonte sonora.
4. Com o tempo, tal função ficou a cargo do "editor de som", responsável pela edição de diálogos, efeitos, ambientes e músicas. Os elementos selecionados pelo editor de som são combinados posteriormente na mixagem,

O ruído é um fator muito mais importante nas fitas do que geralmente se imagina, particularmente nos jornais cinematográficos, documentários etc., em que explosões, ruídos de vento, de mar, de incêndios, de cavalos em disparada, de multidões, desempenham um papel maior do que o da música. Mesmo nos filmes de enredo a música de fundo já não se esforça mais, em geral, por "pintar" os ruídos da natureza, visto que o ruído natural obtém efeitos muito mais adequados. Boa parte duma fita de enredo apresenta ruídos da vida quotidiana, como abrir e fechar portas, passos dos personagens, ruídos de rua etc. Boa parte dos ruídos, particularmente nos jornais (assim como a voz do locutor e a música de fundo) e documentários, é sincronizada posteriormente, com o auxílio dum arquivo especial – a discoteca de ruídos, parte importante de todo estúdio. A maior parte dos ruídos, hoje, costuma ser natural, isto é, ouve-se o ruído real, embora posteriormente sincronizado. Um tiro de pistola já não costuma ser imitado pela pancada duma bengala sobre um pedaço de couro; os cocos já foram aposentados, em geral, e não imitam mais o ruído das patas de cavalo. Mesmo um trovão – o inimigo $n^{\underline{o}}$ 1 do microfone – já não é plagiado por barras de aço e a economia de batatas é extraordinária, já que não se costuma mais usá-las rolando sobre um plano inclinado para produzir o som marcial do rufar dos tambores. A música, em compensação, imita, com mais freqüência, ruídos que não existem: por exemplo, o silencioso cair da neve – a música o descreve como deveria ser se existisse. Ou então o ruído do calor: no filme francês *Manon* (*Anjo Perverso*), o compositor Misracki descobriu esse ruído, dando às cenas no deserto tórrido da Palestina uma intensidade tal que sugere, por uma nota aguda sustentada durante vários compassos, o entorpecimento das coisas e dos seres humanos com um poder inacessível à imagem.

O conjunto sonoro, misto de música, diálogos e ruídos, é portanto de extrema complexidade. Isso ressalta ainda mais

resultando daí a trilha sonora que acompanha o filme. Dessa complexidade surgiram funções que variam conforme o filme: editor de efeitos/ruídos, de ambiente, dublador, mixador etc.

quando se sabe que o próprio ruído já é complexo em si mesmo. Por exemplo: podem ser feitas três gravações de sons diferentes apenas para reproduzir uma cena de um barco a remo – uma para as pancadas dos remos, outra para o movimento dos remos e uma terceira para o ruído das ondas de encontro ao costado do barco. Esses três efeitos separados são ajustados aos movimentos exatos dos figurantes e, finalmente, misturados para produzirem o ruído natural dos remadores (B. C. Sewell, engenheiro-chefe de som dos estúdios Gainsborough, Inglaterra). Numa cena do filme *Caravan*, aparece uma carruagem com quatro homens, perseguida por um cavaleiro a todo galope. Nesse caso, um microfone foi colocado no braço do cavaleiro para gravar o som de um único cavalo. A gravação do som dos quatro cavalos a galope foi feita de maneira similar e outro microfone foi colocado junto à carroceria da carruagem a fim de gravar o ruído das rodas, girando sobre um terreno acidentado. A velocidade da gravação do "galope" foi depois ajustada para sincronizar-se com a ação; depois foi misturada com o som das rodas, além do chiar da carroceria, produzido, aliás, por um trólei (normalmente usado para o transporte de grandes pianos), uma pancada de um machado e uma roda (B. C. Sewell)[5].

Nos arquivos dos grandes estúdios há ruídos engarrafados de toda espécie, a maioria naturais, alguns artificialmente produzidos, de modo que o engenheiro de som pode escolher entre as brisas mais diversas, tendo à sua disposição mares e florestas, camelos e leões, macacos e multidões humanas com os respectivos rumores produzidos. Isso sem falar dos diversos ruídos produzidos por diversos trens, que foram cuidadosamente registrados pelos grandes estúdios internacionais, pois – para dar um exemplo – o "Ouro Verde" produz um ruído bem diverso do da Companhia Paulista ou da Central[6], ou ainda da Great Western. E todos esses sons podem ser

---

5. Com sistemas modernos de reprodução sonora – Dolby, DTS, SDDS –, tais práticas acentuaram-se e continuam fazendo parte do cotidiano da edição de som.

6. O "Ouro Verde" era o antigo trem noturno São Paulo-Rio, da E. F. Central do Brasil. A Companhia Paulista de Estradas de Ferro é a atual FEPASA.

139

"tratados" das mais diversas maneiras, por exemplo com a câmara de eco, para dar-lhes a perspectiva e a naturalidade de acordo com o ambiente, quer seja transplantando o ruído para uma imensa sala vazia, quer para uma furna ou para um vale cercado por montes.

Tudo isso é de grande significado prático, pois, para exemplificar, uma cena de amor num jardim geralmente não é tomada num jardim real, para não depender dos acasos da luz e da boa vontade do sol e dos pássaros. É tomada nos estúdios e os diversos sons dos pássaros, o suave sussurrar da folhagem, o rumor idílico da fonte, registrados separadamente e misturados, são depois passados pelo mesmo canal de diálogo, formando finalmente a "imagem" composta do som, ou *sound track*, a fita dos "desenhos acústicos", que mais tarde é sincronizada, por meio dum aparelho, com o filme das imagens visuais, sendo os dois projetados sobre um terceiro filme, o filme-mestre, do qual se tiram posteriormente as cópias a serem enviadas aos cine-teatros[7].

Por que Música no Filme Sonoro?

Como verificamos no início, é perfeitamente entendível o fato de que o filme silencioso, desde os primórdios, costumava ser acompanhado por qualquer espécie de música, pelos motivos já expostos. É, todavia, surpreendente que depois da introdução do filme sonoro os produtores não tenham ficado satisfeitos com o filme falado, limitando-se a imitar a vida pela apresentação dos diálogos e dos ruídos quotidianos, à semelhança da técnica teatral. Bem ao contrário, timbraram desde o início por acrescentarem aos diálogos e ruídos uma música mais ou menos adequada (mesmo nos filmes de tendência realista, não apenas nas revistas musicais).

7. Os diversos sons são atualmente editados em relação – sincrônica ou não, dependendo do efeito desejado – à imagem e mixados, resultando numa única banda sonora. Esta é transferida para um negativo de som, o qual, revelado, junta-se ao negativo de imagem, somando-se os dois para a confecção da cópia final, que é exibida nos cinemas.

140

Não renunciaram à música de fundo, que, como vimos, explicava-se perfeitamente no caso dos filmes mudos.

Não é, portanto, sem certa razão que Constant Lambert[8] afirmava, em 1929, que a música enlatada destruiria o realismo do filme falado, uma vez que na realidade não se anda de bonde com acompanhamento de música. No entanto, é óbvio que tal objeção é extremamente ingênua. Não há arte que pretenda e que possa imitar a realidade externa: nesse caso, apenas para repetir simplesmente a realidade não se precisaria da arte. Toda arte sempre recorre a estilizações e convenções decorrentes de seus meios particulares de expressão. Nenhuma arte pretende criar a "ilusão" da realidade externa – preconceito perfeitamente superado. A ser verdadeira tal teoria de ilusão, os espectadores primitivos, dos quais se conta terem-se atirado contra a tela para salvarem a "mocinha" das garras do bandido, teriam perfeitamente razão.

Contudo, qual terá sido o motivo dessa persistência em manter a música de fundo quando ela já não parecia necessária, uma vez que os personagens e coisas, depois das novas conquistas técnicas, viram-se dotados da vida sonora que lhes é própria? Hanns Eisler dá-nos uma explicação discutível[9], mas profunda e original: O filme falado é também mudo! Os personagens não são seres humanos vivos que falam, mas imagens que falam, imagens de duas dimensões apenas, sem profundidade espacial. Ouvimos "bocas sem corpo" falando, sombras proferindo palavras. O caráter da voz humana no filme é profundamente artificial e impessoal.

O princípio fundamental do filme, a sua invenção básica, é a fotografia de movimentos. Esse princípio é tão preponderante que qualquer coisa que não seja resolvida por meio do movimento visual adquire um efeito rígido e heterogêneo no que se refere à lei inerente à forma cinematográfica. Todo diretor de filmes está familiarizado com os perigos dos diálogos teatrais fil-

---

8. Constant Lambert (1905-1951), compositor inglês que tem entre suas obras de destaque as músicas dos balés *Romeu e Julieta* (1920) – representado por Diaghilev – e *Tirésias* (anos 50). Compôs ainda o *Concerto para Piano e Nove Instrumentos* (1930) e a trilha sonora do filme *Anna Karenina* (Julien Duvivier, 1948). Em 1936 publicou o livro *Music, Ho!*

9. Hanns Eisler, *Composing for the Films*, Nova York, 1947.

mados; e a inadequação técnica de filmes psicológicos decorre parcialmente da sua incapacidade de se libertarem da predominância do diálogo. Pelo seu material, o cinema está essencialmente relacionado com o balé e a pantomima; a fala que pressupõe o homem em carne e osso [...] está, em última instância, apenas externamente superposta aos personagens.

O público, embora de modo inconsciente, registra a divergência fundamental entre palavras e imagens e nota que a aparente unidade do filme sonoro é uma imposição fraudulenta. Assim, um filme falado, sem música, não diverge muito do filme mudo e "há mesmo razões para se acreditar que, quanto mais estreita a coordenação entre imagem e palavras, com tanto maior intensidade o espectador sente a sua contradição intrínseca e a real mudez daqueles que parecem estar falando". Isso talvez explique por que os filmes falados ainda necessitam de música, "embora pareçam ter à sua disposição todas as oportunidades do palco e uma mobilidade muito maior".

Com efeito, tentativas de produzir filmes falados sem música fracassaram redondamente como está comprovado pelas películas *The Squew Man* (1931) e *Prestige* (1932). Muito cedo reconheceu-se que o filme falado, da mesma forma que o filme mudo, tem na música a sua "aliada natural" (Michael Orme, 1932), sendo ela indispensável para manter a tensão dramática durante intervalos nos diálogos, transições em tempo e espaço, *flash backs*, cenas em que o personagem espera etc.

A função da música de fundo é, portanto, de alta importância. A música não "expressa" o movimento – como pretende Eisenstein – mas, segundo Eisler, ela o "justifica". A imagem fotografada precisa de um "motivo" para tornar-se móvel. À fotografia falta em si a espontaneidade, o impulso e o motivo para mover-se, para obter a sua própria vida. "Neste ponto intervém a música, criando energia muscular, senso de corporeidade". Ela estimula a mobilidade, não é uma duplicata do movimento:

Assim também, (acrescenta Eisler), boa música de balé não expressa as emoções dos bailarinos, nem visa qualquer identidade com eles, mas apenas os impele para dançar. Assim, a relação entre música e imagens é antitética precisamente no momento em que é atingida a mais profunda identidade.

142

Tal, pelos menos, é a opinião de Hanns Eisler, sem dúvida alguma um dos mais notáveis conhecedores do assunto – opinião, aliás, diametralmente oposta às concepções então predominantes. Mesmo não reconhecendo a veracidade das teorias de Eisler *in totum*, não se lhes pode negar penetração e profunda intuição.

A função primordial da música de fundo, no filme falado, seria, portanto, duma maneira geral, a humanização de uma arte que, pela sua base eminentemente técnica e pelos seus aspectos mecânicos, não possui os recursos vitais do teatro. A música não é "elemento subordinado" à imagem, mas, formando com ela – apesar do seu caráter antitético – uma totalidade indivisível, uma *Gestalt*, um todo integrado, proporciona-lhe a dimensão vital que lhe parece faltar. Isso não quer dizer que a música de fundo tenha de acompanhar necessariamente todas as cenas. Ela pode manter-se ausente de longos trechos e a sua própria ausência em dados momentos pode eventualmente representar um elemento de alto valor dramático, criando o silêncio que, sem a música antecedente, não teria o valor adequado.

Com efeito, ouvindo-se um filme – sem vê-lo – notar-se-á que amplos trechos só consistem, acusticamente, em diálogos ou ruídos das mais variadas espécies. Todavia, alguns compassos de música, inicialmente, durante a projeção dos letreiros e durante algumas poucas cenas do filme, são em princípio suficientes para criar uma totalidade diversa da de um filme sem música nenhuma: mesmo sem serem notados pelo público, criam nele, subconscientemente, um estado de consciência específico e impregnam, assim, todo o filme com a dinâmica peculiar à música. Trata-se de um fenômeno muito conhecido, analisado pela psicologia chamada "gestáltica" (psicologia das totalidades integradas), e anteriormente pelo filósofo francês Henri Bergson, que deu a esse fenômeno o nome de "memória". Se "ouvimos" uma dada melodia, não se trata duma "soma" de, digamos, seis sons sucessivos e neutros, mantendo-se cada nota sem relação às precedentes e posteriores. Ao contrário, graças à memória, trata-se duma totalidade em que, ao ouvirmos a última nota, a primeira ainda está perfeitamente presente. De outra forma não ouviríamos uma melodia, mas seis sons sucessivos e indiferentes. Ao assistirmos a um filme, a nossa consciência apreende uma totalidade de imagens e sons, e vinte compassos de música ouvidos no início estão ainda presentes, inconscientemente, ao serem projetados os últimos metros de celulóide.

Assim, um mínimo de música pode modificar a totalidade duma obra cinematográfica. É mesmo necessário convir que o abuso da música, da mesma forma que o abuso do diálogo, é prejudicial, como afirmou com justeza E. G. Cousins (*Filmland en Ferment*, 1932).

Recursos Musicais Inadequados

No entanto, não se discute a necessidade da música – ela é geralmente reconhecida pelos cineastas. O problema, até hoje objeto de discussões recentes, é: qual é a música adequada?

Infelizmente, é preciso reconhecer que o cinema, devido à comercialização a que a "indústria cultural" não pode escapar, tem sido, no que se refere ao ponto de vista musical, uma verdadeira fábrica de clichês baratos, produzidos empiricamente segundo padrões tradicionais. Só ultimamente os compositores começaram a abster-se de acompanhar cenas tristes com as marchas fúnebres obrigatórias e enlaces matrimoniais com as clássicas marchas nupciais igualmente obrigatórias. Mas ainda hoje a música cinematográfica, devido à pressão de produtores retrógrados, costuma seguir certos padrões derivados da prática quotidiana e de certos princípios decorrentes do que se chama "senso comum". E isso apesar da colaboração de compositores de real mérito. É verdade, homens como Stravinski e Schoenberg não se submeteram às ordens das empresas e desistiram do trabalho cinematográfico. Outros porém, compositores de fama e de grandes qualidades, submeteram-se, na esperança de imporem a sua vontade por meio de compromissos em questões menos importantes. Infelizmente, de compromisso em compromisso ia-se diluindo, com freqüência, o seu idealismo inicial; e a remuneração é realmente boa. Até mesmo os compositores não vivem de ritmos, harmonias e flores.

144

Dessa forma, ainda hoje encontra-se em algumas fitas o uso do *leitmotiv*, popularizado por R. Wagner. Tais *leitmotive*, ou motivos condutores, representam, no caso de Wagner, uma espécie de etiquetas que caracterizam, marcadamente, dados personagens, complexos emocionais, estados psíquicos e determinados símbolos. O ouvinte, ao ouvir um *leitmotiv*, é capaz de identificar de imediato os personagens ou símbolos visados. Uma prática, portanto, de caráter eminentemente popular que facilita aos menos experientes a orientação. Tal fato induziu os compositores de filmes a usar e a abusar dessa prática, perfeitamente inadequada à obra fílmica. Pois o caráter fundamental do *leitmotiv* – a sua precisão e brevidade – está relacionada com as gigantescas dimensões dos dramas wagnerianos e pós-wagnerianos. Sendo o *leitmotiv* uma figura musical muito rudimentar na sua estrutura, necessita ele de uma ampla tessitura musical a fim de obter o seu verdadeiro sentido, a sua verdadeira função musical. Semelhantemente, o *leitmotiv* também pode ser usado em grandes romances – pequenas frases concisas que se tornam representativas para amplos complexos psíquicos ou espirituais, evocando um mundo de associações –; no conto, porém, tal técnica seria totalmente despida de sentido, visto que essa forma menor não comporta o *leitmotiv*, que exige o "eco" duma vasta paisagem estética. Tal amplitude de forma falta precisamente à música cinematográfica que exige, em conseqüência da constante variação das cenas, tão tipicamente fílmica, uma estrutura musical atomizada. Predominam, necessariamente, formas musicais breves, em si acabadas, que destituem inteiramente o *leitmotiv* – adequado a estruturas amplas – de seu sentido original.

Característico do *leitmotiv* wagneriano é também a sua essência simbólica (da mesma forma que nos romances de Thomas Mann). Siegfried é um mito simbolizando o princípio da primavera e da vida, e o *leitmotiv* que o caracteriza tem uma função variada, em múltiplos níveis de profundidade. O motivo de Velhala não só pretende significar apenas a residência de Wotan, mas também a esfera do sobre-humano e da vontade cósmica. Isso quer dizer que o *leitmotiv*, ao desenvolver-se a trama, adquire uma profundidade cada vez

145

maior, tornando-se uma chave para mistérios metafísicos. A obra cinematográfica comum, de tendência realista, descreve principalmente o mundo fenomenal, a realidade superficial. As imagens apresentadas são bastante claras e distintas para explicarem ao público de que problemas se trata. Não é necessário apresentar e introduzir um personagem por meio dum *leitmotiv*, uma vez que esse personagem é perfeitamente identificável pelo seu simples reconhecimento na tela. Faltando-lhe geralmente a perspectiva mítica ou simbólica, essa figura nada mais representa senão a própria pessoa e não precisa de recursos especiais para revelar um mistério de que não é portadora. Tal recurso musical vem a ser, portanto, apenas uma duplicação, repetindo acusticamente o que já é apresentado visualmente. Assim, o *leitmotiv* nos filmes comuns de tendência realística – a não ser que se trate de um recurso de ironia ou de humor – é anti-econômico, pretensioso e sem valor real. Pode-se acrescentar que, de uma maneira geral, é sumamente duvidosa a tentativa de estabelecer analogias entre o uso da música em filmes e óperas, como pretenderam fazer, por exemplo, M. D. Calvocoressi (*Music and the Film*, 1935), ou Eugenio Giovanetti (1935), que exprime a sua esperança no advento de um futuro Wagner cinematográfico.

Sendo o filme um ramo da indústria cultural, no qual são investidos grandes capitais, entende-se que em geral os produtores não obedecem aos imperativos intrínsecos da obra cinematográfica, de ordem estética, mas sim a princípios exteriores, quais sejam o gosto das massas menos cultas e as imposições de bilheteria. Critérios quantitativos, por conseguinte, costumam impor o seu domínio num terreno em que deveriam prevalecer critérios qualitativos.

Tal fato se reflete, naturalmente, também na música, em que predominam conceitos de melodia e eufonia no sentido de cantabilidade duma seqüência de sons e de facilidade de serem compreendidos por um público médio e viciado pela oferta gigantesca de *Schmalz*, de banalidade. O esforço de criar melodias triviais e facilmente compreensíveis e decoráveis chegou a tal auge que a própria banalidade prejudica o fim visado: o resultado é que o ouvinte esquece imediatamente as melodias feitas sob medida para não serem esquecidas.

146

Além do mais, a exigência constante duma música melódica – embora corresponda aos imperativos da bilheteria – contradiz com freqüência as exigências da obra cinematográfica, impondo ao compositor a criação de estruturas simétricas que as seqüências visuais não comportam. Com razão, diz Eisler que a tomada de um beijo não pode ser sincronizada com uma frase musical de oito compassos, e tal disparidade entre a simetria melodiosa e a assimetria visual torna-se flagrante em tomadas de fenômenos naturais como vento, chuva, tempestade, nuvens em movimento etc.

Outra tese geralmente reconhecida, mas muitas vezes de duvidosa consistência, é a opinião de que a música de fundo deve manter-se na penumbra, isto é, não deve ser conscientemente ouvida para não dificultar a apreensão e apreciação das imagens e dos diálogos. Quer dizer, a música deve manter-se subordinada às tomadas visuais. A música, portanto, deve desempenhar um papel secundário e conservar-se discretamente na sombra para não perturbar a compreensão das imagens. A música é tolerada como um *outsider*, como fenômeno marginal, que de alguma maneira é considerada indispensável: parcialmente em virtude de uma necessidade genuína, e parcialmente graças à idéia fetichista dos produtores de que todos os recursos técnicos devem ser explorados até o máximo. Realmente, conhece-se o poderoso efeito sugestivo da música, o seu poder de encantamento coletivo, a sua magia que predispõe os ouvintes à aceitação mais benevolente de enredos muitas vezes tolos; conhece-se a sua força desinibidora, a sua capacidade de criar a atmosfera estética e de elevar o público ao estado receptivo desejado. Apesar de tudo isso, e em parte precisamente por causa disso – reconhecendo-lhe todas essas qualidades – os produtores temem a magnitude dos seus efeitos, capazes de esmagar a obra visual. Com efeito, cenas há em que a música poderia ser um elemento perturbador e em que deve preponderar o diálogo e a variedade dos ruídos quotidianos, como o fechar de portas, passos, o rumor do mar etc.

Todavia, ao invés de agirem de acordo – excluindo simplesmente a música de tais cenas – os produtores preferem nesses casos introduzir uma música extremamente banal, sem expressividade nenhuma, uma espécie de afinar de instrumentos a fim de não se desviar a atenção dos espectadores dos diálogos e imagens. Realmente, trata-se de uma música que ninguém "ouve", e poder-se-ia perguntar se não se trata dum malbarato de música, no caso de ela "não dever ser ouvida". A simples supressão da música, nesses casos (segundo a tese de Eisler), talvez seja exagerada. A música deve ser planejada em conjunto com o roteiro, em colaboração com a equipe cinematográfica, e é necessário decidir, em cada caso, o papel da música. Mesmo uma música de fundo extremamente banal, em cenas em que o diálogo é essencial – portanto uma música que ninguém "ouve" – pode tornar-se adequada infiltrando-a imperceptivelmente na receptividade do espectador e aumentando assim a tensão dramática.

De todo modo, tal recurso de música banal não deve tornar-se exclusivo. Momentos há em que a música pode e deve interromper a ação para tornar-se o elemento mais importante; e isso não só em revistas e fitas musicais mas, precisamente, em obras dramáticas. Um ótimo exemplo é dado por Hanns Eisler: num filme antinazista, num momento em que o enredo se dispersa em detalhes psicológicos individuais, uma peça musical de seriedade excepcional ocupa toda a atenção do público. Ela ajuda os ouvintes a se lembrarem dos incidentes essenciais e focaliza a atenção na situação tomada em sua totalidade. Nesse caso, a música desempenha um papel exatamente contrário ao convencionalmente admitido. Já não exprime os conflitos dos caracteres individuais, nem procura induzir o público a identificar-se com o herói (a que alguns querem limitar a função da música); antes, vem conduzi-lo da esfera da intimidade individual e particular à do sofrimento coletivo e do problema social. Nesse caso, portanto, a música sobrepõe-se à imagem e imprime aos acontecimentos uma profundidade e um acento que lhes dá o seu verdadeiro sentido.

O emprego da música como "ilustração" de cenas, descrevendo-as com os meios da música de programa, tentando "pintar" e traduzir em termos acústicos as imagens, é duma maneira geral um recurso antiquado. Todo freqüentador de cinemas conhece aqueles clichês baratos geralmente usados

148

para criar "atmosfera" por ocasião da projeção de paisagens sem ação, quando então os instrumentos se desdobram com verdadeira fúria para imitar o murmúrio de fontes, o rumorejar de florestas, o sussurrar do vento, "pintando" cenas de amor com valsas lentas adocicadas e ilustrando a magia da natureza com flautas ou cornetas românticas. Tais meios, condenáveis quando usados em demasia, geralmente resultam numa simples duplicação e repetição daquilo que as imagens em si conseguem ilustrar com perfeição. Trata-se portanto, em geral, de um recurso pouco econômico.

É óbvio que a música pode e deve criar atmosfera, mas isso não deve ser feito pelo abuso de clichês gastos que, num público farto e refarto de tais meios, só podem provocar risos irônicos. Acompanhar uma cena ao luar pela célebre sonata de Beethoven (geralmente em orquestração e execução infames por inverterem o sentido da peça), ou uma tempestade pela abertura de *Guilherme Tell*, um enlace matrimonial pela marcha de *Lohengrin* ou a marcha nupcial de Mendelsohn – eis aí alguns clichês indignos de uma boa música de fundo, capazes mesmo de comprometerem uma boa obra cinematográfica pela extrema ingenuidade de recursos musicais. Tais clichês – embora se tratando de músicas de alto valor –, além do efeito hilariante que podem provocar num ouvinte mais sensível, tornam-se incapazes de suscitar nos espectadores o estado psicológico desejado, precisamente por se tratar de associações convencionais e conhecidas há longa data, incapazes, portanto, de causarem qualquer reação viva e intensa. "Os efeitos poderosos visados não surgem porque o ouvinte já se familiarizou com o estímulo mercê de inúmeras passagens análogas" (Eisler).

Psicologicamente, todos esses recursos são ambíguos. Quando a tela mostra uma casa de campo pacífica enquanto a orquestra produz uma seqüência de sons reconhecidamente sinistros (que deveriam arrepiar os cabelos de qualquer espectador se não tivesse ouvido pela centésima vez seqüências semelhantes), o público sabe de antemão que algo terrível paira no ar e, assim, o acompanhamento musical acentua a tensão; mas ao mesmo tempo aniquila-a revelando, com meios batidos, o que irá acontecer.

Poder-se-ia aumentar facilmente esse rol do mau emprego do elemento musical no cinema, embora deva ser reconhecido que, ultimamente, tais erros começam a rarear nas boas películas. É mesmo digno de nota que muitas fitas da classe B – já em si freqüentemente superiores às superproduções – destacam-se por uma boa música de fundo, atingindo dessa forma uma dignidade e expressividade, como obra de síntese de imagem e som, que tantas vezes falta às produções da classe A.

Recursos Musicais Adequados

Damos, em seguida, alguns exemplos interessantes do emprego correto e original da música de fundo, indicados, aliás, pelo compositor Hanns Eisler na sua excelente obra *Composing for the Films* (New York, 1947).

1. Uma cena da película *No Man's Land* (*Terra de Ninguém*), obra de tendência pacifista de Victor Trivas (1930). Um carpinteiro alemão recebe a ordem de mobilização, guarda os seus instrumentos e, acompanhado de mulher e filhos, dirige-se às barracas militares. São focalizados outros grupos semelhantes. A atmosfera é de melancolia, o movimento é sem ritmo. A música, sugerindo uma marcha militar, é suavemente introduzida. Ao tornar-se mais marcial, a música faz acelerarem-se os passos dos homens que andam agora ritmicamente, como que integrados num coletivo. As próprias mulheres e crianças comportam-se com marcialidade. Crescendo triunfal. Intoxicados pela música, os homens mobilizados, prontos para matar e morrer, entram, marchando, nas barracas. *Fade out*.

"A elucidação dramatúrgica dessa cena, a transformação de indivíduos aparentemente inofensivos num bando de bárbaros, só pode ser conseguida pelo recurso da música." Com efeito, a música nesse caso não é ornamental, mas essencial ao significado da cena. Ela cria uma atmosfera emocional que a imagem por si só seguramente seria incapaz de criar: "A interpenetração da imagem e música sobrepõe-se ao efeito convencional que usualmente as liga visto que precisamente

150

essa conexão é explicitamente representada e depois elevada a uma tomada de consciência crítica" por parte do público. Assim, "a música é desmascarada como a droga que ela na realidade é e a sua função intoxicante, perigosamente irracional, torna-se transparente". A composição e execução da música combinada com a imagem hão de demonstrar ao público

> [...] a influência destrutiva e barbarizante de tais efeitos musicais. A música, obviamente, não deve ser continuamente heróica, pois nesse caso o espectador ingênuo ficaria intoxicado da mesma maneira que os personagens da película. O seu heroísmo tem de aparecer como que refletido, ou, para usar o termo de B. Brecht (famoso poeta alemão), como "alienado".

(isto é, exteriorizado e desumanizado, no sentido de Hegel e Marx). No caso em questão, o efeito desejado – isto é, provocar uma atitude crítica por parte do público – foi atingido pela instrumentação super-aguda, berrante, e pela harmonização com uma tonalidade que constantemente ameaça tornar-se selvagem.

O exemplo de Eisler é tanto mais interessante por vir de um compositor de grandes méritos, discípulo de Arnold Schoenberg, que conhece perfeitamente as potências irracionais da música quando manipulada como meio de intoxicação e "instrumento político" para tornar as massas apolíticas. Tal potencialidade da máxima arte, que é a música, foi muitas vezes acentuada pelo filósofo Wiesengrund Adorno[10] e pelo romancista Thomas Mann, grande amante da música, que na sua obra *A Montanha Mágica* e no seu romance *Dr. Fausto* destaca as qualidades "suspeitas" da música.

2. Cena final da película *Hangmen also die* (*Os Carrascos também Morrem*), de Fritz Lang. O chefe da Gestapo, Daluege, lê o relatório oficial sobre o fuzilamento do suposto assassino de Heydrich. Segundo o relatório, a Gestapo está a par do fato de que a pessoa em questão não é o assassino, mas um agente da própria Gestapo que fora "encaixado" pelo movimento clandestino checoslovaco. Daluege assina o relatório. O episódio é sereno e objetivo, sendo, todavia, acompanhado por um coro e orquestra contrastando acentuada-

---

10. Trata-se de Theodor W. (Wiesegrund) Adorno.

mente da cena: eles interpretam uma canção marcial de ritmo animado, a qual se eleva do pianíssimo ao fortíssimo. Ao fim, a câmera focaliza num *long shot* a cidade de Praga, como se quisesse mostrar o herói real do filme, o povo checo.

Também nesse caso, a música funciona como elemento representativo da coletividade: não da coletividade usurpadora, ébria do poder, mas da coletividade oprimida e invisível que não aparece na cena. A música exprime essa idéia paradoxalmente pela sua distância dramática da tela (ela não ilustra o que se passa na cena, mas interpreta o sentido profundo dos acontecimentos). A sua função dramática é, nesse caso, a sugestão sensorial de algo não-sensorial: a ilegalidade do movimento clandestino.

3. *La Nouvelle Terre*, documentário de Joris Ivens (1933), focalizando a dragagem da Lagoa de Zuider, na Holanda, e a sua transformação em solo arável. Vê-se também uma cena de colheita nos campos conquistados à custa de lutas insanas contra o mar. Mas o fim é amargo: o mesmo povo que há pouco colheu os produtos da terra conquistada, tem de lançálos na água. Esse fato ocorreu durante a depressão econômica de 1931, quando os produtos alimentícios foram destruídos a fim de evitar o colapso do mercado. Só o fim do filme revela o verdadeiro sentido da obra. Aqueles que dragaram a lagoa são, sociologicamente, idênticos àqueles que têm de atirar os alimentos ao mar. Mais tarde, a câmera focaliza os conquistadores do solo durante uma demonstração de fome. O tratamento musical de alguns episódios é destinado a indicar o sentido latente de toda a obra, mesmo durante as cenas iniciais da dragagem, de teor otimista. São focalizados vinte operários transportando lentamente um enorme cano de aço. Eles andam curvados sob o peso tremendo, os movimentos coordenados e quase idênticos. A dureza e dificuldade das condições de trabalho são transformadas em solidariedade pela música. Era necessário, todavia, transcender essa atmosfera. A partitura tentou tornar significativos esses incidentes por meio dum tema austero e solene. Embora o ritmo básico da música esteja sincronizado com o ritmo do trabalho dos operários, a melodia conserva-se, no que se refere ao ritmo, totalmente livre, contrastando fortemente com o acompanha-

mento. Assim, ela consegue apontar para qualquer coisa além dos simples fatos apresentados na tela.

4. *Kühle Wampe* (Brecht e Dudow, 1931). Um bairro pobre de miseráveis casas suburbanas é focalizado em toda a sua trágica mudez. A atmosfera é passiva, sem esperança, muito deprimente. Mas a música de fundo é viva, veemente, um prelúdio polifônico de caráter demarcante, e a sua forma rigorosa e entonação severa, contrastando com a estrutura negligente das imagens, age como um choque, visando deliberadamente criar uma atitude de resistência máscula no público, ao invés de simpatia sentimental. Eis um exemplo de como a música, pelo contraste, é motivo de efeitos de "choque", opondo o movimento dinâmico à estagnação cansada. Semelhantemente, ela pode criar grandes efeitos de contraste, opondo-se ao movimento violento das cenas através da sugestão de impossibilidade, quietude e paz. Tal efeito foi conseguido, por exemplo, por Offenbach em *Contos de Hoffmann* (segundo ato da ópera), quando a um duelo sangrento opõe-se o sereno e suave ondular da barcarola. "Pelo fato de não participar da ação, a música exprime a fria indiferença das estrelas diante do sofrimento humano..."

4.1. *Dans les Rues* (1933): A tela mostra uma luta brutal entre jovens truculentos diante do fundo duma paisagem primaveril. A música, na forma de variações, é suave, triste, remota, exprimindo o contraste entre o incidente e o ambiente, sem preocupar-se com a ação propriamente dita. O caráter lírico da música de fundo cria distância da selvageria da luta: aqueles que cometem tais brutalidades nada são senão vítimas.

4.2. *Os Carrascos também Morrem* (*Hangmen also Die*, de Fritz Lang): Uma curta cena mostra o criminoso nazista Heydrich num leito de hospital depois do atentado contra a sua vida. A sua espinha dorsal está fraturada e está sendo realizada uma transfusão de sangue. Atmosfera sombria de hospital, durante quatorze segundos. A atenção do público é dirigida para o gotejar do sangue. A cena é sem movimento e por isso necessita de música. A solução mais natural seria usar o sangue gotejante como ponto de partida. Não seria conveniente expressar as emoções do agonizante ou duplicar a atmosfera de hospital perfeitamente expressa pelas imagens.

153

Sendo Heydrich um carrasco, o acompanhamento musical adquire significado político: um filme nazista, recorrendo a uma música heróica e trágica, poderia ter transformado o criminoso em herói. A tarefa do compositor foi comunicar ao público a verdadeira perspectiva da cena, ressaltando o ponto significativo com meios brutais. A solução dramática foi sugerida, por associação, através da morte dum rato. A música consiste em seqüências brilhantes, agudas e estridentes, num registro muito alto, sugerindo a frase familiar da língua alemã: *Auf dem letzten Loch pfeifen* (*Assobiar no Último Buraco*: estar nas últimas). A figura musical acompanhante é sincronizada com o motivo da cena: o gotejar do sangue é marcado por um pizzicato das cordas e uma figura de piano num registro alto. Assim, a música produz as reações desejadas no público, impedindo reações inadequadas.

5. Segundo Eisler, discípulo de Schöenberg, representante da música atonal ou pantonal (também chamada "sistema de série dodecafônica"), as técnicas musicais, para criar tensão emocional e "suspense", foram usadas no cinema até as últimas conseqüências, tornando-se com freqüência estereotipadas e contraproducentes.

No entanto, a interrupção – técnica complementar e contrária à do suspense – não foi explorada no terreno musical, embora tal recurso desempenhe papel importante no drama, como elemento retardante – meio de grande importância na economia estética da arte teatral. "Interrupções não são estranhas ao drama; ao contrário, o antagonismo entre essência e aparência, cujo desdobramento é o verdadeiro âmago do drama, é aprofundado pela introdução de elementos aparentemente casuais, não diretamente relacionados com a ação principal." Poder-se-ia mencionar, por exemplo, o monólogo do guarda embriagado na manhã após o assassínio do rei, no drama shakespeariano *Macbeth*. (Acrescentamos que esse monólogo foi, nesse sentido, também aproveitado na magnífica produção de Orson Welles). Tais interrupções, portanto, poderiam exercer uma função importante na música cinematográfica.

Por exemplo: em *Dans les Rues* há uma cena mostrando um casal de jovens que acabam de declarar o seu amor. A

154

cena tem de ser lenta e demorada a fim de mostrar a genuinidade da paixão por meio de pequenos maneirismos de comportamento, pois os heróis são dois jovens que, após o *Eu te amo*, já não sabem dizer mais nada, nem poderiam acrescentar algo de importância. Eles estão, por assim dizer, esmagados pela presença do amor. Nesse caso, a solução mais crua provou ser a mais terna e sutil. A proprietária do estabelecimento, em que os dois amantes se encontram, canta uma canção. O texto nada tem a ver com o casal, descrevendo, como descreve, as angústias amorosas duma criada que enumera as diversas estações do metrô de Paris, onde em vão esperou os seus vários namorados. Essa interrupção (da ação principal) proporciona aos jovens embaraçados a oportunidade de esboçarem um sorriso.

Naturalmente, de forma convencional, a música costuma ser introduzida constantemente em todas as revistas e fitas musicais. Os seus enredos são repetidamente interrompidos por canções e danças. Trata-se, todavia, de interrupções sem importância estética no conjunto da obra – isto é, de interrupções que valem por si mesmas como apresentação duma canção, duma cantora ou duma dançarina. No exemplo em questão, ao contrário, a interrupção exerce uma real função dramática, ajudando o diretor a dominar indiretamente uma situação que facilmente poderia descambar para o ridículo. Ao mesmo tempo, o amor infeliz da criada da canção contrasta fortemente com a beatitude do casalzinho, dando ao seu caso uma perspectiva profundamente humana.

Forma Musical

A música adequada ao filme, geralmente composto por cenas breves e variadas, é a que mais bem se adapta a essa regra, exemplificando uma forma quase elementar em qualquer obra cinematográfica. Não há dúvida de que a música mais apropriada nesse sentido é a moderna, não ligada em demasia à tradição tonal e modal (representando a tonal o triunfo da polifonia sobre a modal). A música pantonal ou atonal está predestinada à construção de formas curtas, condensadas, de máxima precisão, sem nenhum momento supérfluo, e isso em virtude da sua independência de estruturas arquitetônicas tradicionais, nas quais a música tonal, com as suas normas bastante rígidas de alternância binária dos tons maior e menor, necessariamente se expande. A música tradicional requer, devido à lei que lhe é inata, formas longas e bem desenvolvidas, pois a consciência dum centro tonal só pode ser criada pela introdução de episódios paralelos, desenvolvimentos e repetições que exigem certa soma de tempo. Toda uma tessitura musical de certa amplitude é necessária para revelar em termos inteligíveis os incidentes tonais. O centro da gravidade tonal só expõe toda a sua riqueza através duma trama plena de modulações e, quanto mais a música se afasta da tonalidade original, tanto mais necessária se torna a sua expansão no tempo para que seja restabelecida "a ordem do mundo musical".

A música moderna, ao contrário, não necessita de desenvolvimentos no sentido tradicional. Cada episódio musical, cada tema, surgem solitariamente, sem relação com sistemas de referência previamente arranjados. Tais episódios e temas não visam ser "repetíveis" e não requerem repetição, mas mantêm-se sozinhos, em perfeito "equilíbrio". Tudo isso vem redundar numa condensação da forma musical que transpassa de longe os fragmentos românticos de Chopin e Schumann que, na essência, são "inacabados", ao passo que a forma curta da música moderna é acabada em si mesma e não tem nada de fragmentária.

Música como Elemento Dramático

O filme é, de uma maneira geral, um misto da forma dramática e da forma épica. Geralmente apresenta os personagens e os acontecimentos diretamente, não ocorrendo a intervenção do narrador enquanto mediador entre o público e a história (as tentativas de introduzir o narrador épico geralmente levam ao fracasso). Como no drama, as ocorrências são apresentadas diretamente em imagens (não como na peça teatral, principalmente através de diálogos). Esse momento formal exige da fita a máxima concentração, intensidade de emoções, suspense, conflito, alta dramaticidade, tudo condensado em menos de duas horas (na maioria dos filmes) de projeção.

No entanto, por outro lado, o momento épico, novelístico, o caráter de "reportagem pictórica" são inerentes ao filme. A sua construção é mais a de capítulos do que de atos e a sua articulação é estruturada em episódios. É por isso que é mais fácil adaptar contos e novelas do que peças teatrais, até mesmo como conseqüência do fato de que aqueles têm grande mobilidade no tempo e no espaço (como o filme), ao passo que o drama ligado ao palco é muito mais estático. Todo filme, portanto, tem caráter fortemente novelístico.

Há portanto, na obra cinematográfica, uma disparidade genuína entre elementos dramáticos e épicos – de um lado necessidade de continuidade épica, de outro lado máxima concentração dramática.

Isso determina a tarefa objetiva da música – ela deve substituir, senão criar, aquela intensidade para as partes "épicas". O seu legítimo lugar dramatúrgico é onde quer que falte intensidade e onde quer que a ação assuma a forma de exposição que só a música consegue retraduzir em presença "direta" (Eisler).

Fred Astaire e Ginger Rogers em *Piccolino* (1935).

4. ANEXOS*

O Filme Escandinavo

Dinamarca

Em capítulo anterior já foi mencionada a rápida ascensão do cinema dinamarquês (pp. 91-92), mercê da iniciativa de Ole Olsen, fundador da Nordisk Films Kompagni (hoje Nordisk Tone-Films) – a marca do urso branco –, que iniciou as suas atividades em 1906. A indústria cinematográfica do pequeno país atingiu o seu apogeu durante a Primeira Guerra Mundial, decaindo depois rapidamente em parte pela incapacidade de renovação estética, porém principalmente por motivos econômicos.

País pequeno, de cerca de 3 milhões de habitantes, com número insignificante de cinemas – cerca de trezentos na época do apogeu –, dependeu constantemente da exportação para manter uma produção que, em 1915, alcançou, só na Nordisk, cerca de 135 filmes[1]. As dificuldades se acentuaram na medi-

---

* Os dois ensaios a seguir são transcrições de manuscritos originais de AR.

1. Com efeito, o pequeno território só pôde absorver cerca de 2% da produção total de filmes.

159

da em que o maior comprimento dos filmes aumentou sobremaneira as despesas.

A guerra, embora tenha dificultado a exportação para a maioria dos países, facilitou-lhe, todavia, o acesso ao grande país vizinho, a Alemanha, que se ressentia da falta de filmes de outras procedências. Mas nesse país surge, já durante a grande guerra, com a fundação da UFA e com a ascensão do cinema sueco, uma concorrência forte e de grande valor estético. O fim da guerra marcou a invasão avassaladora da América, cujo predomínio imbatível nunca mais permitiu uma recuperação do cinema dinamarquês.

Os próprios dinamarqueses afirmam ter realizado o seu primeiro filme dramático em 1903. Fato é que o primeiro cenário foi escrito por volta de 1905-1906, tratando das desgraças de um professor distraído, representado, aliás, por Jean Hersholt, que posteriormente tornou-se conhecido em Hollywood. Foi porém Ole Holsen quem começou a filmar em escala industrial, realizando um sem-número de farsas curtas, ao lado de outras fitas altamente dramáticas. Uma delas, *Os Caçadores de Leões*, obteve tremendo êxito comercial – venderam-se 259 cópias – mas deu muita dor de cabeça ao realizador devido à intervenção da censura, que recriminou os maus tratos sofridos pelos leões do Jardim Zoológico de Kopenhaguem, dois dos quais teriam sido mortos com "crueldade".

Entre os numerosos filmes produzidos em 1907 merecem ser mencionados títulos como *Napoleão*, *Kean*, *Hamlet* e *A Dama das Camélias* – ao que consta este último o primeiro a ser rodado em qualquer estúdio do mundo. Deve-se destacar que tais filmes de arte foram realizados um ano antes da produção do filme de arte na França. Esses filmes da empresa dinamarquesa obtiveram tremendo êxito e encontraram boa aceitação em muitos países.

Olsen é dos primeiros que, muito cedo, começou a produzir filmes de cerca de seiscentos metros. O primeiro deles não encontrou comprador entre os exibidores de Berlim. Um cinema em Hamburgo se arriscou a exibi-lo, com tamanho êxito, aliás, que os filmes de "longa metragem" muito em breve encontraram aceitação regular.

Foi uma revelação para o cinema europeu, no que se refere à contribuição cinematográfica e ao desempenho do já mencionado filme *Abismo*, de Urban Gad, em que estreou Asta Nielsen, "a deusa do filme", mais tarde esposa do diretor. O magnífico trabalho da estrela, de face melancólica e nada bonita, deveria tornar-se um novo modelo para o desempenho cinematográfico. Asta Nielsen é considerada uma das primeiras verdadeiras artistas do cinema. Jovem, teve o lastro duma carreira teatral; extremamente espontânea, de expressão e emoção nitidamente fotogênicas, relativamente sóbria e avessa ao jogo e à gesticulação externos, as suas interpretações revelaram-se muito superiores ao convencionalismo teatral dos artistas italianos e franceses da época. Suas qualidades expressivas, os seus gestos e jogo fisionômico, não só revolucionaram o estilo de interpretação cinematográfico; abriram também horizontes mais amplos à própria arte cinematográfica. (André Krasna Kreusz, *Interciné*, maio 1935).

Urban Gad, indubitavelmente inspirado por Ibsen e Strindberg, realizou inúmeros filmes com Asta Nielsen, devendo-se mencionar alguns tais como: *Vertigem*, *A Dançarina*, *Renúncia*, *Maternidade*. Mais tarde, já famosa na Europa inteira, ela e o marido passaram a trabalhar em estúdios da Alemanha que, dentro de certo tempo, tornaram-se a Meca dos cineastas escandinavos, assim como mais tarde Hollywood se tornaria a Meca dos artistas e diretores do continente europeu.

Em 1911 a Nordisk lançou um novo nome, desta vez de um galã, Valdemar Psilander, que logo se tornou famoso mesmo na América e que, na sua época, fez suspirar a platéia feminina da mesma forma como mais tarde só Rodolfo Valentino o faria. O jovem astro fez o seu *debut* ao lado da linda Clare Pontappidan em *À Porta da Prisão*, filme do qual se colocaram nada menos do que 253 cópias.

Em 1914 a Nordisk produziu 104 películas; em 1915 produziu 135 e 121 em 1916. Entre os filmes de grande êxito e de valor devem-se mencionar ainda *Abaixo as Armas*, *Pax Aeterna* (diretor: Holgen-Madsen), *A Favorita do Rajá* (com os famosos artistas Olaf Fonss, Gunnar Tolnais, Betty Nansen) e *Atlântida*, cujo argumento baseou-se no romance *Atlantis*, de Gerhardt Hauptmann, o grande dramaturgo alemão. Tratava-se do naufrágio do navio *Titanic*, para cuja reconstituição utilizaram-se um transatlântico e vários navios, fato que bem demonstra o progresso econômico da indústria cinematográfica.

Ao lado da Nordisk apareceram, na grande época cinematográfica do pequeno país, diversas outras empresas, entre as quais se destacaram a Dansk Biograf Kompagni, que contava com diretores tais como Benjamin Christensen e – o mais famoso – A. W. Sandberg. O primeiro citado tornou-se célebre em virtude de uma série de filmes policiais cujo protagonista chamava-se X. O primeiro destes filmes – realizado em 1913 – chamava-se *O X Misterioso*[2].

Outra empresa foi a Kinografen, que em 1912 lançou a primeira versão de *Os Quatro Diabos*, argumento extraído de um romance do escritor dinamarquês Hermann Burg (um dos mais finos representantes da literatura *fin du siècle*). O mesmo enredo, que se passa no ambiente circense, foi mais tarde filmado pelo diretor alemão Murnau nos Estados Unidos (*Four Devils*, 1928).

Pelo fim da guerra, pelos motivos já expostos, notava-se certa decadência econômica e artística dos filmes dinamarqueses. Valdemar Psilander sai da Nordisk e funda sua própria companhia, mas morre antes de terminar o primeiro filme. Olaf Fonss, outro grande astro, forma, por sua vez, uma nova companhia, sem todavia obter êxitos.

São sobretudo dois nomes que, após a guerra, mantêm ainda durante certo tempo o prestígio do cinema dinamarquês: A. W. Sandberg e Carl-Theodor Dreyer, este último uma das grandes figuras da arte cinematográfica que, todavia, produziu mais no mundo do que na sua pátria, na qual apenas iniciou a carreira para atingir o apogeu de sua arte na França.

Sandberg, seguindo aliás uma tendência acentuada por literatura e temas adultos no cinema escandinavo, alcançou

---

2. A melhor obra de Benjamin Christensen – que mais tarde trabalhou na Alemanha e na América – foi *A Feitiçaria através dos Séculos* (1921), rodada na Suécia, na qual já faz amplo uso da câmera móvel como meio expressivo, bem como do corte hábil para dar ritmo à obra. (N. do A.)

os seus maiores êxitos com a adaptação de romances de Charles Dickens à tela, autor sem dúvida dos mais cinematográficos imagináveis. Assim, Sandberg realizou *O Amigo Comum* (*Our Common Friend*), *Grandes Esperanças* (*Great Expectations*), *David Copperfield*, *A Pequena Fada de Solbaken*, além de outros filmes significativos como *Vingança do Céu*, *Piazza del Popolo*, *A Última Carreta*. Para realizar uma segunda versão de *La Dernière Grimace* (1925), anteriormente filmado com V. Psilander e Betty Nansen, contratou uma equipe internacional de atores: Maurice de Ferraudy, francês, Gösta Ekman, sueco, Maria Jacobini, italiana, e Fritz Kortner, alemão.

Na mesma época, nos inícios da terceira década, tornou-se famosa uma dupla de cômicos dinamarqueses lançada por Lau Lauritzen, da empresa Palladium. Tratava-se dos filmes de curta metragem de *Pat e Patachon* (na França, chamava-se *Double-Patte et Patachon*, na Dinamarca, *Fyrtramet og Bironen*), um baixinho e gordo, o outro muito alto e magro, dois tipos que sofriam tremendas desgraças mas acabavam sempre sobrevivendo. O êxito alcançado por esta dupla durante quase uma década foi extraordinário. O nome verdadeiro dos dois cômicos era Carl Schenstrom (*Double-Patte* ou Pat) e Harold Madsen (*Patachon*). O seu melhor filme era o *Dom Quixote* (1926), filme de longa metragem em que o magro Pat fazia naturalmente de forma notável o cavaleiro de triste figura, ao passo que Patachon figurou como Sancho Pança.

Carl-Theodor Dreyer

O maior cineasta dinamarquês, porém, foi indubitavelmente Dreyer, cuja *Jeanne d'Arc* é hoje tida como uma das mais extraordinárias obras jamais realizadas por qualquer diretor. É difícil colocar Dreyer em qualquer capítulo, país ou compartimento regional de uma história do cinema, pois esta grande figura pertence ao cinema mudo e ao sonoro, à Dinamarca e à França, tendo sido, além de diretor cinematográfico, jornalista e autor de peças de teatro. Visto, porém, que é dinamarquês (de ascendência sueca) e se iniciou na

Sétima Arte na sua pátria, há boas razões para colocá-lo no capítulo dedicado ao filme escandinavo.

O seu primeiro filme, feito na Dinamarca, chama-se *Páginas do Livro de Satã* (*Leaves of Satan's Book*, em dinamarquês *Blad ses Satans bok*), de 1920, obra fortemente influenciada por *Intolerância*, de D. W. Griffith, não só por se desenrolar em quatro partes diversas como este, mas também no que se refere ao estilo cinematográfico, às magníficas cenas de massa e ao uso extremamente sugestivo do *close up*, o qual iria tornar-se o máximo recurso estético de *Jeanne d'Arc*, usado com tal força e expressividade como nunca antes e nunca depois foi usado, senão talvez por S. Eisenstein. Como *Intolerância*, o filme de Dreyer joga com a cronologia de quatro épocas diferentes – a Palestina no tempo de Cristo, a Inquisição na Espanha, a Revolução Francesa e, finalmente, a revolução na Finlândia em 1918. Através do filme o demônio, encarnado em diversos caracteres, induz as pessoas a cometerem maldades e a causarem sofrimentos devido ao ódio que lhes inspiram as suas ações. Já neste filme Dreyer demonstra o uso grandioso do elemento humano, alcançando efeitos pungentes particularmente na expressão intensa do padecimento humano, causado pela ignorância, pelo ódio, pela intolerância e pelo fanatismo.

Dreyer realizou o seu filme seguinte na Suécia: *O Quarto Matrimônio da Sra. Marguerita* (*Prästankan*), história de um jovem pastor que é obrigado a casar com a viúva do seu predecessor e que conta nada menos do que noventa anos. Já neste filme, realizado com humor terno e humano, o diretor preferiu ao estúdio a cenografia realista, evitando *décors* fabricados. Dreyer alugou três casas antigas bem características para localizar nelas a ação do seu filme. Voltando à sua pátria, produz o seu terceiro filme, *Era uma Vez*, com três excelentes atores: o velho Peter Jensdorff (o velho rei), Sven Hendling e Clara Pontappidan (príncipe e princesa). Os filmes seguintes realizará na Alemanha (*Michael* e *Die Geseichneten*) e na Noruega (*A Viagem ao Céu*, 1925).

É todavia na Dinamarca, sob os auspícios da Dansk Filmindustri, que realiza em 1925 um dos seus melhores filmes: *O Dono da Casa*, obra em que demonstra de novo a sua grande capacidade de expressão "através" do rosto humano, de estudos psíquicos, apoiado num enredo inteiramente psicológico, quase sem ação externa mas que lhe dá oportunidade de fazer um verdadeiro estudo de um ambiente pequeno-burguês dinamarquês e do caráter de um homem tirânico e estúpido que, com verdadeiro sadismo, torturava a sua esposa. Já neste filme nota-se, todavia, certos vícios, dir-se-ia, nórdicos: lentidão extrema do ritmo em cenas em que o movimento puramente cinemático até certo ponto é negligenciado, bem como um despojamento que, se de um lado salienta o essencial, por outro lado limita até certo ponto as possibilidades do cinema e empresta às suas obras uma simplicidade de muito rigor.

São esses também os defeitos de sua maior obra, o clássico *A Paixão de Jeanne d'Arc*, a mais perfeita obra sobre a Donzela de Orleans já criada pelo cinema. Ao lado dos defeitos mencionados, as qualidades são tantas e de tal magnitude que seria mesquinho contrapor aqueles a estas, esquecendo-nos da imensa impressão que a obra, como totalidade, não pode deixar de causar ao espectador sensível.

Dreyer concentrou o grande tema ao máximo, limitando o cenário ao processo e à execução, seguindo rigorosamente os dados históricos cujos pormenores estudou com Joseph Deltei e Pierre Champion. Como de costume, eliminou do cenário todos os pormenores supérfluos, salientando apenas o essencial. Reduziu os *décors* a apenas quatro: a prisão, a capela, a sala de tortura e a Praça do Mercado de Rouen, cuja elaboração artística confiou a Jean Victor Hugo e Hermann Worm, o grande cenógrafo do *Gabinete do Dr. Caligari*, a clássica obra de Robert Wiene.

O uso de apenas quatro *décors* – evidentemente anticinematográfico – é compensado pela concentração e simplificação, fato que permite extrair o máximo sentimento do elemento humano. Além disso, há outra vantagem: contando apenas com quadro *décors* diferentes, pode permitir-se o luxo de mantê-los simultaneamente até o fim da filmagem, de modo a rodar as cenas seqüenciais na sua sucessão lógica, começando com o início e terminando com o fim, ao passo que o

165

sistema de filmagem costumeiro segue um plano econômico, segundo o qual se rodaria, por exemplo, principalmente todas as cenas na prisão, mesmo as cronologicamente posteriores, as outras cenas depois, aproveitando-se todas as seqüências de tortura, mesmo a da execução, depois as demais etc., para permitir assim o completo aproveitamento do estúdio. Com o seu sistema Dreyer conseguiu obter de seus atores uma disposição psicológica notável pela sucessão cronológica das ocorrências que, no teatro, permite ao elemento humano o máximo rendimento expressivo, ao passo que o cinema – no qual muitas vezes se começa pelo fim e se termina com o início – torna muito difícil o trabalho do ator.

A concepção de Dreyer tinha tamanha importância porque, no seu caso, ele dependia com o máximo interesse do jogo fisionômico dos atores, uma vez que os grandes *close ups* dominam, de modo absoluto, na sua obra. O uso do *close up*, introduzido como recurso expressivo por Griffith, é muito perigoso quando levado ao extremo, como ocorre no caso de Dreyer. O plano próximo na maioria das vezes barra o ritmo lento e pesado e quebra a história em sua continuidade, modificando por completo a sucessão do tempo interior cinematrográfico. Dreyer porém, compondo quase todo o seu filme com *close ups*, mostrou tamanha maestria no seu uso que obteve um resultado simplesmente estupefaciente, resultado este intensificado pelo fato de que evitou por completo a maquilagem dos artistas. A própria Falconetti – a jovem insuperável do filme – teve de cortar os cabelos, raspar a cabeça, e os monges parecem ter sofrido terrores reais. O efeito final é poderosíssimo. Essas faces, esses olhos, esses lábios focalizados em *close ups*, certas faces brancas, as rugas, as lágrimas e a dor na magnífica interpretação de Rudolph Maté expressam com todo impacto a dor humana e os mais íntimos sentimentos da alma dos personagens. A câmera, de grande mobilidade e colocada em excelentes ângulos, parecia penetrar através da matéria carnal, cuja plasticidade saltava palpável da tela, até os mais íntimos recessos da existência humana, infiltrando-se no que há de mais encoberto e inacessível à articulação verbal.

Ao lado disso, há uma composição pictórica de incomparável beleza, fielmente expressa pelos grandes mestres

166

flamengos e holandeses. Não é sem razão que Paul Rotta fala da beleza pujante de certas tomadas, tão perfeitas em si que o espetáculo parece ser um livro que permite que cada cena da tela possa ser pendurada nas paredes de uma casa: essa maravilhosa composição de cada tomada apaixonou o diretor a ponto de que muitas vezes ele se esqueceu da continuidade do filme, debruçado como estava sobre a cuidadosa "pintura" de cada imagem.

Com todos os defeitos, trata-se de uma obra inolvidável, mas até certo ponto de uma obra formal. Neste caminho não havia possibilidade de desenvolvimento cinematográfico. Dreyer deu demasiada atenção à imagem isolada, negligenciando a dinâmica estrutural da obra total. Se apesar disso ele criou grandes obras, cheias de atmosfera, verdade psicológica, beleza e expressividade, deve-se atribuir isso ao seu grande talento, graças ao qual conseguiu magníficos resultados. Todavia, o seu estilo, enquanto tal, não pôde fazer escola, pois qualquer imitação redundaria em fracasso. Os defeitos – ritmo lento e preponderância do elemento pictórico, que preponderam sobre a estrutura total e a continuidade, os cortes, excesso de *close ups*, ângulos às vezes rebuscados –, que no caso de Dreyer decorrem dessa concepção profunda, aparecem como complemento de qualidades maiores, como a movimentação com compensações estruturais, na obra de qualquer outro diretor se transformariam em simples vícios, levando a um rendimento desigual.

Após a *Paixão*, realizada sob o patrocínio da Société Génerale des Filmes (França), e contando com atores como a Falconetti, Sylvain, Ravel, Artaud etc., Carl Dreyer rodou, também na França, *Vampyr* (*A Estranha Aventura de David Grey*), realizado como o *O Dono da Casa*, em ambientes reais – um castelo, casa de um músico do interior, um albergue perto de um rio, um velho moinho movido a água etc. O único *décor* artificial foi um cemitério desenhado por Hermann Worm. Esta obra, aliás – muito inferior a *Jeanne* –, foi realizada numa versão muda e outra falada, com grande economia de diálogos.

Em 1940, finalmente, Dreyer rodou seu até hoje último filme, *Dies Irae* (*Dia de Ira*), desta vez de novo na Dinamar-

167

ca, durante a ocupação, evocando a época das feiticeiras e superstições, no início do século XVII. Também aqui há poucos personagens e poucos locais, sobressaindo uma atmosfera sombria, cheia de crueldade e terror (dizia-se que aludia ao momento histórico, com a pátria ocupada pelas tropas nazistas, sem Dreyer fazer qualquer alusão). Indubitavelmente, uma obra de poderosa expressividade, *Dies Irae*, no entanto, não atinge a beleza e o calor humano da *Paixão*. Mesmo assim, deve ser considerada como uma das mais impressionantes obras fílmicas realizadas na década que vai de 1940 a 1950. Filme naturalmente sonoro, distingue-se, no entanto, pela economia de diálogo.

Desde então pouco se ouviu falar de Dreyer e nenhum outro filme foi rodado por ele – uma das últimas notícias a respeito dele apareceu em agosto de 1947[3].

Dreyer, lê-se, vive e trabalha para agradar um público remoto e especializado; seu objetivo é o de expressar, através do filme, a tensão íntima de violentos conflitos emocionais; e essa verdade do sentimento humano, assim expresso, não poderia deixar de comover todos os espectadores. "Observo a face – é o que importa", disse Dreyer.

Mesmo nos seus filmes sonoros, ele reduziu ao máximo a elaboração dos diálogos a fim de que os atores tivessem de falar palavras capazes de evocar o jogo emocional da fisionomia. Tomadas próximas são a essência da técnica de Dreyer: sua câmera trabalha sobre a fisionomia dos caracteres. Ele declarou que *La Passion de Jeanne d'Arc*

foi uma tentativa de impelir o filme silencioso até os limites da expressão... Em *Dia de Ira* (*Dies Irae*), *explicou, usou* o som da maneira como espera que será usado de modo crescente no futuro: o som executado com ênfase, porém com grande economia e discrição, apenas para sugerir o clima e a atmosfera de uma cena. A música no filme contemporâneo é, com demasiada freqüência, uma camuflagem da pobreza e artificialidade no que se refere aos valores emocionais: filmes, como peças teatrais, deveriam possuir força emocional suficiente para prender o público sem a assistência musical incidental[4].

3. Roger Manvell publicou uma pequena entrevista com o diretor dinamarquês na Penguin Film Review, agosto de 1947. (N. do A.)
4. Ver nota anterior. (N. do A.)

Evidentemente, grandes artistas como Dreyer, Stroheim, Welles, Flaherty, encontram só com extrema dificuldade patrocinadores e mecenas dispostos a empatar seu precioso capital em produtos de diretores que têm a perigosa pretensão de realizar arte sem pensar nos juros e sem se submeterem às ordens dos negociantes.

O cinema sueco

O destino do cinema sueco assemelha-se ao do dinamarquês: breve apogeu na época silenciosa, com triunfos em escala internacional; depois, lenta e inexorável decadência devido à competição de países mais poderosos – a Alemanha primeiramente e, em seguida, para dar cabo, Hollywood anexando os seus maiores valores, dominando os mercados e impondo um gosto-padrão "internacional" e a cuja superficialidade um cinema tão ligado às letras e à atmosfera nacionais não poderia adaptar-se sem perder a sua beleza peculiar.

A "grande época" do cinema sueco não vai além de uns seis a oito anos, de 1916 a 1924, no máximo. Estes poucos anos, porém, são de grande importância para a história do cinema, sendo que até hoje se nota, nas obras de alguns dos maiores diretores, a influência poderosa de Sjöström ou Stiller. Parece evidente que diretores como Ford, Fernández e mesmo Eisenstein nunca tenham se esquecido das lições destes dois grandes cineastas, que aliás, por sua vez, muito aprenderam com Griffith e Ince.

Foi só em 1909 que um distribuidor de filmes franceses, Magnussom, organizou a S. A. Svenska Biografteatern, pensando de início em realizar filmes sonoros, idéia que já então (e, como vimos, desde o início da história cinematográfica) apaixonava muitos cineastas. Diante das dificuldades existentes então nesse campo, Magnussom desistiu de sua iniciativa, satisfazendo-se com a realização de filmes mudos. Ainda no mesmo ano, produziu um filme de seiscentos metros, *Gente de Wärmland*, que não foi nenhuma obra-prima mas que mostrou, logo de início, algumas das características mais marcantes do cinema sueco: a evocação da atmosfera nacional, além de uma melancolia suave e de uma poesia popular,

169

bem como o importante papel da natureza, concebida como uma entidade autônoma, prenhe de uma vida misteriosa. Seiscentos metros pareciam então uma metragem excessiva e cortou-se um terço do filme, mas mesmo assim criticou-se o seu tremendo comprimento.

Logo no ano seguinte construiu-se o primeiro estúdio de importância nos arrabaldes de Estocolmo, e em 1911 já havia grandes estúdios. Um ano mais tarde a Svenska fez uma importante aquisição: contratou dois homens de teatro de certo renome – Mauritz Stiller e Victor Sjöström, este no início enquanto ator dirigido pelo primeiro. A primeira produção dos dois novos elementos foi *Máscaras Negras*, filme sensacional em que Sjöström, sob a direção de Stiller, parece atravessar uma corda estendida numa altura considerável. Descendo à terra, Sjöström tornou-se diretor sem deixar de trabalhar como ator, ao passo que Stiller, por sua vez, passou a trabalhar também como ator.

Os dois diretores e atores, ambos de cultura invulgar, conhecedores das conquistas fílmicas de Griffith e Ince, impregnados até os ossos de literatura escandinava, cercaram-se logo de ótimos atores, como Gösta Ekman, Lars Hanson, Karin Molander, Tora Teje e muitos outros. A sua produção, cheia de um lirismo às vezes sombrio, de um ritmo um tanto pesado e de um clima com freqüência extremamente *noir*, chamou a atenção das platéias européias e logo também americanas. O que deu às suas obras um vigor especial foi o aproveitamento da riquíssima literatura escandinava, cuja essência souberam transpor para a tela em termos os mais adequados através de uma poesia até então desconhecida nos anais do cinema. Grandes nomes como Ibsen, Strindberg, Hamssum, Björson, forneciam através de suas obras argumentos adultos e tramas ao cinema sueco. Destacou-se principalmente, porém, o nome de Selma Lagerlöf, a grande escritora que obteve o Prêmio Nobel de 1909. Suas obras, muitas vezes inspiradas no folclore de sua terra, tornaram-se o ponto de partida dos melhores filmes de Stiller e Sjöström. Pela identificação íntima com os grandes temas nacionais, magistralmente retratados nos romances da grande autora, eles conseguiram expressar nos filmes a íntima substância da própria natureza

170

e, ao mesmo tempo, do povo do qual se tornaram expoentes ao apresentar-lhe, em imagens, o âmago e a saga de sua vida coletiva. Era essa unidade rara de folclore, mito, de artistas bem dotados e perfeitamente integrados ao coletivo – expostos por sua vez em atos de uma grande motivação popular – que deu às suas obras a beleza consistente, a aura de uma arte ao mesmo tempo robusta e delicada que empolgou os espíritos mais refinados da Europa e, simultaneamente, as grandes platéias. Pela primeira vez, numa escala muito maior do que na obra *O Nascimento de uma Nação*, de Griffith, espiritualmente duvidosa, o cinema se tornou verdadeiramente expressão de uma nação e, precisamente por isso, atingiu retumbantes êxitos internacionais.

É grande o número de filmes realizados pelos dois diretores. Os mais famosos surgem do estúdio da Svenska a partir de 1916-1917, anos em que Sjöström realizou dois filmes que marcaram época: *Terje Viggen*, adaptação de um poema de Ibsen, e *Os Proscritos*, com argumento de Johann Sigurjonsson, história de um vagabundo perseguido pela polícia que se refugia nas montanhas, seguido por sua amada. Este filme foi considerado uma verdadeira revelação na Europa. "Que o cinema fosse capaz de elevar-se a tais alturas", escreve J. Charensol, "era algo que então nos parecia impossível". E Leon Moussinac chamou a este filme a "melhor realização mundial de 1917". A plena capacidade dos dois diretores, todavia, só se manifestou depois do seu encontro com a obra de Selma Lagerlöf. Toda a poesia mística das novelas e a paisagem brumosa do norte, povoada de vida mágica, foram delicadamente transplantadas para a tela. Assim foi *Filha do Pantanal*, assim foi *A Voz dos Ancestrais* (Sjöström), adaptação de parte do romance *Jerusalém*, enquanto que em *Relógio Quebrado* seguiu-se a continuação.

Em 1918 foi formada uma nova companhia de importância, a Skandia, com o diretor de mérito John-W. Brunius. Um ano mais tarde esta companhia fundiu-se com a Svenska, formando a Svenska Filmindustri, com estúdios em Rasunda. Foi então que Sjöström e Stiller deram a verdadeira medida de sua arte. Em 1919 este último produziu o extraordinário *Tesouro de Arne* (Selma Lagerlöf), uma história de amor cheia de uma atmosfera de "grandeza estupefaciente" (Marcel Lapierre) – o filme desenrola-se em deslumbrantes paisagens nevadas que, longe de serem fruto apenas da narração, parecem desempenhar papel quase humano ao lado dos atores, contribuindo em muito para a intensidade dramática da obra. Um ano mais tarde Sjöström realizou o clássico *Carreta Fantasma* (*Kórkarlen*), baseado no romance da mesma autora, em que é narrada a velha lenda do "carreteiro da morte", nomeado na noite de São Silvestre entre os falecidos a fim de transportar durante um ano as almas não admitidas no paraíso. Charensol destacou o uso artístico da superimpressão, recurso já longamente explorado anteriormente, porém sempre para obter efeitos mais ou menos grosseiros.

Pela primeira vez em um filme dramático mostrava-se um mundo irreal e, pela primeira, obtiveram-se efeitos poderosamente expressivos mediante um procedimento puramente técnico, qual seja a superimpressão. Logo os alemães iriam ainda mais longe nesse caminho, sem conseguirem, contudo, jamais nos dar uma sensação de grandeza trágica comparável àquela que sentimos então. (E. T. Dublin, *Le Cinéma Nordique*). O diretor conseguiu, por meios técnicos até então absolutamente novos – especialmente por meio de superimpressões habilmente aproveitadas – interpretar as idéias profundamente humanas da autora e, isso, de uma maneira tão impressionante e sobretudo cinematograficamente tão real que esse filme será sempre uma das maiores obras clássicas do cinema mudo.

Distinguem-se, neste filme, como atores, o próprio Sjöström, Svennberg, Astrid Holm, Hilde Bergstrom.

Enquanto novos diretores iam surgindo – nomes como Gustav Molander, Ivan Hedqvist, Gösta Eckman, Gustav Edgren, Rugnar Waldestedt –, surge também todo um céu de astros e estrelas, tais como Karin Molander, Axel Robson, Einar Hansson, Ellen Dell e o grande Lars Hanson, protegido de Stiller. A maior de todas, porém, foi uma pequena balconista, estudante ao mesmo tempo do Teatro Real de Estocolmo, que em 1922 surgiu num papel apagado de banhista ao estilo das comédias de Mack Senett (*O Vagabundo Pedro*). Chamava-se Greta Gustafsson essa menina. Foi M. Stiller quem, com o arguto olho do descobridor de estrelas, descobriu aquela banhista que mais tarde se tornaria Greta Garbo.

172

Certa época, por volta de 1920 a 1922, o cinema sueco alcançou o apogeu do seu êxito. Além de Stiller e Sjöström, distinguiram-se os filmes de Brunius, que realizou obras históricas como *O Cavaleiro Errante* e *Carlos XII*; Hedqvist fez o lindo filme *A Peregrinação a Kelvar*, baseado no famoso poema de Heinrich Heine, cujo texto forneceu os títulos intermediários. Porém o apogeu foi, ao mesmo tempo, o início da decadência. A Alemanha surge, ameaçadora, no mercado europeu competindo arduamente com a invasão avassaladora do cinema norte-americano. Os suecos resolvem colaborar com a Alemanha, que forma uma frente única contra o concorrente comum. Assim, a Svenska roda *Carrousell* na Alemanha, com um diretor russo, Dimitri Buchowetsky, e atores de várias nacionalidades, como por exemplo Conrad Veidt (judeu-alemão); Gina Monès, francesa, é protagonista de um filme de Gustav Molander, *Paixão*, adaptado de uma obra típica de Strindberg, assim como atores ingleses e muitos franceses são aproveitados para garantir o interesse do mercado europeu.

Todas essas tentativas desesperadas (que só poderiam prejudicar o cinema sueco, cuja força residia, precisamente, no seu caráter nacional) não conseguiram frear o processo de lenta decadência econômica e estética.

Em 1923 M. Stiller realizou o seu famoso filme *A Lenda de Gösta Berling*, baseado numa saga nórdica em que o amor, a fé, o devotamento e a religião são os motivos centrais, num ambiente de florestas, estilos antigos e sonhos pesados (Selma Lagerlöf) – chamado o "canto do cisne da bela cinematografia sueca". Esse filme gigantesco, de cerca de 12 mil metros, foi reduzido, na França, a cerca de 3 mil metros e repartido, na Alemanha, ao que parece, em várias partes, mesmo assim bastante cortadas. Mas apesar do assunto demasiadamente épico e do cenário não completamente adequado às exigências cinematográficas, Stiller conseguiu realizar uma obra de tremendo vigor, que provocou a admiração da crítica e das platéias européias. Nesse filme, interpretado nos papéis principais por Lars Hanson e Gerda Lundeqvist, apareceu, num papel secundário, a já mencionada Greta Gustafsson.

173

Depois começou a ofensiva dos Estados Unidos. O melhor modo de dar cabo do cinema sueco era, entretanto, atrair os seus mais famosos elementos a Hollywood. Primeiramente, chamou-se o maior de todos, Sjöström, que passou a ter o nome de Seastrom. Em 1925, Mr. Luis B. Mayer, da Metro, ficou tão entusiasmado ao assistir, na Europa, ao *Gösta Berling*, que se apressou imediatamente a convidar também Stiller. Mas Stiller fez exigências. Só quis seguir levando consigo Lars Hanson e Greta Gustafsson; Mr. Mayer concordou, embora achasse a Greta abominável – opinião que inicialmente foi também a dos gênios de Hollywood. Acharam-na demasiadamente alta, muito magra, angulosa, de pés e mãos volumosos e ombros excessivamente quadrados. Ademais, tinha cabelos tão lisos e não tinha graça nenhuma. Essa pobre Cinderela obteve, graças aos esforços de Stiller, o papel principal de *A Torrente* (*The Torrent*), sob a direção de Monta Bell, e tornou-se quase de imediato estrela, permanecendo durante vinte anos como a primeira figura do cinema universal.

Da Escandinávia vieram também muitos outros atores, além de Hanson e da Garbo, tendo atingindo grandes êxitos Nils Asther. Também Gloria Swanson, que recentemente "voltou" à tela no excelente filme *Crepúsculo dos Deuses*, é de origem sueca.

De modo geral pode-se dizer, embora o ambiente não lhes tenha sido muito propício, que Hollywood não conseguiu sufocar o talento extraordinário dos dois diretores suecos. Entre os vários filmes que Sjöström realizou também merecem ser mencionados *O Imperador de Portugal* (S. Lagerlöf), com Lon Chaney e Norma Shearer, *The Scarlett Letter*, com Gloria Swanson, *Lágrimas de Palhaço* e, principalmente, essa grande obra que é *O Vento* (1927), com Lilian Gish – em que a figura principal é o vendaval das planícies do Arizona. Esse filme influiu muito, indubitavelmente, em toda uma geração de diretores americanos, impressionados pela força com que a paisagem e os elementos da natureza são apresentados nesse filme, para criarem uma atmosfera de densidade dramática extraordinária[5]. Na maioria de seus fil-

---

5. Como nas suas melhores obras suecas, Sjöström demonstrou nesse filme a sua acentuada sensibilidade para a vida mágica da natureza, vista

174

mes, um indivíduo de escol se afirma ou perece na luta contra a força elementar da natureza ou contra a essência igualmente elementar da sociedade (como Karl Dreyer?/Stiller?), Sjöström se interessava principalmente pelo indivíduo forte e excepcional na maioria de seus filmes. Ele trouxe, segundo a palavra de Dublin, uma "pequena nota de sinceridade sueca, de verdade humana à produção nivelada dos americanos".

O êxodo dos artistas suecos para Hollywood não foi, como se sabe, um fenômeno excepcional. A indústria cinematográfica norte-americana atraiu sistematicamente os melhores elementos europeus com ofertas excelentes, principalmente a fim de enriquecer os próprios estúdios, dando novos impulsos à sua produção: em parte, para suscitar o interesse das platéias européias para filmes com nomes familiares, mas em parte também para paralisar a produção européia, cortando-lhe os melhores ou mais famosos elementos.

Ainda vieram, na época muda, atores como Emil Jennings, Conrad Veidt, Lya de Putti, Camila Horn, Greta Nissen, Pola Negri, os diretores Dimitri Buchowetsky, Paul Leni, Fred Murnau, Ludwig Berger, Erich Pommer, E. A. Dupont, Ernst Lubitsch, Fritz Lang – entre outros. A maioria dos artistas importantes, particularmente os diretores, mimados como cavalos de raça pelos reis do celulóide, foi despersonalizada pela engrenagem do cinema americano. Mimados, sim, mas também tutelados e adestrados como cavalos de raça, deles não se esperava nada senão a máxima eficiência na execução dos produtos da indústria cinematográfica. Assim, só muito poucos conseguiram manter o nível europeu, e mesmo aqueles que voltaram à Europa não conseguiram realizar de novo qualquer coisa de ponderável.

O talento de Stiller foi menos robusto, menos homenageado do que o de Sjöström. Mais dispersivo e às vezes excessivamente sutil, de sensibilidade muito delicada, ele nem

---

com olhos de panteísta, enamorado das flores, do céu e dos espaços profundos, cuja beleza queria transportar para a tela com seu agudo senso de um ritmo poético grave e másculo. Nunca, porém, a natureza torna-se elemento meramente decorativo: impregnada de vida, ela se transforma em protagonista que influi nos destinos dos caracteres humanos. (N. do A.)

175

ao menos conseguiu adaptar-se a Hollywood na medida de seu colega mais feliz. Assim mesmo, obteve êxitos, embora limitados, e realizou em Hollywood algumas obras de qualidade acima do comum. A sua produção na América foi de apenas três filmes: *Confissão*, *Hotel Imperial* (com a então famosíssima Pola Negri) e *A Rua Chamada Pecado*, com o igualmente famoso Emil Jennings e Olga Baclanova, importados da Alemanha. Esta última fita é considerada a sua melhor obra feita em Hollywood. Contudo, embora retrato de um filme bem estruturado, revela uma espécie de esgotamento e de falta de vibração interna. *Hotel Imperial*, embora inferior, particularmente a partir da segunda metade, é uma obra mais intensa e vigorosa, devendo-se destacar o magnífico uso da câmera que viaja em *travellings* impressionantes através do hotel. A ação da fita se passa numa pequena cidade da Polônia austríaca, capturada pelos russos em 1915 durante a Primeira Guerra Mundial.

Stiller voltou à sua pátria em 1928, morrendo pouco depois. "Hollywood matou este grande Stanislavski do cinema", disse Emil Jennings na sua oração fúnebre.

A Suécia nunca mais conseguiu desempenhar qualquer papel de relevância no mercado cinematográfico mundial, embora realizasse, de quando em vez, um ou outro filme de qualidade elevada, obtendo o aplauso da crítica universal. Contudo, suas conquistas estéticas continuariam vivendo nas melhores obras da Sétima Arte. Cabe aos suecos o mérito, após os americanos e antes dos alemães e russos, de terem contribuído decisivamente para transformar o cinema em arte, graças à sua profunda compreensão da linguagem fílmica.

Há três elementos a distinguir o fenômeno da arte: o criador, que se expressa por meio de determinada arte; a obra de arte, com suas leis autônomas; e o efeito sobre o público. Todos os três elementos fornecem uma totalidade sem a qual não se pode falar em arte. O artista só se expressará adequadamente se souber (consciente ou inconscientemente) observar as leis da sua arte que, sem a vigorosa personalidade do artista que através dela se expressa, nada significam, ao passo que a mais vigorosa personalidade de pouco adianta se não tiver a intuição dessas leis. Do encontro desses dois ele-

176

mentos decorre, na maioria dos casos, o resultado efetivo da arte: a comunicação intensa, o efeito vigoroso sobre o público sensível e compreensivo.

O encanto e a surpresa dos entendidos e das grandes platéias em face do cinema parece explicar-se pelo fato de que os maiores diretores desse pequeno país, verdadeiros artistas, tinham algo a expressar, algo que lhes era peculiar mas com que estavam profundamente identificados; e que encontraram no filme o meio de se expressarem sem coação exagerada de imposições alheias, ainda que nem sempre tenham sabido expressar-se com perfeição. No seu apogeu não tiveram ainda a consciência do corte dos russos, nem a audácia expressiva dos alemães, com o fantástico jogo de câmera e cenografia.

O Filme Americano

História e tendências por volta da Primeira Guerra Mundial

A vitória do filme americano no mercado mundial, que só veio a tomar forma no início da terceira década (1922-1925), é, como foi mostrado, resultado principalmente de fatores econômicos irresistíveis. Mas os fatores econômicos, por si sós, não teriam sido suficientes para conquistar o mercado europeu se, à ascensão material, não tivesse correspondido um grande sucesso no domínio da linguagem cinematográfica, progresso que tornaria o produto americano não só aceitável mas também fascinante e sedutor. Uma vez dominados os mercados, bastava habituá-los e condicioná-los ao estilo americano, independentemente de considerações de qualidade, da mesma forma como o consumidor se habituaria a um sabonete, à Coca-Cola ou a determinado jornal, de tal modo que se tornaria incapaz de apreciar as qualidades de outros produtos.

Ao longo de sua história, o cinema americano inspirou-se nas descobertas, pesquisas e realizações de cineastas europeus. Porter encontrou o seu estilo graças aos filmes *artificialmente arranjados* de Mélies; mas superou o francês na compreensão dos recursos do novo meio de comunicação;

Griffith criou as suas maiores obras impelido pelo ressentimento em face das fitas monumentais dos italianos: Griffith, discípulo de Porter e detentor de um senso cinematográfico agudo, superou de longe todos os predecessores, tornando-se o primeiro autêntico cineasta com profundo conhecimento e intuição da expressividade peculiar e das leis específicas da linguagem cinematográfica. Max Senett inspirou-se em Max Linder e Chaplin em ambos, cada um ultrapassando de longe os seus mestres e inspiradores. Filmicamente um pioneiro e inovador, Griffith é muito mais importante do que Chaplin, dentro da história coletiva do cinema. Mas este é muito superior como artista e de individualidade inconfundível. No caso de Chaplin interessa muito a obra, uma das maiores realizadas por qualquer artista em qualquer ramo da arte; sem que essa obra tenha contribuído em muito para o progresso geral da Sétima Arte, é uma obra válida como um mundo à parte, desligado da corrente histórica geral do cinema. No caso de Griffith, hoje não interessa muito a obra, mas a contribuição, já anônima, para a arte de narrar através da imagem móvel.

Evidentemente, um extraordinário diretor cinematográfico como Griffith não caiu do céu nem se realizou no vácuo. Em torno dele o país fervilhava de entusiasmo pelo novo entretenimento. Ao lado de Porter, e sucessivamente, surgiram diretores capazes que sabiam narrar uma história em duzentos ou trezentos metros.

As artes menos consumidas, naquela época geralmente apressada, dos grandes centros industriais, encontraram no cinema a sua principal descoberta e as empresas cinematográficas forneciam ao público o produto tido como arte pura: fitas cujo enredo na sua maioria se desenvolvia em ambientes familiares dos menos favorecidos, fitas às vezes com forte tendência social, mas muito mais freqüentemente com teor edificante e moralizante – fitas combatendo o alcoolismo, a preguiça, a greve, fitas ensinando a harmonia entre empregado e empregador, a conduta, a religião. Uma imensa quantidade de celulóide foi gasta para pregar a paz social – fato que bem demonstra as preocupações dos cineastas que, sentindo-se convencidos da importância do novel veículo de idéias, procuraram aproveitá-lo da maneira que lhes pareceu a mais

178

adequada e digna. Nota-se também certo senso de responsabilidade na manipulação da nova arma espiritual. Evidentemente, havia muito de patriarcalismo, superado e ridículo, nessas fitinhas do tipo prédica de sermões, cheirando à salvação do mundo através da caridade e fraternidade individuais, de vizinho para vizinho e de industrial para oprimidos, à semelhança das teorias ingênuas mais tarde expostas pelo diretor Frank Capra. Mas não se pode negar certa dignidade, certo senso de responsabilidade a essa produção múltipla, cujos fabricantes parecem ter consciência de sua elevada missão como educadores do povo, por mais ingênua que tenha sido a forma utilizada. Assim, pregavam humanitarismo e debates de interesse social: a riqueza não dá felicidade (essa teoria enriqueceu muitos fabricantes de filmes) e, particularmente, um lar com muitas crianças representa consolo mais eficiente do que o vil metal. Caso se dissesse: "um pobre não pode permitir-se o luxo de ser virtuoso", os cineastas norte-americanos replicavam: "é o dinheiro que corrompe; os pobres, coitados, são bonzinhos". Ao mesmo tempo são glorificados, em muitos filmes, o sistema de competição, a ambição, o herói que se faz por si mesmo, o *self-made-man* que começa como jornaleiro e acaba como multimilionário. Mesclavam-se dois conceitos contrários de virtude: o sentido cristão dos termos cordura, humildade, bondade; com o sentido greco-romano: masculinidade, vontade férrea, vigor. Na primeira acepção encontra-se a virtude na base de centenas de filmes sentimentais e chorosos – em que no fim o amor é recompensado; na segunda acepção, a virtude se manifesta no "mocinho" dos *westerns* que começou a abarrotar as telas desde 1908, com as aventuras de Broncho Billy, mais tarde substituído pelos Tom Mix, William S. Hart, o homem dos olhos de aço, George O'Brien, Brich Jones, Tom Keene, Bill Boy etc.

O cinema apresenta particularmente, através desses filmes, os espaços abertos, a paisagem natural; mas a natureza nos *westerns* é, em geral, mero símbolo, simples obstáculo material para o herói ter de vencer. Os espaços abertos são os meios, particularmente, em que a natureza se tornará elemento essencial do filme. Não faltam, todavia, filmes que colocavam os problemas sociais com mais severidade, revelando

179

uma visão mais progressista e honesta da religião, tendência que em alguns casos transformou-se em violento cântico no estudo das causas então predominantes.

Todavia, toda essa preocupação com os problemas ligados à classe operária cessou, em meados da segunda década, para as camadas burguesas. Os líderes dos sindicatos são vagabundos, agitadores estrangeiros, anarquistas, elementos perniciosos; os sindicatos são nocivos. Todos os conflitos de trabalho se resolvem pela bondade do chefe e pela conduta dos empregados. Se o operário não progride é porque é preguiçoso, alcoólatra e incompetente.

Paralelamente aos processos descritos anteriormente, aumentava o número de consumidores importantes da produção cinematográfica. Tratava-se de um público mais culto que não suportava o sermão moralizante e a atitude didática. Exigiam um cardápio menos palavroso, mais sofisticado. Com o público, mudou também o ambiente dos filmes: casas mais bonitas, salas mais bem mobiliadas, uma atmosfera mais higiênica, rigorosamente estilizada. Nada de sujeira. O ambiente pobre desaparece paulatinamente do filme americano, de tal modo que o mundo se admira pela demonstração, através de um ou outro filme mais realista, de que existe uma classe operária, e vivendo na miséria, nos Estados Unidos. É que os produtores se convencem, aos poucos, de que uma boa parte do público se interessa mais pelos problemas dos bem-situados, problemas geralmente fúteis que distraem e divertem. Doravante, a função principal do filme americano não será mais a de interpretar a realidade, de abordá-la com maior ou menor honestidade, mas sim a de desviar a atenção do público dos problemas reais. Começou desta maneira o filme do sonho e da evasão em que se apresentam ambientes específicos das camadas superiores ou restritas que, embora mais ou menos reais, afiguram-se à grande maioria do público como momentos distintos e irreais.

Já foi mencionado, anteriormente, que a competição, bem como o exemplo europeu, refletia-se, muitas vezes, através dessa convicção do meio como base da realidade. Seja como for, as empresas foram obrigadas, a contragosto, a aumentar a extensão dos filmes, fato que, por sua vez, levou a uma

180

especialização cada vez maior. Inicialmente, o diretor tinha todo o filme "na cabeça", coisa fácil, já que os enredos eram de grande simplicidade, muitas vezes extraídos de notícias de jornal ou qualquer acontecimento em foco. Paulatinamente porém, com a maior extensão dos filmes, necessitavam-se indicações mais exatas e o diretor começou a depender de um roteiro feito à semelhança daqueles escritos por Porter, o que, por sua vez, exigia a colaboração de autores especializados, capazes de produzir um argumento fornecido por qualquer obra literária em termos cinematográficos. Os jornais estavam logo cheios de anúncios à procura de autores, com garantia de lições especiais para os leigos em matéria de roteiros. Pagavam-se, então, muito antes da guerra, cerca de cinqüenta a seiscentos dólares por roteiro, enquanto os argumentos básicos eram tirados, em escala crescente, de obras literárias, com observação do *copyright*, já que uma empresa cinematográfica tinha sido condenada após o filme *Ben Hur* por não ter pago os direitos autorais ao autor e à editora daquele famoso *best-seller*. Mas além do cenarista havia ainda o autor dos textos explicativos do filme mudo – profissão já então especializada, como hoje a do autor dos diálogos, que nem sempre são idênticos ao autor do roteiro.

Baseado nessa especialização, temos já antes da Primeira Guerra Mundial o cineasta Thomas Ince como produtor de filmes minuciosamente elaborados até os mínimos detalhes, ao ponto de o trabalho do diretor reduzir-se à mera movimentação dos atores. Com efeito, Thomas Ince, um dos maiores pioneiros do filme norte-americano, costumava planejar os cenários em colaboração com os cenaristas até nos mais insignificantes pormenores visuais. Ince entregava os cenários aos diretores com a ordem de rodar o filme rigorosamente ao pé da letra, seguindo o cenário item por item, tomada por tomada. Filmes de Ince – como *O Italiano* (*The Italian*), *Civilisation*, *Vive la France*, *O Covarde*, *A Batalha de Gettysburg*, *Extravagância* – e os famosos *westerns* de William S. Hart –, obras até então de grande repercussão, foram rodados geralmente na ausência do responsável que, depois de ter entregue o cenário ao diretor, só entrava de novo em função para editar os rolos de celulóide, finalizando a montagem fi-

181

nal das tomadas. Esse sistema é ainda hoje o preferido por muitas empresas de Hollywood, de modo que a função do diretor, tido em geral como o "autor" do filme, se reduz muitas vezes à de mero executante de um plano anteriormente fixado, de maneira que a influência do diretor sobre o feitio do filme é, muitas vezes, bem limitada, devendo-se observar que é também raro o diretor que ainda hoje edita os próprios filmes ou tenha, ao menos, voz decisiva na confecção final da "matéria-prima" fornecida por ele.

Apesar da ausência da "produção" durante a rodagem dos filmes de Ince, notava-se em todas as suas produções o famoso "toque de Ince": montagem vigorosa, direta, sem rodeios e sem mutilações, estilo límpido, claro e audaz, estrutura tensa e dramática – colorido local através de personagens características, com montanhas e desertos, intensidade pela exploração de fenômenos meteorológicos como chuva, tempestade, não faltando mesmo cataclismos como terremotos e irrupções vulcânicas – qualidades que distinguem todas as suas realizações apesar de elas terem sido executadas por vários diretores. Esse "toque particular" foi obtido não só pela rigorosa planificação do cenário mas também pelo cuidadoso modo de editar os filmes. Ince foi um verdadeiro "cirurgião" de fitas, cortando brutalmente tudo quanto lhe parecesse supérfluo até que a cinta se tornasse tesa e vibrante como uma carta esticada.

Ince tornou-se, mercê do seu método, um dos primeiros homens de cinema que ensinaram à futura Sétima Arte uma rigorosa organização, disciplina e sistema, qualidades que até hoje distinguem o cinema americano em detrimento, muitas vezes, da verdade artística e da individualidade estética dos filmes. Produtores como Darryl Zanuck e David O. Selznick, por exemplo, trabalharam segundo esse sistema, de modo que a qualidade inferior de um filme – como por exemplo *Duelo ao Sol* (*Duel in the Sun*) – não deve ser atribuída tanto ao diretor, no caso King Vidor, quanto, principalmente, a Selznick, que evidentemente imprimiu àquela realização o seu estilo grandiloqüente e descosido.

Ao lado de Ince, que se tornou conhecido a partir de 1910, distinguiram-se, por volta da Primeira Guerra Mundial e de-

182

pois, Sidney Olcott, que dirigindo em diversos países para a Companhia Kalem, *in loco*, conseguiu imprimir nos seus filmes um forte cunho de autenticidade (entre eles, inúmeras fitas em torno dos rebeldes irlandeses, rodadas na Irlanda, e o filme religioso *Da Manjedoura à Cruz*, rodado na Palestina); George D. Baker (da Vitagraph), que dirigiu numerosas comédias com John Bunny e Flora Finch, então de grande êxito (um homem gordíssimo e sua magra esposa), e filmes pitorescos de aventuras românticas em terras distantes e exóticas. Daí parte toda uma imensa série americana de filmes exóticos e "pitorescos", cujos expoentes mais expressivos e hábeis talvez sejam Maurice Touneur (que veio da França), Rex Ingram e Joseph von Sternberg (que veio da Alemanha). I. Stuart Blackton, chefão e co-produtor da Vitagraph, um dos pioneiros do cinema americano, foi quem, na virada do século, realizou o famoso embuste patriótico *Rasgando a Bandeira Espanhola*, filme anunciado como documentário, que enaltecia a vitória americana sobre a Espanha. Nacionalista apaixonado, realizou durante a Primeira Guerra Mundial uma vasta obra de propaganda cinematográfica em favor dos aliados – *A Glória da Nação, A Causa Comum, O Grito Guerreiro pela Liberdade*. Embora um diretor medíocre, sabia narrar com fluência e habilidade, e a sua influência na ascensão do cinema americano foi bastante acentuada. Filmando desde 1896, aposentou-se somente em 1925 da atividade fílmica como homem impossibilitado, debilitado, e um dos pioneiros do cinema. À semelhança de Porter e muitos outros, presenciou a falência da Vitagraph na época da crise 1929.

Entre todos esses diretores de maior ou menor talento, aos quais ainda se pode acrescentar Colin Campbell (da Selig), Allan Dwan (que dirigiu muitas vezes a estrela Mary Pickford e o astro Douglas Fairbanks-pai) e Clarence Badger (diretor dos *westerns* de Will Rogers), surge um vulto de estilo extraordinário, impondo logo sua linha aos seus colegas: David Wark Griffith, o diretor que revolucionou o cinema americano e mundial pela sua linguagem fílmica. Ele veio a atingir os seus triunfos durante a Primeira Guerra Mundial, numa época em que havia na América do Norte cerca de 20 mil cinemas, que contavam com uma afluência diária de aproximadamente 5 milhões

183

de espectadores. Anualmente, foram feitos cerca de 3 mil filmes (geralmente todos de curta metragem) pelos produtores da nova indústria, que empregava cerca de meio milhão de pessoas e contava com um capital global de 1 bilhão de dólares.

David Wark Griffith

David Wark Griffith nasceu em 1880 como filho de uma família empobrecida de Kentucky. O ambiente sulista em que se educou formou decisivamente a sua atitude diante da vida, particularmente as suas concepções políticas (o violento anti-negrismo do fime *Nascimento de uma Nação*, por exemplo). Embora se tornasse um dos mais influentes criadores fílmicos de toda a história do cinema, "que prestigiou o novo veículo perante o mundo" (Jacobs Lewis) e enriqueceu decisivamen-te essa "arte do século XX", pertence ele essencialmente ao século XIX, cujos valores são também os seus. Um romantis-mo tipicamente do século XIX explica, em parte, o seu êxito fenomenal antes e durante a guerra, bem como a sua deca-dência depois da guerra, quando realmente começou o novo século. Muitas vezes foi notado que as suas heroínas – de Mary Pickford a Lilian Gish e Blanche Sweet – eram cria-turas românticas, fracas, logo empobrecidas, pálidas heroí-nas da poesia inglesa do século XIX, produtos do idealismo e da decadência da era vitoriana. Sentindo uma vocação irresistível, Griffith cedo tornou-se ator de uma companhia ambulante. Ao mesmo tempo, escrevia poesias, contos e pe-ças teatrais sem obter êxitos relevantes. Nunca conseguiu vencer a sua tendência de dissolver-se em sentimentalismo, de entregar-se involuntariamente a excessos lacrimosos, fato que transmite mesmo às suas melhores obras, de quando em vez, um paladar insuportável de sacarina.

Foi em 1908 que Griffith iniciou a sua carreira cinema-tográfica na empresa Biograph, na qual permaneceu como elemento de destaque até 1914. Porém já anteriormente apa-recera em um ou outro filme de Porter como ator, contribuin-do também, em um ou outro caso, com sugestões para argu-mentos e cenários. Toda essa atividade a que se viu forçado para manter a família, ele a escondeu vigorosamente do seu

184

círculo de relações, receoso de perder o seu prestígio e de ser considerado um autor fracassado. Trabalhar em filmes não seria digna ocupação, honrosa para um homem de certo nível intelectual e cultural.

Os seus primeiros filmes –*As Aventuras de Dolly: História do Sonho de uma Criancinha* – bem como as suas realizações subseqüentes mantêm-se ainda dentro do estilo convencional de Porter, seu mestre. Nota-se, todavia, uma seleção mais cuidadosa dos atores e uma execução mais apurada. Tendo vindo do teatro, insistiu em ensaiar as cenas com os atores antes de filmá-los, procedimento tido então como mero desperdício de tempo. Ambicioso e rapidamente entusiasmado pelo novo veículo, começa a realizar pesquisas estéticas para todos os seus filmes, com uma linguagem mais expressiva, mais fluente, mais intensa.

As suas inumeráveis pesquisas levaram-no, na fita *Por Amor do Ouro (For Love of Gold)*, a exprimir os pensamentos e sentimentos de dois ladrões através da aproximação da câmera, ao invés dos então usados "balõezinhos", que saindo das figuras como os textos da histórias em quadrinhos costumavam indicar, pela representação pantomímica, os intuitos dos personagens. Assim, empregou em vez do habitual *long shot* ou *medium shot* (plano geral ou plano médio), um plano mais aproximado, focalizando com maior nitidez a mímica dos atores e assim dispensando os "balõezinhos". Num de seus filmes seguintes, *Enoch Arlen*, passou a usar o *large close up*, o plano próximo ou primeiríssimo plano, fazendo aparecer na tela apenas a cabeça do personagem.

Não é exagero dizer-se que, com o *close up*, o cinema descobriu-se a si mesmo como meio autônomo de expressão e, portanto, como arte. É a possibilidade da tomada próxima o que deu aos cineastas, pela primeira vez, a consciência de criarem no domínio de uma nova arte, totalmente diversa da do teatro.

Não é de relevância saber a quem se deve atribuir o primeiro *close up* casual. Franceses, ingleses e norte-americanos proclamam a primazia dessa descoberta. Parece não haver dúvida, porém, de que foi D. W. Griffith quem utilizou esse recurso pela primeira vez com plena consciência de sua importância e de sua função revolucionária.

Para se avaliar a decisiva importância do plano próximo é preciso ter em mente que, durante cerca de uma década a partir da invenção do cinema, a câmera mantinha-se rigidamente a uma distância convencional dos atores e das ocorrências. Essa distância convencional era um plano mais ou menos afastado: a câmera criava raízes numa posição que correspondia à platéia, de onde se via, de um ângulo fixo, sempre, toda a figura do ator cercado pelo ambiente em que se movia. A câmera se mantinha passiva: ela reproduzia as ocorrências que se desenvolviam no "palco", não intervindo como elemento expressivo. Apenas inscrevia no filme virgem as "cenas". As figuras podiam aproximar-se da câmera (não muito, porém); a câmera, todavia, jamais se aproximava das figuras. Assim, o "espaço" não se modificava, a "cena" não mudava, a câmera nunca invadia o "palco". O próprio termo "cena", até então considerado como a menor unidade e de cuja forma se compunha o filme, provém do teatro e revela toda uma concepção fílmica intimamente ligada à estética teatral, já que uma cena costumava ser uma única, longa tomada, com a câmera firmemente plantada no mesmo lugar.

Decorre daí, em parte, a gesticulação exagerada dos atores, exagero que não é só conseqüência da necessidade de substituir, no filme silencioso, a palavra pela pantomima grandiloqüente. É a passividade da câmera que segue a máxima atividade dos atores. Uma câmera morta necessariamente exige muita vida dos elementos atuantes para que se obtenha qualquer efeito.

Realmente, não se pode falar de cinema como arte autônoma enquanto nele predominava o espaço rigidamente circunscrito do palco, no qual se desenvolvia toda uma "cena" do começo ao fim, sem que esse "espaço teatral" se modificasse. O cinema nasceu no momento em que esse espaço foi destruído para ser substituído pelo campo visual da câmera, limitado pela tela. Com isso se relaciona também a modificação do "tempo cinematográfico", inteiramente diverso do tempo teatral.

Essa destruição consciente e sistemática (que casualmente já ocorrera muito antes) deu-se precisamente quando Griffith, no filme mencionado, em 1908, começa a aproximar a câmera de dois atores com o intuito de sugerir os seus pensamentos. O essencial, no caso, foi que a câmera se movia, não os atores. Foi uma espécie de golpe de Estado: até então a câmera pertencia aos atores, que representavam perante uma câmera passiva; agora, no entanto, a câmera torna-se ativa, impondo-se ao ator. Isso significa que o diretor (e os cenaristas) transformam-se em elementos primordiais pois são eles que, através da câmera, interpretam a interpretação dos atores. Recorrendo ao *close up*, Griffith deixou de copiar a realidade, selecionando a imagem essencial (e também o movimento essencial). Com o *close up*, ele aniquilou a realidade espacial e temporal em que o personagem de três dimensões se encontra sempre integrado; por um processo de incisão operatória, ele separou uma parte do todo, colocando o resto do mundo entre parêntesis. Em *Enoch Arlen*, Griffith teve a ousadia de eliminar não só o ambiente, como também todo o tronco de uma figura humana, mostrando na tela, em primeiríssimo plano, apenas a "cabeça cortada" de u'a mulher – uma esposa saudosa que pensa no marido longínquo.

Não aparece nenhum "balãozinho" com o seu marido para esclarecer o pensamento de Anna Lee; há um corte sensacional e revolucionário, no meio da "cena": na próxima tomada vê-se um outro espaço – a ilha remota, onde se encontra o marido, objeto da saudade de Anna. Esse ousado corte de um lugar para outro extremamente distante, não no início de uma nova cena mas sim no meio de uma cena já iniciada e que, mais adiante, será terminada, era uma conseqüência direta da destruição do espaço rígido do teatro iniciada pelo *close up*. Pois este, uma vez que decorre da deslocação da câmera, manipula o espaço teatral, introduzindo o campo da câmera que impõe os planos subjetivos da objetiva. Dissolvida a "cena" como última unidade cinematográfica, surge como o menor elemento a "tomada", o *shot*, isto é, a metragem do filme rodada com a câmera em determinada posição. O filme não é mais uma soma de cenas (de uma tomada cada uma) mas sim a soma de tomadas ou planos que se sucedem segundo a deslocação da câmera.

A mobilidade da câmera, por sua vez, está intimamente ligada ao princípio básico da estética cinematográfica, o corte, uma vez que a transição de um plano para outro (e muitas vezes de determinado momento temporal para outro não imediatamente posterior – tanto assim que o corte se torna também a base do tempo cinematográfico, diverso do tempo empírico e do tempo teatral) geralmente é feita por intermédio do corte (ou fusões etc.).

Vê-se, portanto, como Griffith, através da introdução sistemática do *close up*, dissolveu a rigidez do espaço estático e do tempo sucessivo da "cena". A isso certamente se ligam, também, as suas inovações audazes no terreno do corte em obras posteriores que o tornaram o primeiro expoente de uma verdadeira arte cinematográfica.

O uso do plano próximo (e dos intermediários) como recurso sistematicamente usado teve múltiplas conseqüências, como se deduz do exposto. Em primeiro lugar, emancipou o cinema do teatro; depois possibilitou uma gesticulação mais sóbria dos atores, como foi mencionado. Griffith introduziu o *close up*, entre outros motivos, também porque desejou produzir efeitos sem depender em demasia dos atores (muitas vezes medíocres). Ao invés de pedir-lhes uma expressividade excessiva pelo jogo pantomímico, procurava modificar a relação entre os artistas e o público. Em lugar do grande gesto à distância preferiu o gesto sóbrio de perto. Em lugar da careta de longe exigiu u'a mímica sutil, mas em plano próximo. A teatralidade é substituída pela intervenção esclarecedora e interpretativa da câmera, que se torna "narradora", criando intensidade e dramaticidade através da ênfase óptica[6].

A crítica atacou Griffith evidentemente por causa da ousadia de cortar cabeças do tronco e de cortar de uma cena para outra sem terminá-la (*close up* de Anna Lee, esperando o marido; corte; imagem da ilha desolada onde se encontra o marido, objeto da saudade da esposa). Griffith perguntou naquela ocasião: "Não escrevê Dickens dessa maneira? – Sim, mas escrever é coisa diversa! – Nem tanto; a narração se serve de imagens – isso é tudo!" É conhecido um ensaio de Eisens-

---

6. Neste ponto AR remete ao ensaio "O *Close up* em Plano Próximo", em que o tema é aprofundado (ver pp. 219-224).

tein em que ele compara com grande agudeza o estilo de Griffith e o de Dickens[7].

Seja como for, o filme (*After Many Years*, *Enoch Arlen*) teve um grande êxito popular e foi apreciado, na Europa, como o filme americano realmente digno de importação. A nova técnica de Griffith, conforme citado, foi decisiva para a evolução da Sétima Arte. A tomada torna-se um elemento independente e se emancipa da "cena". A continuidade fílmica passa a basear-se no jogo hábil das tomadas e cortes, não havendo necessidade de terminar-se uma "cena" – princípio que exerceu poderosa influência também sobre o romance moderno. "Não ligadas pelo tempo, separadas no espaço, as tomadas adquirem sentido, no seu efeito, pelo tema" (Jacobs).

A essas descobertas Griffith acrescentou uma infinidade de melhoramentos de grande importância: até então as tomadas no estúdio contavam sempre com uma iluminação "de cima", evitando-se cuidadosamente as sombras. Não se conhecia a dramaticidade luminosa. Griffith introduziu o jogo da iluminação, usando pela primeira vez apenas a luz de um foco lançado sobre as figuras dos atores. O uso expressivo desse método, realçado pelas densas sombras, foi reconhecido de imediato. A câmera transformou-se em essência num instrumento expressivo, tornando-se cada vez mais móvel. Griffith fez ainda uso criativo e hábil do *shot*, *medium shot*, de *fades* e fusões, e alcançou um apurado senso de duração fílmica e ritmo, trabalhando com cortes paralelos e cruzados com uma maestria que, de longe, superou a de Porter.

Um dos elementos mais importantes, nessa época, é a manipulação livre do tempo que, como tempo fílmico, começa a divergir do tempo empírico. Essa fato já surge no corte cruzado: uma família é ameaçada por bandidos, enquanto um homem acorre a galope para salvá-la. A simultaneidade real de tais acontecimentos – a família ameaçada, o salvador se aproxima – costumava ser expressa, nos filmes de então, pela dupla exposição e pelos "balõezinhos". Griffith emancipa-se

7. Sergei Eisenstein, "Dickens, Griffith e Nós" in *A Forma do Filme* (trad. de Teresa Ottoni, apresentação, notas e revisão técnica de José Carlos Avelar), Rio de Janeiro, Jorge Zahar, 1990, pp. 173-216.

189

desse método exprimindo a simultaneidade pela sucessão rítmica de cortes – a família ameaçada e os bandidos; corte; o cavaleiro galopando; corte; a família; corte; o cavaleiro –, isso em ritmo cada vez mais intenso e rápido. Mais importante ainda é que, até então, uma tomada contínua era determinada, na sua duração, pela extensão temporal real do acontecimento. Griffith provou que a duração de uma tomada não depende, necessariamente, de sua ação natural, podendo ser abreviada ou prolongada a fim de aumentar o seu efeito dramático ou a sua autenticidade psicológica (Jacobs). Técnica semelhante é também usada por Thomas Mann no seu romance *A Montanha Mágica*, em que um jovem passa sete anos num sanatório na Suíça. Os primeiros anos (e principalmente os primeiros dias) são descritos em centenas de páginas, ao passo que os seis anos e tantos meses restantes ocupam mais ou menos igual número de páginas. Com isso o autor reproduz o tempo *subjetivo* do protagonista (principalmente os primeiros meses que passam lentamente), emancipando-se do tempo objetivo ou astronômico.

Por volta de 1910, Griffith já era reconhecidamente um dos maiores cineastas, ganhando cerca de mil dólares por mês, além de certa porcentagem sobre cada pé de filme vendido. Uma viagem à Califórnia convence-o das grandes possibilidades daquela região, onde se encontrava, por assim dizer, diante da porta de casa tudo quanto um diretor sonhava: luz, praias, montanhas, vegetação tropical, desertos. Um ano mais tarde segue, acompanhado por uma equipe da Biograph, rumo à Califórnia e implanta, perto de Los Angeles o seu estúdio. Nos seus novos filmes impõe-se um novo elemento de grande importância: o objeto inanimado e a composição de cenas que começam a surgir com certa insistência, identificando a atmosfera e o colorido local e intensificando a narração. Griffith foi, com efeito, um dos descobridores do objeto – elemento cuja apresentação destacada e impressionante, em planos próximos, é um dos elementos essencialmente cinematográficos que falta à arte teatral. Ao lado dos *close ups* de objetos mortos – com a câmera invadindo o "palco" – surgem tomadas remotíssimas de personagens acentuando a amplidão dos espaços abertos.

190

Um dos primeiros filmes de Carl Dreyer, *Michael* (1924).

Nos telhados de Holstewall, em *O Gabinete do Dr. Caligari* (1919), direção de Robert Wiene.

A Lenda de Gosta Berling (1924), devido à presença de Greta Garbo, é um dos mais famosos filmes da fase áurea do cinema sueco.

Emil Jannings e Marlene Dietrich em *Anjo Azul* (1930), direção de Joseph Sternberg.

Lilian Gish e Lars Hanson em *O Vento* (1928), com William Orlamond à direita. Direção de Sjöström.

Os Ingmarssons (1919), de Sjöström: aqui ele contracena com Harriet Boese, terceira esposa de Strindberg.

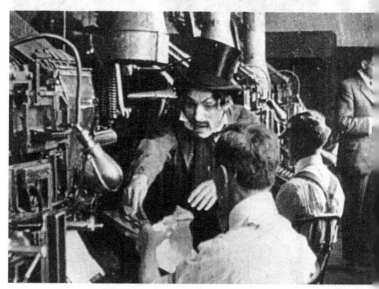

Cena do primeiro filme de Charles Chaplin, *Making a Living* (2/2/1914) (produção de Mack Senett e direção de Henry Lehrman. Chaplin usa o seu traje teatral).

Western não identificado da Essaney: *Broncho Billy*, com Anderson em primeiro plano.

Frank Capra no início de sua carreira.

A Convict's Sacrifice (1909), melodrama da Biograph dirigido por Griffith. Na cena, Stephanie Longefellow, Glady Ejan, Henry B. Walthall e James Kirkwood.

Lar e família arquetípicas em *Home, Sweet Home* (1914), da Mutual, dirigido por Griffith.

Seriado da Vitagraph, *The Goddess* (1915). Ince dirige Earle Williams e Anita Stewart.

Lilian Gish em *The Mothering Heart* (Biograph, 1913), direção de Griffith.

Parte III: ENSAIOS ESTÉTICOS

1. NOTAS SOBRE A ARTE DE CINEMA

A Criação Artística

Três momentos, entre outros, parecem ser particularmente característicos para o fenômeno da arte, ao menos segundo a concepção da nossa época: 1. a arte faculta ao artista a possibilidade de exprimir-se através dela; 2. cristalizada em determinada obra de arte, ela obedece ou corresponde a certas regras, embora muito gerais e de difícil definição; 3. a obra de arte se comunica, isto é, apela aos sentimentos, ao intelecto e à imaginação de um círculo maior ou menor de contemporâneos ou pósteros, ou seja, é capaz de produzir um efeito especificamente estético. A essas três características corresponde o exame da criação artística, da obra de arte como coisa dada, e do efeito estético sobre o consumidor.

No que se refere ao primeiro ponto – a arte servindo ao artista como meio de expressão da própria pessoa e, conseguintemente, da sua sociedade e do seu tempo – trata-se, antes de mais nada, de um fenômeno que é mais objeto de uma psicologia ou sociologia do artista e da arte do que da estética propriamente dita. É indubitável que o verdadeiro artista, graças à arte, objetiva a sua subjetividade, projeta-se para fora, fixando assim o seu ser fugidio e perecível ou a sua visão do mundo, do homem e das coisas. A vida em geral tem a tendência de objetivar-se. Da sua corrente ininterrupta surgem cristalizações, estruturas espirituais deixadas, por assim dizer, à margem enquanto o fluxo da vida prossegue no seu incessante avanço. Naquelas estruturas deixadas à margem reflete-se determinado momento da vida – nas instituições, por exemplo, que ainda continuam as mesmas enquanto que a vida já está bem adiante (só quando a distância entre instituições e vida se torna demasiadamente grande é que as primeiras são adaptadas a esta última); ou então no código jurídico de uma nação, nas teorias filosóficas, nos dogmas religiosos. O artista, porém, não apenas objetiva, de um modo particularmente expressivo, a vida de sua época e do seu povo como também, de uma maneira específica e intensa, centra-se na sua pessoa, na sua vida e nas suas concepções pessoais, naturalmente sempre impregnadas das peculiaridades da sua sociedade e da sua época. Na expressão de Goethe, um deus deu ao artista a faculdade de dizer o que o comove, de exprimir-se, de livrar-se do peso das suas experiências pessoais e de traduzir o fenômeno subjetivo, psíquico, em obras, em coisas independentes, duráveis e carregadas de sentido.

Portanto, é de importância primordial que o artista ou o grupo a que pertence se objetivem nas suas obras, mesmo não sendo sustentável considerar-se esse momento como a única característica da arte – como querem determinados sociólogos e psicólogos, que não fazem diferença nenhuma entre a arte de Michelangelo e a cesta ornamentada de uma tribo indígena.

Tanto no caso de Michelangelo como no da cesta, tratar-se-ia, aduzem, do mesmo fenômeno, e isto se refere também à arte das crianças ou dos loucos; pois é assim que crianças, índios e loucos "se exprimem", sendo questão irrelevante se tais obras se comunicam ou não, ou se correspondem a determinadas regras (mais ou menos convencionais). Evidentemente, esses cientistas defendem tal tese extrema porque pretendem apreender o fenômeno da arte na sua pura facticidade, independentemente de atribuir-lhe qualquer juízo de valor – que não pode ser tarefa da ciência. Fazendo diferença entre arte "boa" e "menos boa", ou "expressão adequada" ou "não adequada", negando mesmo às obras menos perfeitas o título de "arte", eles receiam descambar para o terreno subjetivo e não científico dos valores. Todavia, quem se arrisca a penetrar no terreno da arte encontra-se, inevitavelmente, no campo dos valores. É impossível evitar, em se tratando de arte, o momento da valoração.

Não basta, portanto, a expressão individual ou coletiva; devem adicionar-se os outros momentos mencionados para que possamos, neste sentido, falar de arte, bem como para que seja realizada aquela breve fórmula de Croce: "Arte é expressão de uma intuição". O que, obviamente, significa: expressão adequada de uma intuição, expressão que não é inteiramente pessoal (como a do louco) mas que é suficientemente objetiva para poder comunicar-se. Uma expressão que não se comunica a ninguém deixa de ser expressão.

Chegando a este ponto levanta-se a pergunta: a cinematografia corresponde a tal exigência? Pode um artista exprimir-se adequadamente através dela? Ora, não resta a menor dúvida de que um filme não é, em geral, a obra de um só homem, mas de uma equipe. O fato, porém, é que isto apenas desloca o problema. Ao invés de falarmos de uma pessoa individual podemos falar, então, de uma "personalidade coletiva" a se expressar. Todavia, em geral o diretor, tratando-se de uma personalidade vigorosa, é quem inspira sua equipe, a tal ponto que ela se transforma em organismo homogêneo, capaz de se exprimir adequadamente na obra fílmica. Naturalmente, ele luta com grandes dificuldades (às vezes, como em Hollywood, quase insuperáveis) de ordem sociológica ou econômica para se impor com certa pureza. Ele sente não apenas a mão pesada da técnica: além disso, o diretor depende do produtor e, de um modo geral, das diretrizes de uma poderosa empresa fornecedora de capitais os quais, naturalmente, devem render lucros compensadores. O lucro, por sua vez, depende do consumo, sendo que um consumo satisfatório somente é possível se o filme for adaptado a uma faixa de

203

público de cinco a oitenta anos, principalmente aos adolescentes de todo o mundo – aos da América do Sul e do Norte, da França, do Egito e dos Mares do Sul. Isso se refere principalmente às superproduções, nas quais se investem capitais consideráveis e que, conseqüentemente, deverão apelar a um mercado o mais amplo possível.

É evidente que, em tais casos, o que se expressa não é uma personalidade artística mas sim o cálculo estatístico dos magnatas do cinema, como reflexo de um mercado de dezenas de milhões de consumidores, dos quais os menos inteligentes representam o ponto de referência decisivo. Pode-se, portanto, estabelecer uma lei – ou seja, é preciso um valor acima de um certo mínimo de capital, necessário como base razoável para um filme de enredo nas condições do cinema profissional –, de acordo com a qual a qualidade de uma produção, na nossa sociedade, está na proporção inversa à do capital empregado; isto nos leva, portanto, ao fato de que as superproduções em geral são os piores filmes simplesmente porque o capital investido visa causar impressão sobre um número máximo de consumidores, não se configurando como a expressão de um número mínimo de artistas criadores.

Tudo isso, porém, não exclui que diretores de personalidade marcante, contando com bons cinegrafistas, atores inteligentes e, principalmente, cenários de real valor, também tenham se exprimido com tal vigor e plenitude que as suas obras ostentam, inconfundivelmente, a marca do seu espírito, devendo ser consideradas como obras de arte no rigoroso sentido da palavra. Nomes como Chaplin, René Clair, King Vidor, S. Eisenstein, John Ford – embora um ou outro fracassasse com freqüência – provam à evidência que há cineastas que se exprimem realmente através da obra fílmica, recriando por meio de imagens as suas vivências, concepções, a sua maneira peculiar de sentir o mundo –, tanto assim que o entendido reconhece sem dificuldade o estilo de um René Clair, Eisenstein ou John Ford.

E não resta a menor dúvida de que o filme oferece a uma personalidade artística possibilidades de expressão relativamente maiores do que o teatro (tomado como palco e não como literatura), visto o *metteur en scène* estar muito mais sujeito a uma obra literária que deverá interpretar com a maior lealdade possível, ao passo que o diretor cinematográfico, além de muitas vezes colaborar na preparação do cenário (pelo menos na Europa), costuma possuir maior independência (exceto em Hollywood, onde geralmente ele só executa um cenário rigorosamente elaborado).

Evidentemente, encenadores como Max Reinhardt ou Piscator, bem como Jacques Copeau, Jouvet, Stanislávski ou Meierhold, podiam ou podem exprimir-se, até certo ponto, pela seleção das peças, pela concepção geral com que impregnam uma peça, pela colaboração com o cenografista e pela interpretação que imprimem aos atores; contudo, devem uma lealdade muito maior à obra literária do que o cineasta, já que o homem de teatro com freqüência tem de contar com literatura de esmagadora importância, ao passo que o cineasta raramente é exposto a grandes "perigos" nesse sentido, podendo manipular, com o coração e a consciência tranqüilos, o seu *sujet*. Dele exige-se até que não respeite a literatura no caso de extrair o argumento de uma peça ou de um romance.

Na medida em que o teatro se desliga da obra dramatúrgica e se torna "teatro desenfreado", na medida em que se impõe o "puro instinto do homem de teatro" e a cena se liberta até transformar-se em arte autônoma, nessa mesma medida a literatura se torna secundária: a cena se torna palco da revista, da "grande ópera", da comédia musical etc. A Idade Média foi uma grande época teatral porque não havia grande literatura dramática, da mesma forma que Shakespeare (assim como Calderón e Lope de Vega) foi um poeta teatral imenso que teve que resolver quase todos os problemas que se apresentaram à sua obra por meio da própria língua, visto ter que apoiar-se num palco relativamente pobre. Contasse ele, como conhecedor profundo que foi do seu metiê, com os atuais meios do palco giratório e da iluminação elétrica e talvez sua obra não tivesse aquela tremenda intensidade literária, uma vez que ele poderia confiar no encenador a fim de obter os efeitos visados. Decorre também da rigorosa simplicidade do palco classicista a beleza literária de um Racine ou de um Corneille, cuja pobreza como teatro é óbvia.

205

Neste sentido, o filme é arte autônoma em medida muito mais elevada do que o teatro, dando aos realizadores, em princípio, maiores possibilidades de auto-expressão. Isso está provado pelo simples fato de que se pode ler boa literatura teatral com grande proveito e prazer; raramente, porém, um editor se abalançou a publicar um cine-cenário – a não ser para fins de ensino e estudo – pois ele só tem existência verdadeira em função do filme realizado – e realizado por um verdadeiro artista.

A Obra de Arte

Depois de termos falado da criação artística como expressão de um artista ou de uma equipe de artistas (como se dá no caso da obra fílmica), devemos assinalar que o problema principal de toda estética tem de ser a obra-de-arte – o que em última análise interessa é a própria obra-de-arte, não o artista que a criou. O esmiuçar das condições de vida do artista naturalmente não deixa de ter certo interesse psicológico, sociológico ou humano, além de esclarecer, às vezes, certos aspectos da sua obra. No fundo, porém, é perfeitamente absurda a opinião de que, pelo fato de sabermos a respeito do Complexo de Édipo do romancista "X" ou de determinada perversão sexual do pintor "Y", isso possa contribuir em algo para decidir sobre o valor das suas obras. Os fatos biográficos nada nos ensinam acerca do valor de um poema ou de uma escultura, embora em alguns casos possam facilitar o entendimento delas. O psicólogo ou sociólogo podem eventualmente ensinar-nos, até certo ponto, por que este artista ou aquela equipe não criaram uma grande obra. Mas a qualidade dessa obra não nos pode ser revelada por eles.

A estética, como tal, é essencialmente um sistema de juízos e conceitos que visam a uma esfera específica de valores – os valores da arte. Conseguintemente, não pode desenvolver o seu sistema a partir de uma psicanálise ou narração biográfica da vida do artista e das suas condições sociais, uma vez que se trata, nestes casos, de meros juízos de fatos. Ciências como a psicologia e a sociologia, como todas as ciências, evitam rigorosamente os juízos de valor, de modo que nada de específico resulta das suas pesquisas para a valorização maior ou menor de uma obra-de-arte.

Pronunciar um juízo de valor sobre uma obra-de-arte (o que é sempre difícil, uma vez que o juízo de valor é geralmente relativo e depende de muitos momentos subjetivos) significa praticar a crítica. Toda crítica que não queira ser mero impressionismo subjetivo, redundando em "questão de gosto pessoal", é um ato de comparação. Compara-se a obra individual, de um modo mais ou menos explícito, mais ou menos consciente, com um sistema de preceitos gerais a respeito do ideal estético ou com um sistema que define a arte na sua essência, no seu sentido mais profundo, na sua idéia de perfeição. Na medida em que a obra individual se aproxima ou se afasta daquele ideal, o crítico a julgará uma obra mais ou menos perfeita. Toda crítica recorre a esse processo de comparação. Quando julgamos o comportamento moral de uma pessoa, nós o fazemos verificando a sua conduta individual à luz de uma norma geral que, consciente ou inconscientemente, se nos afigura absolutamente válida; quando examinamos a organização de uma empresa industrial, nós o fazemos comparando-a com uma organização que nos pareça perfeita etc.

Há milhares de anos discute-se sobre o problema da arte, visando definir a sua essência, o seu sentido mais profundo, o seu ideal. Toda afirmação a respeito será, em última análise, até certo ponto arbitrária, mas a fim de evitar um mero falatório vago e o escorregar para um total subjetivismo ao se julgar determinada obra de arte é inevitável partir de determinados "axiomas" colocados como base para todos os pensamentos posteriores. O fato é que o pensamento estético, desde há milhares de anos, pouco divergiu a respeito das afirmações mais fundamentais. Concorda-se, de um modo geral, desde Platão e Aristóteles e até Hegel e nossos dias, que a arte procura exprimir através do fenômeno concreto, individual, uma idéia (ou um sentimento, uma emoção etc.) geral, ao passo que a ciência procura fixar estes fenômenos gerais na sua abstração, certa de que o geral contém também o individual e concreto. Na arte, portanto, o fenômeno individual contém o fenômeno geral, ao passo que na ciência o fenômeno geral contém o fenômeno individual.

Vejamos um exemplo drástico, o conceito de morte. A ciência da biologia abordará esse conceito na sua pura abstração, definindo-o, analisando-lhe as causas gerais e descrevendo os momentos que caracterizam a cessação da vida, onde quer que isso ocorra. Todos os casos individuais de morte estarão contidos naquela descrição e definição gerais. O poeta, ao contrário, ou o romancista, descreverão a morte de determinado animal, planta ou homem e essa descrição de um caso individual conterá também o fenômeno na sua generalidade.

Assim, cada arte procura exprimir e comunicar, através do seu material peculiar – som, imagem, cor, forma, palavra –, de um modo sempre singular e individual, um fenômeno geral, uma idéia, uma emoção, uma estrutura de sentidos, uma atmosfera humana etc. Podemos exprimir-nos também assim: através da manifestação sensorial e individual a arte faz transparecer uma dimensão mais profunda, que é de ordem espiritual. O primeiro plano da obra de arte, o qual é sensorial – isto é, afeta os nossos sentidos –, torna-se transparente, abrindo-se para camadas mais profundas que, por sua vez, transparentes também, revelam esferas cada vez mais recônditas, comunicando-nos ou sugerindo-nos assim o "indizível", o "inefável".

Essa comunicação do que é mais geral e mais profundo ocorre graças aos meios sensoriais de expressão, com uma energia toda peculiar à arte – energia tão poderosa que, no apreciador adequado, costuma verificar-se um acontecimento que se pode chamar a "experiência" ou "vivência" íntima da arte, um ato de entendimento emocional ou de emoção plena de entendimento; ato muitas vezes de intensidade extraordinária.

Vejamos mais uma vez o exemplo da morte para ilustrar de que modo e com que vigor peculiar uma obra de arte comunica um fenômeno geral através do individual – tanto assim que nela se ligam e se unem, indissoluvelmente, o geral e o específico, o espiritual e o sensorial.

O conceito abstrato, por assim dizer científico, da morte – que manipulamos na vida cotidiana com freqüência – não nos toca, deixando-nos completamente frios. Mesmo na sua

208

acumulação quantitativa, como estatística, a morte não nos comove. Lemos por ocasião de um terremoto que morreram, por exemplo, 2.537 pessoas; pronunciamos algumas palavras casuais e indiferentes e passamos à ordem do dia.

Já o caso da morte individual, a que assistimos, não deixa de nos tocar. Vendo, por exemplo, em plena rua uma pessoa morta, atropelada por um ônibus, não podemos nos manter indiferentes. Contudo, nesse caso, teremos uma sensação de horror, de comoção quase física, talvez até de asco; não sentiremos, porém, o impacto de qualquer coisa mais profunda, mais geral.

Precisamente quando um ser querido nos é roubado pela morte, participamos individual e pessoalmente de tal modo, sentimos de tal maneira a perda pessoal e insubstituível que dificilmente seremos capazes de conceber e apreender a morte enquanto tal, na sua imensa dimensão geral, na sua profundeza inefável. Choraremos o morto, mas não nos elevaremos à contemplação da essência do ocorrido.

Vemos, portanto, que num caso permanecemos na esfera do abstrato e geral, sem nos sentirmos verdadeiramente tocados. No outro caso ficamos de tal modo envolvidos e presos pelo fenômeno individual, participamos a tal ponto, com todo o nosso coração (e eventualmente com o nosso estômago), que somos incapazes de nos elevar à esfera das essências gerais.

Somente na arte se unem ambos os pólos na vivência estética singular do apreciador que ao mesmo tempo participa e não participa, que se identifica intimamente com o fenômeno individual, sofrendo com a morte do herói e que, contudo, como apreciador e espectador, permanece suficientemente distante para poder compreender o sentido do que ocorre.

O sentido delicado e peculiar do rito social que acompanha a morte – os pêsames, as solenidades tradicionais, as cerimônias consagradas por cada sociedade – nada são senão uma estilização e uma estetização do fato brutal que é a morte, de modo a ensejar que o falecido, o indivíduo singular e insubstituível seja elevado à esfera do geral. Assim, e só assim, os mais próximos podem ganhar lentamente a distância do entendimento – distância tão necessária para que a vida continue.

Decorre do exposto que a particularidade da arte é aquela síntese de duas esferas diversas: a esfera sensorial, fixada na matéria da pedra, no celulóide, na tela do pintor, nas páginas do livro, na sucessão material dos sons; e a esfera espiritual das idéias gerais, que se revela através da esfera sensorial.

O fenômeno puramente material e real, portanto, comunica-nos um mundo ideal, irreal. O sol na tela de um quadro ilumina somente a paisagem ideal da imagem, mas não a sala da exposição. A sucessão neutra de sons susceptíveis de medição exata – fenômeno puramente material – comunica-nos um mundo de estruturas musicais, totalidades e unidades espirituais. Das páginas do romance emerge um universo ideal com o seu próprio tempo e o seu próprio espaço. Com uma palavra, a camada material da obra de arte lança o apreciador adequado numa camada ideal: esta transparece através daquela e se desdobra, por sua vez, em camadas cada vez mais profundas, nas quais se revelam novos mundos (falamos aqui, evidentemente, de casos ideais de arte).

Trata-se, em suma, de um processo de sinais que se desencadeiam mutuamente, uma reação de símbolos em cadeia. No papel encontram-se sinais tipográficos que representam palavras; essas, por sua vez, simbolizam conceitos; estes, na sua sucessão, exprimem processos, ocorrências, emoções, ações, vivências; estes indicam relações espirituais mais profundas, as quais por sua vez simbolizam algo ainda mais profundo, inexprimível, inefável. Cada camada abre-se para novas camadas, é um constante levantar de véus diante de perspectivas e planos mais fundamentais que conduzem o apreciador, como numa fuga infinita, para abismos ou alturas cada vez mais misteriosos. O segredo de toda grande obra de arte é a sua transparência que, num jogo intrincado de símbolos, deixa entrever um ser ideal, em última análise inexprimível, através da primeira camada puramente material de pedra, dos sons, da tela do pintor ou do celulóide do filme.

Assim, cada grande obra de arte liga, por assim dizer, magia e mística; ela é magia por conjurar e convocar a transcendência, o "espírito", para comparecer e manifestar-se no mundo material; e mística por elevar o espírito do apreciador

210

do mundo material até aquela transcendência, até aquela contemplação da essência.

De importância primordial no fenômeno da "transparência" é, portanto, o símbolo. É precisamente o símbolo estético que faz com que o espiritual se manifeste no fenômeno sensorial. Não confundamos o símbolo com a alegoria. Esta é um sinal convencional que nos comunica uma idéia: uma pomba, a paz, ou uma cobra, a maldade. O símbolo é um sinal que faz naturalmente parte daquilo que é simbolizado por ele: uma folha verde exprime a primavera; esta transforma-se em símbolo da juventude; esta, em símbolo da inocência, da vida eterna etc., segundo o nexo em que o símbolo seja usado.

De acordo com o pensamento exposto, poder-se-á estabelecer como ideal da arte a comunicação intensa do espiritual – da "idéia" – por meio do sensorial, isto é, do fenômeno individual fixado em determinada obra de arte. Decorrerá daí uma série de princípios capazes de nos orientar na crítica de uma obra e dos meios (autênticos ou não-autênticos) a que o artista recorreu. Julgamos, então, o valor da obra através da sua "transparência" – por exemplo: há uma "idéia" adequadamente expressa através do fenômeno individual, sensorialmente apresentado? A intensidade da comunicação resulta graças a um procedimento legitimamente estético – comunicação adequada do geral através do individual? Ou comunicação não legítima através do apelo unilateral às nossas glândulas lacrimais, isto é, à nossa capacidade de comover-nos em face do caso individual sem nos concedermos a distância estética para nos elevarmos ao fenômeno geral? Ou, ainda, estamos diante do caso contrário? Há uma completa falta de intensidade, devido à comunicação inadequada (não estética) de uma idéia por meios insuficientes – por exemplo, pregação verbal e conceitos abstratos, incapacidade técnica e formal –, tanto assim que a idéia não se manifesta totalmente através do símbolo, através da matéria sensorial? A obra tem a necessária unidade na multiplicidade sensorial?

Só essa unidade garante a transparência: o caos distrai o espírito do apreciador, lançando-o de um lado a outro e tornando opacas as várias partes divergentes. O olhar não pene-

211

tra através do primeiro plano em planos mais profundos, mas se detém nas camadas superficiais etc. A obra de arte tem de ser, portanto, um todo organizado, uma unidade em que nenhuma parte, por si só, tenha vida própria para que seja garantida a manifestação intensa da idéia do material sensorial. Deve haver uma adequação entre a idéia e os meios de expressão, a não ser que se jogue conscientemente com a inadequação para produzir uma paródia. Mas a própria inadequação entre idéia e expressão, no caso da paródia, recorre a meios adequados ao fim visado, para se obter os efeitos cômicos: assim usam-se hexâmetros ou alexandrinos solenes para uma idéia burlesca ou ridiculariza-se uma idéia tradicionalmente respeitada pela expressão burlesca, pelo exagero e pela caricatura. Parodia-se, por exemplo, um assunto sentimental pela expressão conscientemente inadequada de Bob Hope. Através do jogo da inadequação entre idéia e expressão pode-se obter, assim, uma manifestação perfeitamente adequada de uma idéia estética.

Semelhantes princípios estéticos – deduzidos de determinada concepção da arte – naturalmente não podem ser manipulados rigidamente. A obra de arte individual escapa aos sistemas conceituais demasiadamente rigorosos e é, como todo fato individual, em última análise, irracional. Aqueles princípios, contudo, são extremamente fecundos, ajudando-nos a apreciar com mais exatidão o valor de uma obra e o porquê desse valor. Isso naturalmente se refere também à obra fílmi-

O jovem Sergei Eisenstein.

M (1931), de Fritz Lang, com Peter Lorre, é um dos maiores filmes da fase expressionista do cinema alemão.

Jean Renoir e Erich Von Stroheim.

Jovem marinheiro que em *Outubro* (1928) representa, para Eisenstein, o proletário.

Ivã, o Terrível (1914), de Eisenstein. Cherkassovitch e interpretou Ivã.

Emílio Fernandez como ator em *Juanizio* (1934), direção de Carlos Navarro.

Gabriel Figueroa e Dolores del Rio na filmagem de *O Fugitivo* (1947), de John Ford e Emílio Fernandez.

2. O *CLOSE UP* EM PLANO PRÓXIMO

Na última seqüência de *Crepúsculo dos Deuses*, Norma Desmond, a estrela decadente, depois de ter assassinado o amante, desce da escadaria da sua mansão para a rua, onde a aguardam o carro da polícia e a câmera das "Atualidades Paramount". Alucinada, ela pensa tratar-se da cena de um filme que lhe restituirá a glória passada. E Erich von Stroheim[1], seu primeiro marido, seu mordomo e antigo diretor, concede-lhe piedosamente esta ilusão, dando aos cinegrafistas a clássica ordem: *Close up!*. Pela última vez, a tomada próxima captará a trágica expressão da famosa face, revelando os seus segredos, devassando-lhe a intimidade e pondo a nu a fatalidade de um destino.

Não é exagero dizer-se que com o *close up* o cinema se descobriu a si mesmo como meio autônomo de expressão e, portanto, como arte. É a possibilidade da tomada próxima

---

1. Efetivamente, Erich von Stroheim interpreta o papel de Max von Mayerling em *Crepúsculo dos Deuses* (*Sunset Boulevard*, Billy Wilder, 1950).

219

que deu aos cineastas, pela primeira vez, a consciência de criarem no domínio de uma nova arte, totalmente diversa da do teatro.

Não vem ao caso, aqui, discutir a quem se deve atribuir o primeiro *close up* casual. Franceses, ingleses e norte-americanos proclamaram a primazia neste terreno. Parece não haver dúvida, porém, de que foi o norte-americano David Wark Griffith quem utilizou este recurso pela primeira vez com plena consciência da sua importância e da sua função revolucionária.

Para avaliar o impacto revolucionário do *close up* é preciso ter em mente que durante cerca de uma década, a partir da invenção do cinema, a câmera se mantinha rigidamente a uma distância convencional dos atores e ocorrências. Esta distância convencional era um plano mais ou menos afastado: a câmera criava raízes numa posição que correspondia à do espectador no teatro, colocado em determinado lugar da platéia, de onde via, sempre de um ângulo fixo, toda a figura do ator cercado pelo ambiente em que se movia. A câmera mantinha-se passiva: reproduzia as ocorrências que se desenvolviam no "palco"; não intervinha como elemento expressivo, apenas inscrevia no filme virgem as "cenas". As figuras podiam aproximar-se da câmera (não muito, porém); a câmera, todavia, não se aproximava das figuras. Em casos extremos, um ator podia avançar até o "proscênio", mas a câmera ficava firme na "platéia". O "espaço" não se modificava, a "cena" não mudava, a câmera nunca invadia o "palco". O próprio termo "cena", a qual era então considerada como a menor unidade de cuja soma se compunha o filme, provém do teatro e revela toda uma concepção fílmica intimamente ligada à estética teatral, já que uma cena costumava ser uma única, longa tomada, com a câmera firmemente plantada no mesmo lugar.

Decorre daí, em parte, a gesticulação exagerada dos atores, exagero que não é só conseqüência da necessidade de substituir, no filme silencioso, a palavra pela pantomima grandiloqüente. É a passividade da câmera que requer a máxima atividade dos atores. Uma câmera morta necessariamente exige muita vida dos elementos atuantes para que se obtenha qualquer efeito.

Realmente, não se podia falar de cinema como arte autônoma enquanto predominava nele o espaço rigidamente circunscrito do palco, no qual se desenrolava toda uma "cena", do começo ao fim, sem que esse "espaço teatral" se modificasse. O cinema nasceu no momento em que esse espaço foi destruído para ser substituído pelo campo visual da câmera, limitado pela tela. Com isso se relaciona também a modificação do "tempo cinematográfico", inteiramente diverso do tempo teatral. Esta destruição consciente e sistemática (que casualmente já ocorrera muito antes) deu-se quando Griffith, no filme *For Love of Gold* (1908) começou a aproximar a câmera de dois atores, com o intuito de sugerir aos espectadores os seus pensamentos. Poderia ter ocorrido que os atores se aproximassem da câmera, resultando daí também um *close up* – como se abandonassem o palco e passeassem por entre o público. Mas o essencial, no caso, foi que a câmera se movia e não os atores. Foi uma espécie de golpe de Estado: até então a atividade era toda dos atores diante de uma câmera passiva; agora a câmera se torna ativa, impondo-se ao ator. Isso significa que o diretor se transforma em elemento primordial, pois é ele quem, através da câmera, interpreta a interpretação do ator.

Até então se sugeriam pensamentos por meio de "balões" que pareciam sair das cabeças dos atores; naqueles balões estavam representados, em miniatura, os seus sonhos, desejos. A aproximação da câmera (e logo também a escolha do ângulo) dispensa esse recurso, pois é a própria câmera que toma agora a si a função de esclarecedora, permitindo ler os pensamentos na própria fisionomia do ator.

Em conseqüência do *close up* (e da escolha do ângulo), a câmera deixa de copiar a realidade para selecionar a imagem essencial (e também o momento essencial). O *close up* aniquila a realidade espacial e temporal em que o personagem de três dimensões se encontra sempre integrado; por um processo de incisão operatória, ele separa uma parte vital do todo, colocando o resto do mundo, por assim dizer, entre parênteses. Na realidade empírica tudo está relacionado com tudo; a câmera dissolve estas relações, destacando um momento (temporal e espacial) como absoluto. Em *Enoch Arden*, Griffith teve a ousadia de eliminar não só o ambiente, mas todo o tronco de uma figura humana, mostrando na tela, em *close up*, apenas a cabeça cortada de u'a mulher – uma esposa saudosa que pensa no seu marido longínquo.

Não aparece nenhum "balãozinho" com o seu marido para esclarecer o pensamento de Anna Lee; há um corte sensacional e revolucionário no meio da "cena": na próxima tomada vê-se um outro espaço – a ilha remota, onde se encontra o marido, objeto da saudade de Anna. Esse ousado corte de um lugar para outro extremamente distante, não no início de uma nova cena mas em meio de uma cena já iniciada, era uma conseqüência direta da destruição do espaço rígido do teatro, iniciada pelo *close up*. Pois este, uma vez que decorre da deslocação da câmera, vem destruir o espaço teatral, introduzindo o campo da câmera que impõe os planos subjetivos da objetiva. Dissolvida a "cena" como última unidade cinematográfica, surge como o menor elemento a "tomada", isto é, a metragem do filme rodada com a câmera em determinada posição. O filme não é mais uma soma de cenas (de uma tomada cada uma), mas de tomadas ou planos que se sucedem segundo a deslocação da câmera. Com outras palavras: a câmera torna-se ativa no momento em que varia posições e ângulos. A mobilidade da câmera, por sua vez, está intimamente ligada ao princípio básico da estética cinematográfica, isto é, o corte – uma vez que a transição de um plano para o próximo (e muitas vezes de determinado momento temporal para outro, não imediatamente posterior, tanto assim que o corte se torna também a base do tempo cinematográfico, diverso do tempo empírico ou do tempo teatral) geralmente é feito por intermédio do corte.

Vê-se portanto como o *close up*, dissolvendo a rigidez do espaço estático e do tempo sucessivo da "cena", liga-se intimamente ao corte e, conseguintemente, aos princípios fundamentais da Sétima Arte.

A descoberta do plano próximo (e dos intermediários) como recurso conscientemente usado teve múltiplas conseqüências, como se deduz do exposto. Em primeiro lugar, emancipou o cinema do teatro; depois, possibilitou uma gesticulação mais sóbria dos atores. Griffith introduziu o *close up*, entre outros motivos, também porque desejava produzir efeitos sem depender em demasia dos atores. Em vez de pedir-lhes uma expressividade excessiva pelo jogo pantomímico, procurava modificar a relação entre os artistas e o público. Em lugar do grande gesto à distância, preferiu o gesto sóbrio de perto. Em lugar da careta de longe, exigiu uma mímica mais sutil, mas em plano próximo. A teatralidade é substituída pela intervenção esclarecedora e interpretativa da câmera que se torna "narradora", criando intensidade e dramaticidade através da ênfase óptica.

Por meio da intensidade visual criada pela seleção e mobilidade da câmera, esta não só compensa as eventuais deficiências dos artistas (em alguns dos maiores filmes, gente simples do povo, o que no teatro seria impossível), mas também a falta da palavra poética, do diálogo elaborado e dramático do teatro, bem como a ausência do ator vivo, com todo o impacto da comunicação imediata, direta. A tela não apresenta o artista em carne e osso, mas pelo menos em *close up*. A ampliação absurda da realidade estabelece entre personagens e espectadores uma relação de intimidade, embora unilateral: só o público, não o ator, sente os benefícios emocionais do *close up*.

André Malraux exprimiu tudo isso de maneira sucinta: "Um ator de teatro é uma pequena cabeça numa sala grande; um ator de cinema é uma cabeça grande numa pequena sala". (Resultam daí tipos totalmente diversos de interpretação e de artistas: o grande ator ou atriz de teatro e o astro e a estrela do cinema).

O *close up* não só modifica as relações entre os artistas e o público mas também entre os objetos e os espectadores. Não só a fisionomia, as mãos, os pés, os lábios podem, isolados, tornar-se extremamente expressivos pela aproximação, mas também as coisas inanimadas – que no teatro raramente desempenham papel de relevo. O objeto no teatro é, para todos os efeitos, inanimado, inexpressivo. Geralmente, só tem valor no conjunto da decoração, contribuindo para criar determinada atmosfera. O objeto pequeno, então, perde-se totalmente na distância e não é capaz de adquirir destaque expressivo como valor visual. No cinema, ao contrário, o objeto é capaz de revestir-se de uma importância essencial através do plano próximo. A coisa surge "pessoalmente", concretamente, não embrulhada em palavras abstratas. Um anel, uma chave, uma arma já não são objetos dos quais se fala, mas transformam-se em "sujeitos" que falam por conta própria – e falam uma linguagem vigorosa e intensa. Não são os personagens que revelam o segredo das coisas, mas estas é que revelam o mistério dos seres humanos. Algumas estátuas, em rápida seqüência, apresentadas em plano próximo, sugerem através da sua linguagem simbólica, no filme *Êxtase*, o estado de tensão de u'a mulher à procura do homem. Tornaram-se famosos os sapatões do filme *Sem Novidade no Fronte*, que contam toda uma tragédia. A mão e a borboleta em *close up*, no fim deste mesmo filme, são mais eloqüentes do que longos diálogos e dez metros de caretas. Num filme de Lubitsch, alguns oficiais rezam na Igreja, símbolo da paz; os seus revólveres perder-se-iam no palco. Mas a câmera destaca-os e, mudos embora, dão um comentário ao mesmo tempo irônico e patético; uma parada militar, cercada do entusiasmo popular, é fotografada com a câmera por trás de um soldado inválido, de modo a apanhar em plano próximo a sua perna de pau: ironia feroz (justapondo realidade e aparência, conteúdo e forma exterior) e patética, cheia de *understatement*. O objeto mudo transforma-se em crítico sutil do *Homo sapiens*.

Recurso essencial do cinema, o *close up* transforma-se, no entanto, em elemento nocivo e retardante, anticinemático, quando usado por mero virtuosismo, sem critério e sem gosto. A sua força está na economia do seu uso, em função das exigências íntimas do assunto e dos imperativos da narração. O *close up* é essencialmente um comentário – comentário lírico, irônico, psicológico; um sinal de exclamação que sublinha, acentua, dá ênfase; recurso de sugestão simbólica. De qualquer modo, retarda o fluxo da narração. Mas, mesmo como elemento de retardamento, pode criar suspense e aumentar, pelo contraste, o movimento, quando usado com precisão, em cortes cuidadosos, com cálculo exato de metros e fotogramas. É evidente, porém, que um "filme de ação" só excepcionalmente recorrerá ao *close up*, ao passo que filmes psicológicos e de idéias, de narração mais lenta e refletida, de intenções mais profundas, não dispensarão o uso equilibrado e funcional do plano próximo.

3. DONO DO TEMPO E DO ESPAÇO: SOBRE
A PSICOLOGIA DO CORTE

Em 1941 uma formação de aviões lança considerável número de bombas sobre Londres. Dez anos mais tarde rui um prédio em Paris, matando um operário. No ano de 1946, uma mulher chora num porto da Austrália ao ver, depois de uma separação de cinco anos, o seu marido, soldado do exército aliado, desembarcar de um navio de transporte.

As três ocorrências foram cobertas por diversos cine-repórteres: o lançamento das bombas, vendo-se caí-las vertiginosamente; o prédio em ruínas, com o cadáver do homem; e a chegada do navio de transporte, com um *close up* da mulher chorando de felicidade.

Suponhamos que se monte os três pedaços de filme corretamente; vêem-se as bombas caindo; o prédio em ruínas e o morto; a mulher chorando; novamente o morto; e mais uma vez a mulher, com a face banhada de lágrimas. O espectador terá inevitavelmente a impressão de que o prédio foi destruído por uma das bombas e que a mulher chora o seu marido morto. Três tomadas de ocorrências reais, sem nexo nenhum, cada qual referente a acontecimentos distanciados por milhares de quilômetros e vários anos, transformam-se, em virtude da montagem, em um novo e único acontecimento que se desenvolve num tempo reduzido e num local determinado, digamos Paris. A mulher que chorou realmente de felicidade, chora agora de desespero e tornou-se viúva de um homem que nunca conheceu.

Assim, graças ao poder sintético da montagem e do corte correto, três realidades separadas se transformam na ilusão de uma quarta realidade – a realidade de um filme que nos sugere o seu próprio espaço e o seu próprio tempo e, principalmente, uma idéia nova que não estava contida em nenhuma das três ocorrências reais.

É demasiadamente conhecida a experiência de Pudovkin[1], montando a mesma tomada da fisionomia de um ator em conexão com assuntos diversos – um prato de comida, u'a moça bonita, um cadáver: a fisionomia, cuja expressão era realmente sempre a mesma, parecia variar de acordo com a montagem; o seu jogo mímico parecia ajustar-se ao assunto com o qual ia sendo confrontada.

Esse fenômeno, que testemunha o grande poder da montagem, tem uma explicação psicológica. A psicologia estrutural ("gestáltica") de Wertheimer, Kofka e W. Koehler (escola que surgiu depois da Primeira Guerra Mundial) verificou que os dados imediatos da nossa percepção são totalidades integradas de vários momentos e não vários momentos que, posteriormente, são somados e compostos. Para exemplificar: se tivermos diante de nós, numa folha de papel, três pontos separados por um pequeno intervalo, depois um intervalo bem maior e novamente três pontos separados por um pequeno intervalo, e assim em diante, veremos cada seqüência de três pontos imediatamente como uma totalidade, uma configuração, da qual cada ponto faz parte como parcela integrante; isto é, entre os três pontos (que não são vistos separadamente mas em conjunto), estabelece-se, de imediato, uma relação

---

1. Na realidade, a experiência foi concebida pelo cineasta Lev Kulechov, daí derivando o nome de "efeito Kulechov".

dinâmica. Outro exemplo: se numa fisionomia a expressão da boca se modifica, muda a expressão de todo o rosto, pois nenhuma parte tem determinado valor por si só, mas apenas como parte do todo. O todo é *anterior* às partes (psicologicamente falando); vemos primeiramente o todo e apreendemos as partes posteriormente, através de uma análise consistente. Outro exemplo: os olhos por si sós são completamente inexpressivos; somente na totalidade do rosto adquirem uma expressão poderosa. Cada um pode fazer uma pequena experiência, recortando uma máscara com dois buraquinhos que deixem apenas ver os olhos.

O mesmo princípio aplica-se não só às totalidades espaciais mas também às totalidades temporais: uma melodia é um todo integrado, não uma soma de sons independentes. Ela é uma "estrutura" peculiar que, como tal, mantém o seu caráter específico, mesmo quando transposta para outra oitava, de modo que nenhum som permanece o mesmo. O que sobrevive é a relação entre os sons, a estrutura fundamental.

Aplicando isso ao filme verifica-se que, sendo os planos os elementos, o valor de cada plano depende da configuração ou estrutura da seqüência, isto é, da totalidade de uma seqüência da qual várias tomadas formam as partes. Como u'a melodia não é uma soma de sons neutros, mas um todo organizado em que cada nota é apenas parte funcional, assim também a seqüência é uma totalidade integrada de tomadas que por si sós não têm vida própria, mas que são células de um organismo maior e adquirem o seu sentido a partir do todo. Tão poderosa é a "prioridade" do todo que, como vimos antes, várias tomadas separadas por milhares de quilômetros e por uma dezena de anos, uma vez transformadas em parcelas de uma seqüência, transformam totalmente o seu sentido inerente. Colocadas dentro da totalidade da seqüência, estabelece-se uma relação dinâmica entre as tomadas ou parcelas e cada plano tem sentido somente em função da configuração total.

O cineasta pode ser, evidentemente, um ótimo editor ou montador, sem entender nada da psicologia estrutural. Com efeito, os russos estabeleceram os princípios essenciais da montagem antes da elaboração da respectiva teoria psicológica. A teoria apenas explica o poder da montagem, como explica o fato de nós ouvirmos melodias e não sons separados que, como soma composta de notas independentes, nunca formariam uma melodia se não tivéssemos a *memória* que apreende a totalidade dos sons que a formam.

De qualquer forma, é útil que o cineasta saiba algo dessa teoria. Isso lhe dará maior consciência na cuidadosa planificação de cada seqüência que, por sua vez, é apenas parte de uma totalidade superior: a obra. Assim, ele não pensará apenas em termos de tomadas ou planos, mas em termos de seqüências e totalidades e isso lhe facilitará ver cada tomada no conjunto de configurações mais amplas. Cada tomada tem a sua vida apenas em função dessas "estruturas" mais amplas. O corte tem de tomar em consideração essa qualidade de parcela, própria à tomada, e a tesoura tem de agir, por assim dizer, com suave brutalidade a fim de integrar a célula no organismo.

Foram os russos que tiveram primeiramente plena consciência do poder da montagem (Griffith, naturalmente, já a aplicava de modo magistral), transformando cortes desconexos e contrastantes em novas unidades superiores de poderosa expressividade. Pode-se chamar esse estilo de criar novas realidades pela composição de imagens aparentemente desconexas de *corte dinâmico*. O exemplo clássico para esse estilo é a seqüência da Escada de Odessa no *Encouraçado Potemkin*, de Eisenstein. Todo *far west* que se preza recorre hoje a esse corte dinâmico quando cria a realidade "perseguição", fazendo seguir a tomada de um homem galopando no seu cavalo à tomada de outro homem, que igualmente anda a galope. Trata-se de tomadas separadas e uma pode ter sido feita muitas semanas antes da outra, de modo que na realidade não havia perseguição nenhuma. A montagem, porém, transforma as tomadas seguidas na *Estrutura Perseguição*. Cria-se, pela sucessão de tomadas isoladas, o que se pode chamar de "espaço fílmico" e de "tempo fílmico", os quais de modo algum se relacionam com o espaço e o tempo da nossa experiência comum.

Os russos levaram a teoria do corte dinâmico às suas conseqüências mais extremas, pesquisando cuidadosamente o efeito psicológico causado pela sucessão e justaposição de fragmentos selecionados do mundo real e montados de modo a formarem uma nova unidade superior. Eisenstein em particular estudou minuciosamente a relação entre a duração de cada tomada e o seu conteúdo, estabelecendo teorias sobre a *montagem métrica* (segundo um esquema musical), na qual a tensão é obtida pela simples aceleração mecânica de cada plano, isto é, pela diminuição da sua metragem; a *montagem rítmica*, em que a duração de cada plano está relacionada com o conteúdo, isto é, os movimentos filmados; a *montagem tonal*, em que o corte se baseia no "som emocional", na "dominante", no "tom geral" dos planos (intensidade da luz, por exemplo) etc.

O perigo do corte dinâmico reside na fragmentação da continuidade que é necessária para contar uma história. A idéia da continuidade na narração de um enredo criou o estilo oposto ao corte dinâmico – o corte de continuidade. Este, levado ao extremo, resultaria na reprodução de toda uma ocorrência sem cortes, sem modificação do ângulo, sem *close up*, sem introdução de ações ou ocorrências paralelas que se verificam em lugares diversos. Nota-se esse estilo particularmente na má adaptação de peças teatrais. Enquanto o corte dinâmico em excesso facilmente transforma o filme numa metralha descontínua de "tiros" ou tomadas, exigindo do espectador um esforço desmedido para seguir a linha do enredo, o corte de continuidade, levado às últimas conseqüências, produz uma narração enfadonha, monótona, que se esquece dos meios específicos do cinema para criar tensão, intensidade, poder expressivo, através do corte inteligente, a variação dos planos e esse grande dom fílmico de fazer falar os objetos inanimados, os pormenores significativos, inserindo-os na sucessão dos acontecimentos.

É evidente que o montador ou editor de filmes documentários tem muito mais liberdade criadora (graças à aplicação do corte dinâmico) do que o editor de filmes de enredo. Quanto menor dose de continuidade imposta pelo enredo, tanto maiores as possibilidades de criação por meio do corte e da montagem. No cinema profissional costuma-se preferir hoje, para os filmes de enredo, um compromisso entre ambos os estilos (dando-se forte preferência à continuidade). Particularmente em Hollywood, a responsabilidade do editor não é muito grande, atribuindo-se a ele muito mais o papel de um técnico competente do que o de um artista. Dentro da planificação rigorosa do filme, não lhe resta outra tarefa senão a de selecionar cuidadosamente as melhores tomadas, reunindo-as na ordem do roteiro, de modo que as intenções psicológicas e estéticas do diretor sejam realizadas da melhor forma através da sucessão de diversos ângulos, pela duração cuidadosamente avaliada de cada plano e pela transição perfeita de um plano a outro. Mesmo nesses pormenores, o editor segue prescrições minuciosas.

O principiante na arte de cortar e montar geralmente se esquece de cortar e montar. Não sabe traduzir a metragem física em unidades psicológicas. Assim, assusta-se ao ver a sua própria elaboração: planos de trinta, quarenta segundos de duração que não parecem terminar nunca. Trinta, quarenta segundos, na nossa experiência comum, aparentam ser um Nada; mas quando observamos a sua passagem com o relógio na mão, eles parecem representar um espaço de tempo considerável. Faça-se uma tomada, sem modificação de plano, de um homem caminhando por uma rua, durante quarenta segundos, e projete-se essa metragem insignificante. Repentinamente o tempo parece parar e não há meio de a tomada chegar ao fim. O principiante tem medo de fazer uso das grandes liberdades de tempo e espaço, através da fragmentação dessa caminhada em numerosos pedaços tomados de vários ângulos, com a intercalação de tomadas de ambientes, cartazes, placas de lojas, vitrinas, tomadas que podem ter sido feitas muito antes ou muito depois da caminhada (ou mesmo em lugares distantes – naturalmente cuidando-se de uma iluminação equilibrada).

Se se fizer depois uma perfeita montagem dessas tomadas dispersas, a caminhada pode durar até dois minutos e, no entanto, passará com rapidez para o espectador. Trinta segundos, porém, sem modificação do ângulo e sem inserção de "ambiência", representarão psicologicamente muito mais do que um minuto. O editor é o dono do espaço e do tempo fílmicos. Tanto assim que, fazendo precisamente uso da duração excessiva de um plano (como no fim de *O Terceiro Homem*, no qual a protagonista se aproxima durante cerca de vinte segundos da câmera, a partir de uma extrema distância até um grande *close up*, tudo isso com a câmera imóvel), pode-se criar uma cena extraordinária que representa uma *eternidade* de angústia.

4. *IVÃ* E *RIO ESCONDIDO*: CONSIDERAÇÕES SOBRE O "ESTILO" CINEMATOGRÁFICO

Dois filmes de origem e diretores diversos dão motivo para algumas considerações sobre o "estilo" na obra cinematográfica. Trata-se de *Ivã, o Terrível*, de S. M. Eisenstein, e do filme mexicano *Rio Escondido*, de Emílio Fernandez, o realizador de obras tão belas como *Maria Candelária* e *A Pérola.*

As afinidades e mesmo semelhanças entre ambas as obras são evidentes, embora a ação do filme russo se desenrole no século XVI e a obra mexicana no século XX. A influência do grande cineasta russo (que, como se sabe, filmou durante certo tempo no México) sobre Fernandez e o *cameraman* Figueroa é bem visível. Ambos os filmes têm como enredo grandes temas nacionais e visam uma propaganda no mais alto sentido do termo (é absurda a opinião de que a verdadeira arte não pode visar a propaganda). Ambos os diretores procuram falar em nome dos seus respectivos povos, esforçam-se por representá-los como se fossem expoentes incumbidos pela sociedade da tarefa de dirigir aos seus compatriotas um apelo grave e vigoroso, através do enaltecimento das virtudes, das lutas e vitórias e mesmo dos fracassos nacionais. Ambos os diretores procuram criar, até certo ponto, um mito, narrando cada um a epopéia, a saga de determinado personagem representativo da nacionalidade em que se cristalizam todas as virtudes exigidas pela hora.

O filme russo narra a epopéia de Ivã, czar da Rússia, apresentado como o unificador da nação, grande guerreiro e adversário irreconciliável dos *bojarins*, isto é, da classe feudal que, impulsionada por interesses particulares, opõe-se ao crescimento e à supremacia do poder central. Há no filme breves alusões à luta de classes, através de expoentes da burguesia em ascendência, inimiga da classe feudal, mas oposta ao mesmo tempo ao "Quarto Estado", ao proletariado, ao qual o czar não hesita em recorrer na hora do perigo.

O filme mexicano, por sua vez, narra a epopéia de uma simples professorinha rural da atualidade que, na sua luta contra o nauseabundo "coronel" de um lugarejo do interior, transforma-se em heroína e símbolo de um vasto processo revolucionário que deverá redimir, através da alfabetização e elevação cultural, o povo miúdo dos peões, a raça índia, dando-lhe a plena consciência do seu valor como esteio da nação, de cuja integração na vida atual depende o progresso do país. Também neste filme o adversário principal é o senhor semifeudal, manda-chuva de toda uma zona, prefeito ao mesmo tempo da vila Rio Escondido; mas o herói não é o grande guerreiro, nem o chefe da nação ou presidente que envia a professorinha àquele lugarejo, mas a pequena mulher mexicana, mensageira do alfabeto e dos valores morais e espirituais, que implanta, com os seus ensinamentos, a rebelião no espírito dos aldeões, levando-os finalmente ao motim contra o tirano da vila. E não poderia haver mais bela propaganda do que esta: as inúmeras professoras do interior são o "Rio Escondido" que, levando a cultura aos lugares mais afastados, fecunda a nação e faz florescer a terra ressecada dos cactos.

Em ambos os filmes estamos, portanto, diante de grandes temas – o da fita mexicana é, indubitavelmente, mais simpático por não glorificar um czar, mas uma professorinha.

234

Contudo, o filme de Eisenstein é uma verdadeira obra de arte, ao passo que o de Fernandez não passa de uma obra malograda, apesar das boas intenções e apesar da evidente capacidade de realização do diretor mexicano, coadjuvado pela admirável fotografia de Figueroa.

A causa do malogro é precisamente o fato de que E. Fernandez parece ter-se inspirado no estilo específico da obra de Eisenstein, estilo perfeitamente adequado a um tema histórico, a uma época separada da nossa pelo abismo de quase quinhentos anos; inadequado, porém, a um enredo que se passa em pleno século XX.

O estilo de *Ivã* é, no melhor sentido da palavra (não no sentido de Cecil B. De Mille), "monumental", de um patetismo que agiganta as figuras, longe de qualquer espécie de realismo.

> Queria, *escreveu o próprio diretor*, que o personagem de Ivã produzisse uma impressão de grandeza augusta, fato que conduziu à grandeza majestosa da forma; de acordo com isso, a linguagem tornou-se ritmada. Com freqüência, a música se mistura à linguagem, o coro intervém no diálogo. Todos os esforços tendem a fazer sentir ao espectador o grande poder do Estado russo.

A arte de Eisenstein concentrou-se na tarefa de criar um mundo remoto, com a sua atmosfera lúgubre de imensas paixões mal contidas, de vontades brutais em entrechoque, de ambições violentas, de desconfianças, terrores, ciúmes, conluios subterrâneos, num clima de angústia opressiva em que cada parede parece transformar-se em olho a espiar o mínimo gesto – tudo isso porém dominado pela figura do czar, de uma magnitude irreal, lançando sombras enormes sobre os muros, esmagando a tela em tremendos *close ups*, encarnando com uma terrífica intensidade o poder que se sobrepõe às mesquinhas intrigas, aos egoísmos, ao luto e à dor individuais, à moral e a todas as limitações humanas.

Para criar esse mundo de outras dimensões que não as comuns, Eisenstein mobilizou todos os recursos da Sétima Arte. Imprimiu ao todo um ritmo lento, de fluxo pesado e solene, com um tempo a escorrer viscoso como o tempo glutinoso dos pesadelos, em que os gestos e movimentos parecem grudados a uma substância invisível que lhes estanca a liberdade. Todos os recursos da cenografia e da iluminação artificial foram empregados para criar a atmosfera aflitiva e agoniada do palácio moscovita, a "cova" sufocante onde as facções se digladiam com furioso ódio, onde a intriga se arrasta por aposentos baixos e escuros, através de entradas que parecem feitas para ratos, onde o medo se esgueira por corredores estreitos e a traição se vê descoberta pela vigilância de olhos que, incorruptíveis, se abrem nas pinturas murais. A tais cenas cheias de luzes baixas e sombras pesadas, que exprimem com perfeição o clima do palácio e a intriga das facções, contrapõe-se a amplitude do poder em luta pela unidade nacional, poder projetado na amplitude do espaço e dos *long shots* arejados: veja-se, por exemplo, a admirável cena da coroação na imensa catedral, imensidão acusticamente ainda aumentada pelo eco da grandiosa voz do arauto; a vastidão da paisagem diante de Kazan, onde se expandem as fileiras do exército de Ivã, em composições pictóricas de uma beleza inesquecível, em diagonais serpenteantes ou em rígidos ângulos marciais, esplendor guerreiro contraponteado pela doçura melancólica da música coral de Prokofiev a evocar a dor e a morte; vastidão que se repete na cena final (da primeira parte), em que o povo, em procissão interminável através de campos cobertos de neve, vem buscar o czar que se retirou de Moscou com alguns fiéis. Uma das tomadas finais reúne um enorme *close up* da face do czar com a barba atravessando diagonalmente a tela e um extremo *long shot* da procissão a aproximar-se da torre, onde o "paizinho" aguarda o seu povo, parecendo protegê-lo debaixo da sua barba.

Para integrar o elemento humano neste mundo remoto criado pela imaginação, Eisenstein teve de inventar, por assim dizer, um novo estilo de representar; e é precisamente neste terreno difícil do desempenho dos atores, de cujo trabalho adequado dependia toda a unidade da obra, que o diretor russo obteve magníficos resultados. Um único gesto falso, no ambiente altamente estilizado, poderia quebrar irremediavelmente a unidade total que, na variedade dos detalhes, se exige de uma verdadeira obra de arte; um passo "natural", nessa atmosfera, teria sido absurdo. Tudo dependia de obter a máxima naturalidade na falta de naturalidade. Assim é que

236

o diretor apoderou-se do elemento humano como de uma argamassa, modelando-a segundo as suas intenções e extraindo o máximo de expressividade do gesto hierático e grandiloqüente, muitas vezes breve, abrupto e violento como irrupção imediata de paixões primitivas; note-se o andar amplo, fazendo esvoaçar os trajes medievais do czar, o andar furtivo dos intrigantes, o andar cauteloso, deslizante, de pés oblíquos do traidor. Diante da sórdida e frouxa maneira de colocar as figuras no espaço, tão conhecida da maioria dos filmes, Eisenstein dá um dos mais altos exemplos de como se compõem planos, se agrupam as figuras, de como a câmera em movimento revela segredos através do ângulo audacioso, de como se enche o espaço em composições diagonais, retangulares, verticais, triangulares, em sucessão magistral de cortes que jogam a vertical contra a horizontal, o movimento ascendente contra o movimento em declive. Enormes *close ups*, interrompendo planos médios e remotos, acentuando a lentidão do ritmo, transformam o rosto humano em elemento quase decorativo, sondando ao mesmo tempo a paisagem subterrânea da fisionomia, com a câmera fazendo um trabalho de mineração nas galerias escuras da alma. São fisionomias rígidas, imóveis, como que paralisadas sob o impacto das emoções, mas terrivelmente expressivas através do jogo de olhos assustados, vigilantes, furtivos, temerosos, iracundos, a travarem uma luta incessante e silenciosa.

A aplicação de semelhante estilo à atualidade é, evidentemente, impossível. Não que o nosso tempo fosse inferior ao de outras épocas e, por isso, incapaz de suportar a grandeza hierática do gesto e a rigorosa estilização da realidade. O tema de *Rio Escondido*, por insignificante que pareça, refere-se a processos revolucionários de extrema importância e pode-se reputar o seu sentido profundo como de valor absoluto mais alto do que o de *Ivã*. Mas a perspectiva histórica é bem diversa da do espaço. A distância temporal aumenta os vultos, ao passo que a distância espacial as diminui. Ou melhor: o tempo engrandece o que é grande e apaga a mediocridade que, pela sua presença múltipla, nivela o excepcional. A grandeza surge em função do tempo que elimina os pormenores, tece a lenda e o mito e projeta o talento como gênio agigantado contra o fundo da história. Daí ser impossível ou extremamente difícil aplicar o estilo solene e patético à atualidade. Pelo menos a tentativa de Emílio Fernandez de dar ao seu filme o cunho de grandiosidade, através de meios estilísticos semelhantes aos de *Ivã*, deve ser considerada fracassada. É evidente que este diretor notável aprendeu muito com Eisenstein, cuja aventura fílmica malograda no México é do conhecimento geral (financiado por Upton Sinclair, realizou no México um imenso filme – *Que Viva México!* – que nunca foi editado na íntegra, mas apenas em montagem mutilada, reduzido a frangalhos, com o título *Tempestade sobre o México* ou *Tonnerre sur le Mexique*; a enorme quantidade de negativos foi aproveitada para compor ainda outros filmes, por nenhum dos quais se pode responsabilizar Eisenstein).

Nota-se, em *Rio Escondido*, a preocupação constante do diretor em encontrar o estilo adequado ao tema monumental da redenção nacional. Típico nesse sentido é o aproveitamento sugestivo, nas cenas iniciais, das pinturas murais de Diego de Rivera, enquanto a professora percorre os corredores, escadarias e ante-salas do palácio do presidente, que a chamou para confiar-lhe a grande missão da sua vida. Diante do problema dificílimo de encontrar o estilo adequado à grandeza do tema e simultaneamente à perspectiva da atualidade, o diretor mantém-se claudicante e pára a meio caminho. Não renuncia à grandiloqüência, mas não tem a audácia de decidir-se totalmente a favor da estilização radical, isenta de qualquer realismo. Assim, tudo acaba parecendo e soando falso. O patetismo do presidente, fotografado de costas diante de uma mesa de trabalho elegante, em moderno terno citadino, enquanto à maneira de Ivã dirige um apelo eloqüente à professora, produz efeito contraproducente. É-se levado a pensar num monumento representando um cidadão pacato, de *smoking* e guarda-chuva, montado num fogoso cavalo empinado. Esse estilo adapta-se muito melhor à cidade do interior e aos peões com seus trajes regionais, a todo esse ambiente atrasado que, a bem dizer, corresponde a uma fase histórica há muito superada. O índio é um elemento que vai às mil maravilhas com o ritmo lento, o gesto hierático; o seu gigantesco chapéu de palha destaca-se como admirável elemento na composição feliz de algumas cenas, às quais a grande arte de Figueroa dá um cunho de nobre beleza. E a isso se junta a soberba fotografia da paisagem em que o *cameraman* mexicano é insuperável.

Todavia, o diretor fracassou na integração estilística dos vários elementos humanos (aliás, muito inferiores em valor artístico aos atores russos): o manda-chuva e os seus capangas pertencem a uma outra fase da dos peões, fase também superada, mas mais recente, e a professora, apesar dos seus trajes solenes e estilizados, bem como o seu companheiro, o médico, pertencem à atualidade. Pior ainda é o impossível discurso de Maria Felix (torturada por *close ups* inexpressivos), ao evocar na pobre sala dos pequenos peões o espírito de Juarez, com a ênfase teatral de uma heroína medieval.

Evidentemente, a chegada da professora à vila remota do interior significa essencialmente o entrechoque de dois estilos de vida, de duas civilizações e épocas diversas. Chocam-se o espírito moderno e a lassidão e indolência de uma coletividade ainda presa em estruturas feudais.

Se o diretor tivesse ousado acentuar, com decisão, esse entrechoque de dois estilos, ao invés de entregar-se a uma indecisa e morna mistura dos elementos, nesse caso talvez teria realizado uma obra notável, de verdadeira unidade, ao invés de um filme cheio de belas seqüências, mas sem unidade e sem estilo nenhum.

Parte IV: CINEMA E INOVAÇÕES

1. A CRISE EM HOLLYWOOD

Novo "Equipamento"

Desde a Segunda Guerra Mundial foram fechados nos Estados Unidos 3.500 cine-teatros[1]. Segundo o magazine norte-americano *People Today*, há em Hollywood, abalada pelo pânico, uma verdadeira corrida atrás de novas estrelas dotadas de atrações físicas supersensacionais. O *sex-appeal* goza da mais alta cotação porque essa isca parece aos magnatas a única possibilidade de sobreviver em face da competição da televisão. Assim, os chefões decidiram "que a única possibilidade de sobrevivência reside na revivescência do sexo".

Virginia Mayo, por exemplo, declarou que Sam Goldwyn nunca lhe deu uma chance para mostrar o seu "equipamento". Sally Forrest, Joanne Dru, Rhonda Fleming, estão obtendo papéis nos quais, com a bênção dos estúdios, podem usar

---

1. Trabalho publicado em março de 1953.

243

o seu "equipamento" para aumentar a entrada de dólares nos caixas.

Vanessa Brown, uma menina notada pelo seu "equipamento" mental, decidiu mudar o rumo no meio da sua carreira. "Não posso arriscar-me mais a mostrar o meu cérebro. Fiquei presa que nem rato na armadilha pelo meu índice de inteligência. Agora só uso roupas de baixo refinadas e saias abertas, e então obtenho todos os papéis que nunca obtive enquanto era uma enciclopédia ambulante". Nancy Olson teve o maior êxito de propaganda depois de se tornar nudista em Honolulu, o que aliás lhe foi proibido pela polícia a fim de que ela não desse um mau exemplo aos nativos...

Jerry Wald, produtor da RKO, declarou que sexo é o ingrediente básico de um filme... O sexo deveria ser uma espécie de sobremesa que representasse o clímax de uma boa refeição. Mike Connoly, o colunista do *Reporter* de Hollywood, comentando a última sensação de glamour – Marilyn Monroe – disse que ela seria ótima na chapa de um fogão. A sua parte posterior está sempre em movimento. Marilyn pertence à 20th Century Fox, fato que inspirou à Metro a idéia de aproveitar Elaine Stewart para transformá-la em "líder sexual" (!). E Ann Baxter, até agora apresentada pelas revistas e por uma publicidade cuidadosamente dirigida como "moça caseira", declarou recentemente: "Odeio os trabalhos domésticos e cozinho miseravelmente. O que o público quer é 'glamour', e 'glamour' é ser insinuante e excitante, como um bombom de hortelã para um homem exausto num dia tórrido..."

Como se vê, Hollywood anda muito preocupada. A única capacidade criadora que Hollywood, transformada numa espécie de "cova de serpentes" densamente povoada por histéricos, vem ultimamente demonstrando possuir reside no terreno lingüístico: cria-se em Hollywood uma nova gíria sexual. Além disso, produz-se ali, reconheça-se, muito bombom de hortelã.

A *Terceira Dimensão*

A crise decorrente da competição da televisão e da falta de filmes de valor fez com que se renovassem em Hollywood os esforços para lançar, como grande novidade, o filme plástico, tridimensional. O fato é, porém, que não se trata de novidade nenhuma. Há muito tempo que se poderia ter levado adiante essa inovação. Na Rússia se projetam há anos filmes tridimensionais. Contudo, isso não interessou nem aos produtores de Hollywood, nem aos exibidores enquanto a situação econômica ainda não exigia a inversão de capitais consideráveis para novos equipamentos (falamos, desta vez, de equipamentos no sentido que consta nos dicionários).

O mesmo fenômeno foi observado por ocasião do lançamento dos filmes sonoros. As condições técnicas para esse lançamento já existiam por volta de 1920. Todavia, somente sete ou oito anos mais tarde a Warner Brothers, diante de falência iminente, resolveu arriscar os seus últimos capitais e créditos na aplicação dos recursos sonoros. Todas as outras empresas seguiram a concorrência, não só por causa da competição mas porque a crise, que então abalou Hollywood, tornava necessária a apresentação de uma novidade capaz de atrair o público, que então desertava das salas de exibição.

É uma questão diferente se a inovação da terceira dimensão aumentará o valor artístico das fitas. Provavelmente resultará daí um retrocesso semelhante àquele que ocorreu por ocasião do lançamento do filme sonoro. De qualquer modo, em face das protuberâncias dos "bombons de hortelã", a Terceira Dimensão não deixará de ter uma função importante. O equipamento do cinema plástico aplicado à plástica do "equipamento" feminino – eis aí um processo capaz de garantir a sobrevivência de Hollywood.

2. O QUE É QUE HÁ COM O CINEMA EM RELEVO?

A introdução do cinema em relevo está pondo em polvo-rosa os círculos ligados à indústria cinematográfica. Antes de tudo é preciso verificar que os motivos do lançamento dos fil-mes em Terceira Dimensão (três dimensões) não são de ordem artística ou estética, mas de ordem econômica. Hollywood, acossada pela televisão, debatendo-se num verdadeiro vácuo espiritual, vê a sua crise econômica aumentada ainda pela for-te concorrência dos filmes italiano, francês e inglês, os quais competem com o filme americano no mercado mundial. Na crise atual, a exportação de filmes se tornou, pela primeira vez, uma questão vital para Hollywood, visto que o mercado na-cional já não lhe garante rendas compensadoras. Daí a repen-tina decisão de Hollywood de recorrer ao relevo, tirando das gavetas as respectivas invenções que há muito tempo aguar-dam a sua aplicação. "Pode-se estar certo", escreve *Les Temps Modernes* (o grande periódico francês), "de que Hollywood fará tudo para arrasar o cinema europeu (e o incipiente cine-ma da América Latina) sob o peso dessa revolução técnica..."

Considerando-se que Hollywood está adaptando toda a sua produção ao filme plástico, considerando-se ainda que as massas, ávidas por novas sensações, evidentemente preferem a novidade, mesmo artisticamente inferior, aos filmes "planos" mesmo que superiores, é evidente que as indústrias cinematográficas nacionais dos diversos países terão de seguir os rumos de Hollywood para sobreviver; essa adaptação, porém, que exige enormes capitais, implicará tremendas dificuldades para as indústrias economicamente mais fracas. O cinema em relevo é, portanto, o melhor "golpe" que Hollywood poderia assestar contra seus concorrentes.

Do ponto de vista puramente estético, há opiniões diversas sobre o valor do cinema em Terceira Dimensão. O grande cineasta russo S. M. Eisenstein, falecido há alguns anos, foi um entusiasta do filme em relevo (na Rússia já se projetam há vários anos filmes plásticos). Disse Eisenstein que o cinema tridimensional é um anseio latente do público, anseio esse baseado nos mais profundos impulsos do homem. Acentuou a importância da profundidade espacial da imagem. A distância torna-se violentamente real, de tal modo que o espectador se vê projetado dentro dela. Mais importante ainda é o seguinte: a imagem, palpavelmente tridimensional, se lança da tela para dentro da sala de espetáculos – pássaros parecem voar através do cinema ou se projetam na profundidade dos espaços, panteras e onças saltam nos braços dos espectadores. Segundo notícias recentes, consta que por ocasião da projeção de um filme em Terceira Dimensão, no qual aparece um carro deslizando por uma montanha russa, a impressão foi de tal modo real que alguns espectadores, sentindo a vertigem da queda no abismo, começaram a vomitar em plena sessão cinematográfica.

O argumento mais forte de Eisenstein é que o cinema plástico transformará em realidade um sonho milenar, sonhado durante toda a história do teatro: o sonho de se estabelecer uma relação mais íntima e mais intensa entre o espetáculo e o espectador. Atualmente, o público apenas "aprecia" a peça teatral, não participando realmente dela. Eisenstein explica como a "entidade coletiva" composta pelo espetáculo e pelo povo que a ele assiste sofreu uma ruptura pela separação entre ribalta e platéia, palco e audiência. Durante toda a história teatral procurou-se transpor esse abismo construindo "pontes" de variadas espécies entre cena e sala, entre ator e público (veja-se, por exemplo, o teatro de arena e outras tentativas para aproximar palco e público). De acordo com Eisenstein, o cinema em relevo possibilitará de um modo inédito essa interpenetração entre espetáculo e espectador, unindo o que a história separou. O ator estará, por assim dizer, entre o público e este estará dentro da cena, deixando de ser público para se transformar em co-ator.

Há indubitavelmente muito de verdade no que diz o genial cineasta russo. Em épocas remotíssimas a arte estava ligada ao ritual mágico ou religioso de que toda a tribo participava. Duvidamos porém que, depois de a arte ter-se tornado independente, existindo como esfera autônoma, seja possível voltarmos a tempos em que a arte era essencialmente uma função religiosa que empolgava todo o povo. Isso parece no mínimo muito difícil em nossa sociedade. Sabemos hoje que a vivência estética (pelo menos segundo as concepções de nossa sociedade) exige até uma certa distância psíquica da obra de arte. Wordsworth, o grande poeta inglês, disse que a origem da poesia é a emoção que se recorda em sossego. Isto, aplicado às demais artes e à apreciação do público (leitor, contemplador de um quadro etc.) significa uma participação emocional (e também intelectual) em sossego – isto é, uma participação intensa mas suficientemente distanciada para possibilitar, ao mesmo tempo, a atitude calma de quem contempla a idéia simbolizada numa obra de arte. Segundo a teoria de Eisenstein – falando metaforicamente – a reação ideal do público seria a daqueles *boys* do *far west* que atiram balas e ovos podres contra a tela quando o bandido persegue a mocinha; ou então a daqueles espectadores que, participando da descida vertiginosa pela montanha russa, sentem a necessidade de devolver a última refeição. Considerar tal reação como estética parece-nos extremamente estranho.

Um dos argumentos em favor do cinema em relevo é o seu maior realismo. Duvidamos que esse argumento seja relevante uma vez que a função da arte não é a imitação exata da realidade exterior dos nossos sentidos. Toda arte é uma transposição da realidade em termos de abstração e simboli-

249

zação. A própria fotografia não é uma cópia rigorosa da realidade, mas uma representação abstrata da mesma. Que isso é verdade vemos pelo fato de que, por exemplo, os nativos de regiões remotas da África não reconhecem ou identificam o assunto de uma fotografia, devendo fazer uma aprendizagem para chegar a interpretar corretamente o conteúdo de uma foto. Quanto aos animais, eles nunca conseguem identificar uma foto porque lhes falta a capacidade de interpretar símbolos – e a foto nada mais é senão uma representação simbólica da realidade. Se nós reconhecemos imediatamente os objetos representados por uma foto, isso se dá porque o aprendemos desde a mais tenra infância.

Por outro lado, deve-se dizer que o cinema em relevo prejudicará a expressividade especificamente fílmica da obra cinematográfica. Esta baseia-se, essencialmente, no movimento rítmico da imagem. Lembre-se que mesmo o cinema sonoro prejudicou o movimento rítmico da imagem devido à introdução da palavra, cujo ritmo difere do da imagem. O cinema plástico destruirá a movimentação da câmera, por exemplo, nos *travellings* ou nas tomadas panorâmicas porque uma movimentação rápida da câmera, em se tratando de filmes plásticos, provocaria vertigens e extremo mal-estar no público. Um dos recursos essenciais do cinema – em virtude do qual ele se diferencia essencialmente do teatro – é o *close up* – a tomada próxima, por exemplo, de um rosto ou mesmo somente dos olhos ou lábios de uma face. Tais *close ups*, em sucessão após planos mais afastados, se tornarão impossíveis, visto que a impressão no filme em Terceira Dimensão seria a de um rosto lançado no meio do público. De um modo geral, a seqüência de planos variados, seguidos por cortes incisivos – recurso fundamental no cinema – será eliminada pelo cinema plástico e, com isso, o filme em relevo ameaça aproximar a arte fílmica do teatro – fato bastante deplorável visto que o filme, como imitação do teatro, nunca poderá atingir a força do teatro. As possibilidades do cinema residem no desenvolvimento dos seus próprios recursos e não na criação de um mau teatro.

Apesar de tudo isso, seria ridículo revoltarmo-nos contra o cinema em relevo. Não se pode deter as evoluções provocadas pelo progresso técnico, mesmo se esse progresso redundar, inicialmente, em atraso estético. Possivelmente, o cinema plástico haverá de desenvolver, com o tempo, uma linguagem própria, expressiva e vigorosa, cuja peculiaridade e beleza, por enquanto, não podemos prever. Neste terreno é impossível predizer qualquer coisa com certeza. Não nos resta outra coisa senão aguardar os acontecimentos.

3. A TERCEIRA DIMENSÃO –
O CINEMA EM RELEVO

Terceira Dimensão Causa Caos

É muito difícil dar uma idéia plástica do cinema plástico. "3-D", como os nossos leitores talvez saibam, não é um termo simbolizando o dia que marca o início de uma ofensiva; é apenas a abreviação de "três dimensões". A verdade, porém, é que a Terceira Dimensão se transforma em verdadeira ofensiva do cinema norte-americano – não só contra a televisão mas também contra a competição das várias indústrias cinematográficas que surgiram depois da guerra, com redobrado impulso, em outros países e que, no terreno do cinema, talvez, não possam acompanhar Hollywood no campo do cinema plástico. É possível que o ímpeto da terceira dimensão salve o cinema estadunidense da "quarta dimensão", na qual, transformado em sombra e fantasma desmaterializado, definhava ultimamente, mísero e melancólico como era o seu caso há 25 anos, quando foi salvo pela voz na época em que o silêncio se tornava tumular.

253

Por ora, todavia, tudo é caos em Hollywood. É furiosa a competição dos vários sistemas e métodos plásticos, como também já se inicia a competição entre as estrelas mais bem dotadas de "equipamento" plástico pessoal. Parece que cada empresa tende a adotar um sistema diferente, o que, para os cine-teatros, aumenta a confusão, visto que cada cinema exige distintas adaptações, distintos equipamentos de projeção e telas, assim como reformas arquitetônicas.

A Paramount, por exemplo, passou-se para o campo do Processo Panorâmico, simplificação do Cinerama, usando porém filmes "planos". Estes, projetados sobre a tela curva e mais larga, dariam efeitos "panorâmicos". Se as informações a respeito são exatas, os fregueses da Paramount poderiam usar no futuro, também, os filmes planos, comuns, obtendo efeitos plásticos graças à tela. No entanto, outras fontes afirmam que a Paramount usaria um sistema que tem o nome de Paravision, adaptação do chamado processo Natural Vision (duas câmeras rodam, dois projetores projetam imitando o funcionamento dos dois olhos humanos. Desvantagem: o espectador tem de usar óculos polarizantes).

A Universal usa uma tela ainda mais ampla, afirmando que segundo o seu método todos os tipos de filmes – planos, estereoscópicos e panorâmicos – podem ser empregados. A 20th Century Fox, por sua vez, rodou o seu filme *Inferno* segundo um sistema polaróide, usando ao que parece uma só câmera com duas objetivas colocadas em ângulos diversos. Também a *Metro* parece usar um sistema Cinemascope, experimentando porém ainda outro método a que dá o nome de Metrovision. A Columbia emprega um método chamado Vitascope, com uma câmera com quatro bitolas que roda, contudo, ao mesmo tempo, filmes planos para uma tela mais larga (como a Paramount e a Universal), além de filmes panorâmicos e filmes em Terceira Dimensão (que são os realmente estereoscópicos). O processo vem sendo usado primeiramente para o filme *Miss Sadie Thompson* (*Chuva*), baseado no famoso argumento de Somerset Maugham. Há ainda outras técnicas, devendo ser mencionado o Todd AO Press, que produz um efeito semelhante ao Cinerama, bastando não obstante uma única cinta como no caso do Cinemascope. Mas a película é de 65mm; trata-se portanto de um sistema muito caro, como também é caro o Cinerama, de modo que poderia ser usado somente com poucas cópias, as quais teriam que percorrer um país em turnê, como nos velhos tempos em que o cinema ensaiou os seus primeiros passos.

O leitor, depois de ter lido este comentário, exclamará com Machado de Assis: "A confusão era geral!". E é isso que realmente se dá.

Fundamentalmente, Há só Dois Sistemas

Para dar uma idéia mais clara, subdividimos os vários processos em dois sistemas principais, excluindo no entanto o processo russo há muitos anos em uso na União Soviética (tela especial tipo "favo de mel", com intenso efeito plástico mas com a desvantagem de o espectador dever encontrar sua "bitola óptica", não podendo mexer muito com a cabeça para não sair dos seus trilhos visuais). Os dois sistemas são o verdadeiramente estereoscópico (Terceira Dimensão) e o "panorâmico". O primeiro pode ser subdividido, por sua vez, em dois métodos:

1. *Zeiss Ikon*: com um projetor e uma película, contendo cada fotograma duas imagens tomadas com o desvio de noventa graus; exigem-se dupla intensidade de luz para a projeção e acessório estereoscópico especial para polarização e dupla ampliação, sendo esse sistema aplicável somente em teatros médios e pequenos, com tela plana de camada prateada e uso de óculos polarizantes incolores por parte dos espectadores;

2. *Natural Vision*: sistema de duas películas, dois projetores sincronizados (no caso de projeção sem intervalos necessita-se naturalmente de quatro) e dupla intensidade de luz, além de filtro de polarização, tela plana com camada prateada, óculos polarizantes para os espectadores e som estereoscópico graças à fita magnética de três bitolas, além da pista sonora comum do filme e vários alto-falantes, colocados nos pontos "estratégicos" do teatro.

O outro sistema, chamado panorâmico, não se baseia realmente no processo estereoscópico, mas obtém efeitos plásticos através de outros recursos. Subdivide-se, essencialmente, nos seguintes processos:

a. *Cinerama*: três projetores (seis no caso de projeção sem intervalos), cinta sonora de seis bitolas, tela curva tipo veneziana na proporção altura-largura de 1:2,75 (normal 1:1,33), podendo ser usada somente em cinemas muito largos. Seis sistemas de alto-falantes[1];

b. *Cinemascope* (*20th Century Fox*): um projetor, dupla energia luminosa, objetiva grande angular (Hypergonar), tela curva na proporção altura-largura de 1:2,5 e exige teatros largos. Três sistemas de alto-falantes;

c. *Universal International*: um projetor, energia normal graças à tela UI de reflexão intensa. Objetiva grande angular, lente especial, tela curva (1:1,85), filmes planos que obtêm efeitos panorâmicos;

d. *Paramount*: um projetor, exige mais energia luminosa, objetiva grande angular e tela curva (1:1,66).

Complicar-se-á a Vida dos Proprietários de Cinema

Comercialmente, surgirão graves problemas para os donos dos cine-teatros, devendo-se supor, infelizmente, que o cinema tridimensional eliminará muitos dos elementos economicamente menos fortes do ramo. Na maioria dos processos se duplicará a conta elétrica (a Light[2] será um obstáculo à introdução do cinema plástico no Brasil?) e surgirão novos problemas referentes à refrigeração dos projetores. Em alguns casos, os fretes tornar-se-ão bem mais caros, em outros necessitar-se-á não só de novos tipos de tela como também de duplo número de projetores para possibilitar uma projeção sem intervalo. Certos círculos recomendam programas com intervalos para melhor descanso dos olhos, muito mais

---

1. A referência de "tela" corresponde à janela de filmagem e projeção. As janelas existentes são: 1.33 (16mm); 1.37, 1.66, 1.75, 1.85 e 2.36 (anamórfico) (35mm); e 2.21 (70mm).

2. Na época (1953), a Light era a empresa encarregada do fornecimento de energia elétrica para a cidade de São Paulo.

256

afetados na maioria dos processos (e para venda intensa de balas e bombons a fim de compensar as despesas maiores). Vários sistemas exigem diversos canais sonoros, visto o som acompanhar, sincronizado, a imagem, vindo por vezes da esquerda, por vezes da direita ou de ambos os lados. Nos sistemas que exigem o uso de óculos polarizantes, a direção dos teatros tem que distribuí-los aos espectadores (geralmente de acordo com qualquer sistema de aluguel e com o pagamento de uma soma como garantia).

Problema não solucionado parece ser também o das legendas nos países em que não costumam ser feitas sincronizações do vernáculo (como o Brasil, por exemplo). Por ocasião da primeira projeção de um filme plástico e colorido na Alemanha, a 24 de abril de 1953 (*Bwana, o Diabo*, United Artists, realizado segundo o sistema Natural Vision), o público se queixou exigindo sincronização em língua nacional: "É impossível ver-se um ator tridimensional em *close up* com um texto bidimensional em torno do pescoço. Não se pode lê-lo porque o olho não pode adaptar-se com suficiente rapidez à diferença da distância". A renda, contudo, foi excelente e o público mostrou-se entusiasmado apesar desses contratempos (que sem dúvida alguma podem ser eliminados com certa facilidade). A imprensa alemã referiu-se a este filme, de um modo geral, (não obstante tratar-se de uma obra sumamente medíocre) como a um acontecimento histórico da criação fílmica, à semelhança do *Singing Fool*, êxito mundial por ocasião da introdução do filme sonoro.

A Metro Vira Pioneira

O Sr. Arthur M. Loew, presidente da Loew's International Corporation (Metro), anuncia que todos os cinemas da Metro, no mundo inteiro, serão brevemente equipados com "telas panorâmicas" nas quais qualquer filme – normal, panorâmico ou Terceira Dimensão – pode ser projetado com excelentes efeitos plásticos. Futuramente, prossegue o Sr. Loew na sua declaração, todos os filmes da Metro serão rodados segundo o seu próprio processo panorâmico, mas eles poderão ser

257

projetados, mesmo assim, tanto na tela comum (1:1,33) como nas telas panorâmicas (até 1:2). Além disso, a Metro produzirá alguns filmes pelo processo "Cinemascope" (em preparação: *Knights of the Round Table – Os Cavaleiros da Távola Redonda –*, uma versão da lenda do Rei Arthur, e *Rose Marie*). Um filme musical (*Kiss me, Kate! – Dá-me um Beijo –*, com Kathryn Grayson e Howard Keel) será produzido em duas versões: *standard* (isto é, panorâmico) e em "3-D". Somente depois de instaladas as novas telas a Metro dirigirá a sua atenção para os problemas complexos da introdução do som estereoscópico nos seus cinemas.

Proclama o Sr. Loew com orgulho:

> Com a instalação da tela panorâmica, os nossos teatros mais uma vez terão realizado um trabalho pioneiro em todos os países do mundo. As nossas salas receberão a tela panorâmica tão logo a fabricação puder dar conta das necessidades e tão logo se puder iniciar a instalação.

E o Cinema Nacional?

Quem deseja o progresso e a prosperidade da indústria cinematográfica nacional não pode deixar de observar, com graves preocupações, a revolução no terreno do cinema em relevo. Hollywood, acossada pela televisão, debatendo-se num verdadeiro vácuo espiritual e estético, vê ainda a sua crise aumentada pela forte concorrência dos filmes italiano, francês e inglês, enquanto que uma vasta região sob o domínio da União Soviética mantém-se fechada ao seu produto. Na crise atual, a exportação tornou-se, pela primeira vez, uma questão vital para Hollywood visto que o mercado nacional já não lhe garante rendas compensadoras. Daí a indústria de Hollywood recorrer ao cinema em relevo, tirando das gavetas as respectivas invenções que há muito tempo aguardam a sua aplicação. "Pode-se estar certo", escreveu *Les Temps Modernes* (o grande periódico francês) "de que Hollywood tudo fará para arrasar o cinema europeu sob o peso dessa revolução técnica, depois de ter falhado outrora em fazer o mesmo mercê da invenção do cinema sonoro". Isso se aplica também ao cinema latino-americano. Precisamente quando a indústria cinematográfica brasileira começa a dar os primeiros passos seguros (comercialmente relevantes), produzindo filmes de qualidade técnica e estética boa, ela se verá a braços com novos problemas de variados aspectos, quer econômicos, quer técnicos e estéticos. Mais cedo ou mais tarde ela terá, ao que parece, de acompanhar os novos processos para não ficar na retaguarda, batida pelo "progresso técnico". É possível, no entanto, que o fato de se tratar de uma indústria nova, de flexibilidade juvenil, ainda não petrificada em estruturas rígidas, permita a ela adaptar-se à nova situação. É o que todos nós esperamos e desejamos.

Diálogo sobre os Méritos Estéticos do Cinema em Relevo

Adversário: Não creio que o cinema plástico contribua em algo para dar maior valor estético à arte cinematográfica, como tampouco o som e a cor, a meu ver, elevaram em essência a qualidade estética do filme silencioso e em preto-e-branco.

Entusiasta: Querer negar que som e diálogo deram maiores possibilidades expressivas, e a cor maior riqueza ao cinema parece-me ser um ponto de vista tão superado que mal vale a pena discutir sobre isso. O mesmo diria eu também do cinema em relevo, que indubitavelmente dará ao filme não só mais uma dimensão geométrica como também, graças à presença de espaço e profundidade, mais uma dimensão estética.

A – Um dos mais absurdos preconceitos parece-me ser a idéia de que uma arte possa se tornar mais arte por meio de acréscimos e adições de recursos de outras artes. Os trabalhos de Dürer em preto-e-branco não são inferiores, como arte, aos óleos coloridos dos grandes pintores. Uma escultura, pelo simples fato de ser plástica, não é superior a um quadro plano. E uma ópera não é superior a uma sinfonia ou a um drama por ser uma mistura de música, literatura e arte cênica. Tais acréscimos só podem atrair as massas ávidas por sensações novas e impressões inéditas.

E – Você fala assim porque não viu ainda filmes estereoscópicos. Afirmo-lhe que as potencialidades estéticas do relevo são imensas.

A – Não vejo de que modo o relevo possa aumentar o valor estético de um filme. Todo mundo sabe que o chamado filme bidimensional – o filme plano, que é aquele que vemos atualmente – é visto por nós como se fosse tridimensional. A nossa consciência interpreta a imagem plana como se ela tivesse relevo e volume, profundidade e espaço. Feche um olho: segundo a teoria, você deveria ver as coisas reais como sendo planas. No entanto, você continua vendo espacialmente porque a sua consciência traduz imediatamente o que deveria ser plano em termos de tridimensionalidade.

E – Basta você ver apenas um filme em Terceira Dimensão para notar a tremenda diferença. Tendo assistido a um filme em relevo, todos os filmes antigos lhe parecerão realmente "chatos".

A – Reconheço a veracidade desse triste argumento. A técnica cria constantemente necessidades desnecessárias. Neste terreno, tudo depende do hábito. Reconheço mesmo que, pelo menos inicialmente, o filme plástico nos daria uma aparente sensação de maior realidade. No entanto, em todas as artes aceitamos, habitual e inconscientemente, uma série de convenções completamente contrárias à "realidade", e isso vale também para o filme bidimensional como extraordinariamente próximo da realidade, já que a convenção da imagem plana torna-se inconsciente. Logo que tivermos adquirido o hábito de ver filmes plásticos, aceitaremos outras convenções inerentes ao filme plástico; tudo entrará nos eixos e a sensação de realidade será a mesma como atualmente nos filmes sem relevo. Digo isso sem entrar no mérito do problema da realidade. A nossa conversa gira em torno de uma realidade puramente fenomenal, a realidade dos sentidos, a realidade superficial.

E – Seria ridículo negar o maior realismo do filme em relevo.

A – O realismo a que você se refere baseia-se inteiramente na impressão subjetiva e sumamente relativa do espectador. Enquanto existia somente o filme silencioso, a gente o considerava perfeitamente "realista". O ruído e o diálogo

260

sincronizados com a imagem fizeram com que nós nos tornássemos conscientes das convenções do filme silencioso. O relevo mostrar-nos-á as convenções do filme plano e sonoro. Se futuramente houver filmes tácteis, verificaremos a convenção absurda de filmes plásticos em que o volume dos corpos não pode ser apalpado etc. Acho porém que tudo isso é de pouca importância, uma vez que o fim da arte não é o de fornecer uma cópia e repetição da realidade exterior. A arte transforma a realidade, ela a estiliza ou idealiza, deforma-a ou intensifica-a; ela aumenta ou diminui a realidade. Recorre sempre, porém, a convenções inteiramente alheias à realidade. Analisando bem, acho mesmo que o relevo não pode aumentar verdadeiramente a impressão de realidade. Se uma árvore parece furar a tela estendendo os seus ramos sobre as cabeças dos espectadores, a impressão não é de realidade mas sim de surpresa e admiração. Na realidade, ninguém se surpreende quando uma árvore estende os seus ramos no espaço. Além de tudo, como já disse Ivor Montagu[3], a câmera isola o assunto em relevo, enquanto na realidade fenomenal ele se encontra integrado no ambiente igualmente tridimensional. Daí que, pela focalização marcante, o relevo se acentua tremendamente no filme estereoscópico, adquirindo uma violência melodramática que nunca lhe cabe na realidade, o que torna o filme plástico, por mais paradoxal que isso pareça, extremamente irreal.

E – Pode ser que no início o efeito seja mais de surpresa e mesmo de choque do que de ordem estética.

A – Mais tarde o hábito dará cabo do sensacionalismo e o público terá a mesma impressão de sempre. De resto, é sabido que todas as linhas verticais, horizontais e diagonais (em relação à tela) não aparecem muito destacadas no filme em relevo. Um cinegrafista, usando habilmente os recursos téc-

---

3. Ivor Montagu (1904-1984), realizador, montador, produtor e roteirista inglês, atuou também como crítico. Foi produtor dos filmes de Hitchcock *O Homem que Sabia Demais* (*The Man who Knew Too Much*, 1934), *Os 39 Degraus* (*The 39 Steps*, 1935) e *O Marido Era o Culpado* (*Sabotage*, 1936). Durante a Guerra Civil Espanhola fez filmes de propaganda para os republicanos. Após a Segunda Guerra Mundial trabalhou no Ealing Studios. Dentre seus roteiros, destaca-se o de *Scott of the Antartic* (Charles Frend, 1948).

nicos e de iluminação, pode criar perfeitamente a ilusão de profundidade em filmes bidimensionais. É somente no caso de certos movimentos que se realizam na própria direção do espectador, quer afastando-se para o fundo, quer aproximan-do-se para o primeiro plano, que o relevo talvez acrescente novos poderes ao filme.

E – Talvez? Certamente! Pouco antes de morrer, S. M. Eisenstein, cuja autoridade você certamente reconhece, escreveu um ensaio em que manifestou o seu entusiasmo quase irrestrito em face do cinema estereoscópico, então já usado no cinema russo.

A – Bem, reconheço que minhas idéias talvez sejam muito "burguesas".

E – Nota-se isso na maneira como você falou das "massas ávidas por sensações novas". Disse Eisenstein, então, que o cinema plástico é um anseio latente do público, baseado nos mais profundos impulsos do homem. Acentuou a importância da imagem. A distância se torna tremendamente real, de tal modo que o espectador se vê projetado dentro dela. Mais importante ainda, a imagem palpavelmente tridimensional se lança da tela para dentro da sala – pássaros voam através do cinema ou se projetam na profundidade dos espaços, panteras e onças saltam nos braços dos espectadores.

A – Tenho o máximo respeito por Eisenstein, mas você não acha tais opiniões um tanto ingênuas? Será que isso acrescenta algo à arte? Não quero ver-me lançado no espaço – meu estômago é muito sensível e não gosto das montanhas russas – e tampouco me apraz apanhar panteras e onças no meu colo. Sinceramente, não sou de circo. Protesto energicamente contra tais saltos e sobressaltos. Para que temos a polícia? Será que ela admitirá que uma sala de cinema decente se transforme em circo ou jardim zoológico?

E – Você me lembra aquele delicioso Louis Chavance, a quem Eisenstein arrasou naquele mesmo ensaio. Esse cineasta francês perguntou se o cinema em relevo iria ser o triunfo dos atores gordos.

A – Bem, pelo menos o triunfo das estrelas "bem equipadas"... Imagine também *O Corcunda de Notre Dame*, com aquela protuberância, em relevo!

E – Além disso Chavance perguntou: "Que podem a ira, os ciúmes, o ódio ganhar pelo fato de que irão ocorrer em três dimensões?"

A – Com efeito: que poderão ganhar com isso?

E – Você não entendeu, realmente, a importância fundamental do relevo. Ela reside no fato de que transformará em realidade um sonho milenar, sonhado durante toda a história teatral: o sonho de estabelecer uma relação mais íntima e mais intensa entre o espetáculo e o espectador. Não percebe que o espectador atualmente apenas "aprecia" o espetáculo mas não participa dele? Eisenstein explica como a "entidade coletiva" de espetáculo e povo, a unidade orgânica e original em que o povo participava da ação, foi interrompida pela separação de ribalta e platéia, de palco e audiência. Durante toda a história do teatro procurou-se transpor esse abismo construindo "pontes" de espécies variadas entre palco e sala, ator e público. Ora, o cinema em relevo possibilitará, de um modo inédito, essa interpenetração entre espetáculo e espectador unindo o que a história separou. O ator estará dentro do público e este estará dentro da cena, por assim dizer participando da ação. Um sonho milenar transformou-se em realidade.

A – Pessoalmente creio que se trata de um equívoco estético. Você acha que a arte lucrará algo quando o público, falando metaforicamente, participar de maneira grosseira da ação? Como faziam, por exemplo, aqueles *boys* do *far west* que atiravam balas e ovos podres contra a tela no momento em que o bandido perseguia a mocinha? Reconheço que a arte, em seu início, ligava-se com freqüência ao ritual mágico ou religioso de que toda a coletividade participava. De qualquer modo, hoje não é mais assim. A arte tornou-se autônoma e não está mais a serviço do ritual mágico ou da cerimônia religiosa, embora por vezes ainda funcione nesse sentido. Mas é isso que se dá. Seja como for, no entanto, admiro-me que o diretor revolucionário de um Estado tido como revolucionário retroceda para épocas remotíssimas a fim de lá encontrar as suas teorias.

E – Vejo que você quer suprir a falta de argumentos pela abundância de malícia. De qualquer modo, você concordará num ponto: o cinema plástico vem aí e não adianta protestar contra as revoluções técnicas.

A – Aí você tem razão. O relevo virá e não creio mesmo que, ao seu lado, o cinema plano possa coexistir. Agora, o que parece impossível é que os produtores norte-americanos tenham introduzido o relevo pelos motivos expostos por Eisenstein. Essa teoria da participação pode ser interessante quando Ava Gardner distribui beijos, mas não faço questão de participar quando Joe Louis distribui socos.

E – Isso tiraria a certas pessoas a vontade de fazerem piadas péssimas quando se fala de assuntos graves. Evidentemente você tem razão ao dizer que Hollywood não pensou em Eisenstein ao lançar o filme em relevo. Tampouco pensou em qualquer coisa longinquamente relacionada com a arte. Pensou em termos puramente econômicos, o que, afinal de contas, vem confirmar a teoria contra a qual um conservador, como você, costuma opor-se encarniçadamente. Da minha parte, reconheço com entusiasmo a necessidade desses desenvolvimentos. Agora, precisamente por ser entusiasta do relevo penso com horror nos filmes que teremos de agüentar antes de os realizadores se inteirarem das grandes potencialidades estéticas do relevo.

CINEMA NA PERSPECTIVA

A Significação no Cinema – Christian Metz (D054)

A Bela Época do Cinema Brasileiro – Vicente de Paula Araújo (D116)

Linguagem e Cinema –Christian Metz (D123)

Sétima Arte: Um Culto Moderno – Ismail Xavier (D142)

Práxis do Cinema – Noel Burch (D149)

Salões, Circos e Cinemas de São Paulo – Vicente de Paula Araújo (D163)

Um Jato na Contramão – Eduardo Peñuela Cañizal (Org.) (D262)

Na Cinelândia Paulistana – Anatol Rosenfeld (D282)

Cinema, Arte & Indústria – Anatol Rosenfeld (D288)

Alex Viany: Crítico e Historiador – Arthur Autran (D290)

Som-Imagem no Cinema – Luiz Adelmo Fernandes Manzano (D293)

A Cidade Imaginária – Luiz Nazario (org.) (D302)

Humberto Mauro, Cataguases, Cinearte – Paulo Emílio Salles Gomes (E022)

A Imagem Autônoma – Evaldo Coutinho (E147)

O Terceiro Olho – Francisco Elinaldo Teixeira (E199)

Viaje a La Luna – Reto Melchior (E243)

Manoel de Oliveira: Uma Presença – Renata Soares Junqueira (org.)(E282)

Todos os Corpos de Pasolini – Luiz Nazario (PERS)

Este livro foi impresso na cidade de Cotia,
nas oficinas da Meta Brasil,
para a Editora Perspectiva.